Vᴇᴛ ᴅʀɪᴊꜰᴛ ᴀʟᴛɪᴊᴅ ʙᴏᴠᴇɴ

Siel Van der Donckt

# *Vet drijft altijd boven*

## *De verzwegen dioxinecrisis*

*'Truth and oil are ever above.'*

CIP KONINKLIJKE BIBLIOTHEEK ALBERT I

Siel Van der Donckt
Vet drijft altijd boven. De verzwegen dioxinecrisis
ISBN 90-5312-158-7
NUGI 661
© by Globe
Forelstraat 22, 9000 Gent
Tel. (09)265 64 30
Fax (09)265 64 49

Globe is een initiatief van Uitgeverij Scoop, VAR en Roularta Books

Eindredactie: Sofie Messeman
Omslagontwerp: Kris Demey
Omslagfoto: Tim Dirven
Zetwerk: MMS Grafisch Werk, Amsterdam
Drukkerij: Haasbeek, Alphen aan de Rijn

Wettelijk depot: D/2000/6144/007

# Inhoud

# Woord vooraf

Op 20 februari 1995 werd mijn man Karel Van Noppen vermoord. In de loop van de week tussen zijn dood en zijn begrafenis was het in mijn huis een komen en gaan van politici en andere overheidspersonen. Iedereen deed ijverig zijn best om de verantwoordelijkheid voor deze moord van zich af te schuiven. Enkelen lieten zich zelfs ontvallen dat ze op de hoogte waren van de enorme dreiging die Karel boven het hoofd hing, maar een moord leek niet tot de mogelijkheden te behoren.

Iedereen was het erover eens: dit mocht en zou zich in de toekomst niet meer herhalen. Vanaf nu zou de hormonenfraude in de veeteelt aan banden worden gelegd.

De weken na de begrafenis nam de drukte om me heen eindelijk af, maar het gemis werd groter en ik stond alleen. Dure eden vervagen. Ik zweeg en die stilte kwam hen goed uit. Rebellie ligt mij niet. Ik snakte naar emotionele rust na die hectische jaren met een traumatisch einde.

Ik zat tussen twee stoelen. Enerzijds kon ik de pijn verdringen door te zwijgen en zo de zorg voor mijn onthoofd gezin voorop stellen. Anderzijds wou ik getuigen van het onrecht dat ons was aangedaan. Ik vond een compromis door de strijd om gerechtigheid in te kapselen in de Stichting Dr. Karel Van Noppen, waarvan ik de voorzitster ben.

Maar was dit wel voldoende? Wat hebben wij bereikt? Tegen wie moeten wij vechten? Is de moord op Karel niet oogluikend toegestaan?

Politici, hoogwaardigheidsbekleders en de voedingssector werden er beter van. De eerstgenoemden geraakten zonder zelf in diskrediet te komen, van een lastig en overijverig individu af en konden nadien ongestoord verdergaan met het onderhouden van hun banden met de vleesindustrie. Allicht hebben ze beiden schuld aan deze moord, maar wiens zucht naar geld of macht het grootst was, blijft voor mij een vraag.

En wat met de veldwerkers van het Instituut voor Veterinaire Keuring? Moeten zij de onomkoopbare weg van Karel volgen? Wie kan het hun ten kwade duiden dat zij aan zichzelf en hun familie denken? Worden de IVK-ers niet voor de onmogelijke keuze gesteld, zolang de opdrachtgevers ongestraft blijven? Hoe minder zij werken, hoe meer zij verdienen en hoe minder gevaar zij lopen.

Intussen zijn we vijf jaar verder en het hormonenwereldje draait, ondanks wat schijnbewegingen om de consument zand in de ogen te strooien, nog op volle toeren.

Macht en geld zijn nog steeds bij dezelfde kleine elite van de bevolking geconcentreerd en intussen doet de tijd zijn werk: de consument vergeet.

Af en toe worden we eventjes wakker geschud als er zich weer eens een crisis voordoet. Of het nu om dollekoeienziekte gaat of om dioxines, mits wat machtsverschuivingen en wetsaanpassingen, blijft alles bij het oude.

En toch weet ik dat Karel niet tevergeefs gestorven is.

Daarom ook koester ik een enorme bewondering voor de mensen die blijven vechten en hopen dat de consument eindelijk zal gaan beseffen dat hij de mogelijkheid tot verandering in zijn eigen handen heeft.

Ik dank Siel omdat zij met dit boek haar steentje bijdraagt aan dit Don Quichotewerk.

Mieke Van Noppen-Hendrickx

# Inleiding

Er zijn verschillende redenen waarom ik dit boek wou schrijven.

Om te beginnen was ik voor mezelf al gaan neerschrijven hoe het er precies aan toeging die laatste week van mei, toen ik de dioxinedocumenten in handen kreeg.

Er deden namelijk geruchten de ronde dat ik deze informatie eerst zou hebben achtergehouden, 'om minister Colla van Volksgezondheid, een Vlaams socialist, te sparen', 'omdat haar man lid is van dezelfde Socialistische Partij', 'omdat de verkiezingen voor de deur stonden', enzovoort. Een collega-journalist schreef – zonder eerst eens bij mij te checken – dat de VRT de dioxine-informatie weken had achtergehouden. Weer later werden er allerlei geruchten gelanceerd over mijn bronnen, blijkbaar in de hoop iemand uit zijn of haar tent te lokken.

Alvast een goede reden dus om even één en ander op een rij te zetten. Uiteraard mét bescherming van mijn bronnen.

Maar er is ook het feit dat bepaalde gegevens minder bekend zijn gebleven, of helemaal niet tot het publiek zijn doorgedrongen, gewoon omdat er op het moment dat het dioxineprobleem uitlekte zoveel gebeurtenissen elkaar opvolgden, dat er vanzelf een aantal feiten naar de achtergrond verdwenen. Die feiten zijn nochtans van belang om de hele voorgeschiedenis van dit schandaal beter te begrijpen.

Bovendien zijn er naar aanleiding van de Parlementaire Onderzoekscommissie allerlei versies van de feiten ontstaan, vaak afhankelijk van de betrokken getuigen en hun eigenbelang. Daardoor spreken nogal wat 'officiële' lezingen en chronologieën elkaar tegen. In deze kroniek probeer ik de verschillende versies van de feiten tot een zo volledig mogelijk beeld te verwerken. Uiteraard maakt ook mijn chronologie geen aanspraak op de definitieve, volledige waarheid. Maar ik wil de lezer ten minste het materiaal aanreiken om zelf een oordeel te vellen. Verder hoop ik dat het boek misschien nog bijkomende feiten boven water zal doen komen, want er blijft nog veel onopgehelderd. Oorspronkelijk dacht ik dat het parlementair onderzoek meer klaarheid zou brengen, maar blijkbaar ligt de bal nu in het kamp van de gerechtelijke speurders, journalisten en historici.

Er is nog een derde, zeer belangrijke reden om dit boek te schrijven, namelijk de welles-nietesdiscussie over het gezondheidsrisico.

Auteur en oud-journalist Hugo De Ridder is recent van leer getrokken tegen de 'emocratie', de journalistiek die louter uit is op emotie en sensatie. Ook de berichtgeving over de dioxinecrisis viel volgens hem onder die noemer: 'Het mocht niet gezegd worden dat het allemaal zo erg niet was met die dioxinevervuiling!'.

Ongeveer een jaar na de crisis ben ik eerder geneigd om het omgekeerde te denken. Misschien is er wel een pendelbeweging geweest in de publieke opinie, waarbij de slinger in het begin is uitgeslagen naar de 'bijna paniek'-zijde om – naarmate de economische en politieke gevolgen van de crisis duidelijker werden – naar het andere uiterste te gaan. Nu is het weer 'politiek correct' om ronduit te verklaren dat het eigenlijk allemaal fel overdreven was.

Nochtans is deze crisis voor veel burgers de spreekwoordelijke druppel geweest. Dit was het zoveelste schandaal rond onze voeding en het heeft het vertrouwen bij hen finaal geschokt.

Je kan daar een psychologische boom over opzetten. Het vertrouwen in wat we eten, is niet onbelangrijk in België. Zelfs al is er veel aan het veranderen in onze eetcultuur, de liefde van de Belg gaat nog altijd door de maag.

Maar het gaat ook over gezondheid. Het feit dat iemand – wellicht uit winstbejag – gevaarlijk afval bij voedingsvetten heeft gekieperd en dat anderen niet hebben stilgestaan bij de mogelijke risico's, heeft véél kwaad bloed gezet. Die schok heeft bij velen ook een eind gemaakt aan het schouderophalen. Zelden is er zoveel openlijke kritiek gespuid; zelden gaven verkiezingsuitslagen zo'n zware verschuiving te zien als bij de verkiezingen van 13 juni 1999.

Het is dan ook niet toevallig dat er naar aanleiding van deze dioxinecrisis een debat tussen believers en non-believers is opgestoken over de ernst van chemische vervuiling voor onze gezondheid. Maar dit is geen kwestie van 'geloof'. Het gaat om risico-inschatting. Daarom ben ik op zoek gegaan naar de stand van het wetenschappelijk onderzoek op dat terrein. Het is een opmerkelijke verkenning geworden.

Tenslotte nog dit: uiteraard wil ik hier ook mijn vele bronnen danken. Een journalist is méér dan zijn bronnen, maar zonder bronnen betekent hij niets. Er is veel geschreven over diegenen die via mij het dioxineprobleem hebben gelekt en over hun intenties: waarom hebben ze dit naar buiten gebracht?

Ik kan daar dit over zeggen: ik ben er stellig van overtuigd dat dit schandaal precies is uitgelekt omdat dit België is, het land waar al een veearts is vermoord omdat hij zijn werk als ambtenaar van Volksgezondheid probeerde goed te doen. In andere landen sluit iedereen de rangen als de landbouweconomie op het spel staat. Álle ingewijden zwijgen als er iets is misgegaan.

In België is die *omerta* niet nageleefd. Wellicht dankzij Karel Van Noppen.

Siel Van der Donckt

# Deel 1

# Hoofdstuk 1

## *Het Lek*

### Wat voorafging

Eind mei 1999 raakte in België bekend dat er vermoedelijk al sinds januari een vervuiling was binnengeslopen in veevoeders en zo uiteindelijk ook in het menselijk voedingscircuit. Aanvankelijk waren er alleen problemen in de kippensector en de oorzaak bleef lange tijd een raadsel. Pas half maart gingen de eerste vermoedens naar met dioxine vervuild vet en het duurde tot eind april eer dit vermoeden bevestigd werd. Ondertussen was al veel vervuild voedsel opgegeten en de diensten van Landbouw en Volksgezondheid, die dan pas echt in beweging kwamen, probeerden het probleem 'discreet' op te lossen.

Het nieuws lekte uit en de zaak kreeg een nationale en internationale dimensie. Eerst gingen kip- en eiproducten uit de rekken, later bleek dat ook de varkenssector zwaar was getroffen. De Belgische voedingsexport viel stil. De twee bevoegde ministers, van Landbouw en van Volksgezondheid, moesten aftreden. De meerderheid van christen-democraten en socialisten kreeg zware klappen in de verkiezingen van 13 juni. Onder druk van Europa moest de nieuwe Belgische regering, van liberalen, socialisten en groenen, een uitgebreid testprogramma opzetten om de vervuiling in kaart te brengen. Tonnen voedsel werden vernietigd. De biologische voedselcircuits waren op slag populair. In september 1999 gingen de eerste hoorzittingen van een Parlementaire Onderzoekscommissie van start.

Eén jaar na het begin van de crisis staat er een Federaal Agentschap voor Voedselveiligheid in de steigers. Maar veel vragen blijven.

### Bent u de énige die hiervan weet?

Om halftwee die donderdag meldde ik me aan met de VRT-cameraploeg op het kabinet van minister Pinxten van Landbouw. Karel Pinxten zelf was kiescampagne aan het voeren in Limburg. Het was 27 mei 1999: 18 dagen voor de parlements- en Europese verkiezingen.

Kabinetschef Piet Vanthemsche ontving ons in het ruime bureau van de minister en terwijl de cameraman en de klankman alles opstelden, ging ik zitten aan de hoek van de vergadertafel. Ik had de documenten over de dioxinezaak bij me, maar ik had ervoor gezorgd dat ze in een ondoorzichtige map zaten, zodat Vanthemsche niet kon zien wàt ik wist. Ik wou van de kabinetschef zelf horen wat er aan de hand was. Vanthemsche kwam tegenover mij zitten en duwde me terloops een papier onder mijn neus: 'Dit is het communiqué dat we hadden klaarliggen om maandag te verspreiden via het persagentschap Belga'. Het was een perscommuniqué van enkele alinea's waarin zeer beknopt en omfloerst werd meegedeeld dat er iets was met dioxine in de kippensector en dat het nodige was gedaan om de situatie onder controle te krijgen. Of iets van die strekking, want ik heb het papier niet meegekregen.

In elk geval herinner ik me wel heel precies dat ik toen dacht: 'Dàt is het waar ze de hele voormiddag mee bezig zijn geweest, na mijn eerste telefoontje.' Ik had die ochtend verscheidene keren moeten bellen, zowel naar het kabinet van Landbouw als naar dat van Volksgezondheid. Na het stellen van mijn vraag of iemand van het kabinet ons een interview kon geven over het dioxineprobleem in de kippensector, kreeg ik na overleg achter de schermen telkens hetzelfde ontwijkende antwoord: 'Iedereen is in vergadering. We zullen u zelf terugbellen.'

Het leek me die namiddag dan ook hoogst ongeloofwaardig dat er al een paar dagen een communiqué klaarlag, een persbericht dat eigenlijk nog eens vier dagen langer – tot de 31ste mei – had moeten blijven liggen. Dit soort communiqués spaar je toch niet op tot minder dan veertien dagen voor de verkiezingen... Zeker niet op een kabinet dat er al wekenlang alles aan doet om de zaak stil te houden? Geen kip die dit gelooft, dacht ik. Waarschijnlijk stond het ongeloof op mijn gezicht te lezen, want Vanthemsche legde het communiqué opzij en stak van wal:

- 'Zijn er nog collega's van u, andere journalisten, die hiervan weten?'

- 'Tja, van mij zullen ze het zeker niet weten... Maar bent ù al door andere media benaderd in dit verband?'

- 'Neen, u bent de eerste die hier iets van weet.'

Daarop vroeg ik hem om dan minstens te wachten met het verspreiden van het communiqué tot wij bij de VRT het nieuws hadden gebracht.

- 'Tja, u begrijpt dat we dit nu niet meer tot maandag zullen kunnen laten liggen.'

- 'Dat begrijp ik, maar u begrijpt allicht ook dat wij dit nu wel éérst willen brengen en liefst op een gedegen manier, niet halsoverkop?'

Het was een merkwaardige conversatie, een 'aftasten' van de tegenpartij, zowel voor mij als voor Vanthemsche. Hij keek hoever hij kon gaan en hoever ik zou gaan. Ik wist dat ons televisiejournaal nooit zo snel kon worden uitgezonden als het radiojournaal en dat wij onze primeur kwijt waren als het communiqué onmiddellijk vertrok. En ik wou het bericht *en bonne et due forme* brengen: geen tekst met archiefbeeld erbij, maar een goed televisiebericht. Naast Vanthemsche wou ik ook beeld en eventueel een reactie van Verkest en van de getroffen kippenboeren. Daarom hield ik een slag om de arm en zei dat ik eigenlijk had gemikt op het middagjournaal van 's anderendaags, vrijdag 28 mei.

Dat zag Vanthemsche nog zitten, om tot dan te wachten met zijn persbericht. Met dien verstande dat, als ik de donderdagavond zélf al op antenne ging, hij ook dan al zijn communiqué zou verspreiden. Daarop beloofde Vanthemsche me om te wachten tot wij op antenne waren gegaan. Zoniet zou hij me waarschuwen. Maar hij waarschuwde me niet.

Naar ik later hoorde, heeft hij onmiddellijk na mijn vertrek overlegd met zijn minister, Pinxten, en heeft hij zelf voorgesteld om het communiqué dadelijk te verspreiden.

Vermoedelijk om de eer aan zichzelf te houden, want als de zaak toch gaat lekken, kun je er beter zelf mee voor de pinnen komen. Vanthemsche was een ervaren crisisstrateeg, die eerder al moeilijke communicatiemomenten had gekend met de varkenspest, de vleesfraude en de dollekoeienziekte.

Later die avond, toen het nieuws al in de ether was gegaan, zou hij trouwens nog naar mij bellen: 'De zaak was niet meer te houden.' De getroffen boeren en bedrijfsleiders die ik 's morgens had gebeld om een reactie, hadden de hele dag naar elkaar en naar het kabinet in Brussel gebeld 'en daarom was het persbericht toch al verspreid'.

Later verklaarde ex-minister Pinxten in de Dioxinecommissie dat Vanthemsche met hem had overlegd die donderdag, vóór hij toestemming had gegeven voor het interview. Pinxten had toen naar eigen zeggen geconcludeerd: 'Als de journaliste geïnformeerd is, speel dan open kaart, maar vraag om de actie op het terrein, het blokkeren van verdachte bedrijven, niet te doorkruisen.'

Dat laatste heeft Vanthemsche me niet gevraagd. Hij deed op geen enkel moment een poging om mij aan te porren tot terughoudendheid in het belang van de actie die de overheid aan het ondernemen was. Maar wél heeft hij inderdaad – enigszins tot mijn verbazing – open kaart gespeeld.

Het viel me op dat Vanthemsche er die middag al meteen geen doekjes meer omwond. Tijdens het voorgesprek en in het interview zelf gaf hij volledig toe dat er sprake was van een ernstig probleem en dat er wellicht ook dioxine in de voeding was terechtgekomen. Op mijn vraag hoevéél kippen en eieren met dioxine er dan wel waren opgegeten – 'het ging toch over een kritieke periode van februari tot maart-april?' – gaf hij toe: 'Dat loopt in de honderdduizenden.'

Achteraf zou Vanthemsche in de Dioxinecommissie verklaren: 'Ik moet u zeggen, dat was niet mijn beste interview.' Ik zie dat enigszins anders.

Na het interview met Vanthemsche waren we met de cameraploeg vierklauwens naar Deinze gereden om er in de deelgemeente Grammene de vetsmelterij Verkest te gaan zoeken. Het was een recent gemoderniseerd middelgroot bedrijf, midden in de velden langs een klein straatje, niet ver van de steenweg Deinze-Tielt.

Voor alle zekerheid filmden we eerst de gebouwen en vetsilo's vanop een redelijke afstand, met de reportagewagen wat uit het zicht. In principe kan je altijd filmen vanop de openbare weg, maar slechte ervaringen, onder andere in de dollekoeienhistorie, hebben me geleerd dat mensen die het voorwerp uitmaken van een controverse, wel eens erg agressief kunnen reageren als je op hun stoep gaat staan met een camera.

Pas toen we genoeg beeld hadden, belden we vanuit de auto naar Verkest. Of hij zelf wou reageren op de verdenking dat er vanuit zijn bedrijf dioxinevervuild vet naar de veevoederindustrie was gegaan? Maar Verkest weigerde een interview: 'Mevrouw, het moet nog maar eens bewezen worden dat wij daar voor iets tussenzitten.'

Het was intussen al rond vier uur en we waren onze weg aan het zoeken door de veldwegen van Tielt om in de deelgemeente Schuiferskapelle nog vlug één van de getroffen kippenbedrijven te gaan filmen, toen ik een telefoontje kreeg van de redactie: de radiocollega's waren ook op de hoogte en ze zouden het bericht in het nieuws van vijf uur geven.

Die bewuste kippenkweker is er toen mooi aan ontsnapt. Ik had hem 's morgens twee keer beleefd gebeld en twee keer had ik zeer brutaal de hoorn op mijn neus gekregen. Hij heeft het dus aan het persbericht van Vanthemsche te danken dat zijn bedrijf die dag niét op het scherm is gekomen.

Ik belde onmiddellijk met de eindredacteur. Als het fameuze communiqué door het kabinet was gefaxt naar andere redacties, dan moesten we het nieuws onmiddellijk zelf ook geven én met de details die niemand anders kende. De eindredacteur ging akkoord voor het journaal van 19 uur, maar ik drong aan om het onderwerp ook in het journaal van 18 uur te geven, zelfs al betekende dit dat daarin dan andere onderwerpen moesten sneuvelen ('het zat al vol').

17

Het werd een rush tegen de tijd. Wegens het naderende spitsuur, kwam een satelliet- en montagewagen van het journaal ons tegemoet gereden tot de parking van Flanders Expo in Gent. Ik had 's morgens voor alle veiligheid aan de regie gevraagd om beelden van kippen uit het nieuwsarchief te laten halen en de montageploeg had dit materiaal mee. Uiteindelijk hebben we onze reportage een paar minuten vóór het nieuws van 18 uur doorgestraald naar Brussel: dioxine in veevoeder, met beelden van Verkest, 'archiefkippen' en het interview met Vanthemsche, een interview dat eindigde met de bevestiging dat er inderdaad honderdduizenden vervuilde eieren en kippen in de voedselketen waren terechtgekomen.

### Eerst schieten, dan vragen stellen?

Achteraf bekeken, was het naïef om te veronderstellen dat ik alle betrokken partijen rustig kon filmen en interviewen en dan pas het nieuws brengen. Dat soort weloverwogen journalistieke aanpak is allang niet meer aan de orde in deze tijden van ongeremde mediaconcurrentie en van gehaaide crisiscommunicatoren bij de overheid en in het bedrijfsleven.

Voor journalisten wordt het parool meer en meer 'erin vliegen', primeurs en scoops brengen en pas nadien de betrokkenen aan het woord laten. Eerst schieten en dan vragen stellen. Zelfs het feit dat ik er één dag heb over gedaan om de mij toegespeelde documenten te checken, werd me achteraf door sommigen kwalijk genomen. In het licht van de economische en politieke deining die na het lek is ontstaan, was dat nochtans geen overbodige luxe. In elk geval wist ik, op het ogenblik dat ik de informatie over de dioxinezaak toegespeeld kreeg, dat ik geen tijd te verliezen had, al besefte ik toen nog niet welk een schokgolf er van dit dossier zou uitgaan.

Het begon op dinsdag 25 mei, rond de middag, met een telefoontje van de VRT. Een medewerkster van de televisieredactie vroeg me of ik wou contact nemen met iemand die naar eigen zeggen belangrijk nieuws had. Blijkbaar wou de betrokkene alleen met mij praten. Maar naar vaste gewoonte hadden ze op de redactie mijn privé-nummer niet doorgegeven en moest ik dus zelf contact opnemen.

Ik heb dat ook snel gedaan, maar uiteindelijk heeft het tot 's avonds laat geduurd eer ik uitkwam bij de eigenlijke bron. Via verschillende tussenstappen, werd mij diezelfde avond – of beter nacht – een bundeltje papieren overhandigd. Het waren twee documenten: een korte nota gericht aan het ministerie van Landbouw en een technisch rapport gericht aan een verzekeringsmaatschappij, opgesteld door een zekere André Destickere.

Vanuit mijn verleden als 'hormonenverslaggever' kende ik Destickere van naam: een dierenarts en hoge ambtenaar van het IVK (Instituut voor Veterinaire Keuring). Destickere was keurkringhoofd in Zuid-West-Vlaanderen, iemand die moet toezien op de keuring van geslachte dieren en vlees en die verschillende lagere ambtenaren en privé-dierenartsen met een keuringsopdracht onder zich heeft. Maar uit die bewuste papieren kon ik afleiden dat de man daarnaast ook een soort zelfstandig statuut had als veterinair expert, want het technisch rapport voor de verzekeringsmaatschappij droeg als hoofding '*Expertisebureau* André Destickere *Bureau d'expertises*'.

In dit geval was hij blijkbaar ingehuurd door AGF-De Schelde, verzekeraar van veevoederfabriek De Brabander in Roeselare, om een onderzoek te doen naar een zwaar probleem in de kippensector. Op de nota aan Landbouw kon ik lezen dat de oorzaak werd omschreven als 'intoxicatie moederdieren door inname foktoomlegmeel bezoedeld door dioxines.'

Gezien het late uur heb ik de documenten toen maar diagonaal doorgelezen. Bovendien was het technisch 'zware kost'. Maar ik besefte wel onmiddellijk dat ik een tikkende tijdbom in handen had, als dit authentieke documenten waren en zo zagen ze eruit.

Mijn bronnen hadden me in grote lijnen uitgelegd waarover het ging en waarom ze de papieren doorspeelden: 'Het gaat hier werkelijk om massale dosissen. Het risico is dan ook erg groot dat er nog altijd vervuild voedsel in omloop is en wij vinden dat dit niet kan. Dit moét uit de handel, maar we merken dat de kabinetten van Landbouw en Volksgezondheid dit al weken stilhouden.' Het ging over hennen die nauwelijks nog normaal legden, over eieren die niet uitkwamen en over kuikens die stierven. Blijkbaar was dit al maanden geleden gebeurd, maar mijn bronnen die me de documenten bezorgden, vreesden dat de besmetting nog lang niet uit de stallen was, laat staan uit de voedselketen.

's Anderendaags, woensdag 26 mei, had ik nog een vrije dag en ik begon me door de technische verslagen van deze meneer Destickere te worstelen. Naarmate ik de teksten las en herlas, werd mijn onrust groter. Vooral in het technisch rapport van 24 april, gericht aan de verzekeringsmaatschappij, stond haarfijn beschreven, bijna dag aan dag, wat er zich allemaal had afgespeeld in verscheidene kippenkwekerijen. Ook las ik met stijgende verbazing en afgrijzen dat het blijkbaar een courante praktijk was om gerecycleerde frituurvetten te gebruiken in dierenvoeder. Daarmee was precies het 'incident' gebeurd.

Maar wat me nog het meest schokte was dat dit alles duidelijk geschreven was door iemand die niet echt wakker lag van het fenomeen op zich, noch van de gevolgen voor de volksgezondheid. Hier was niet de veeartskeurder, maar de veeartsexpert aan het woord, die technisch-deskundig de zoektocht naar de oorzaak beschreef en die hier en daar vermeldde dat zijn adviezen aan de getroffen kippenkwekers erop gericht waren 'om de financiële gevolgen beperkt te houden'. Als hij bijvoorbeeld zieke kuikens liet vergassen in plaats van ze te laten leveren aan braadkippenkwekers, dan was dat vooral om nieuwe klachten en schadeclaims te vermijden, niet om een mogelijke besmetting van de voedselketen te voorkomen. Elders, waar het juist beter uitkwam om niets te doen en besmette dieren in de productie (en de consumptie) te laten, argumenteerde hij dat er geen 'significante uitval' of symptomen meer waren. Hij gaf zelfs toe dat bepaalde braadkippenkwekers 'om commerciële redenen niet zijn ingelicht'. Weliswaar gingen die passages in het expertiseverslag over de periode waarin de dioxine nog niet was gekend als oorzaak, maar van enig voorzorgsprincipe had dit 'keurkringhoofd' blijkbaar nog niet gehoord.

In het tweede document, een korte nota van 21 april, gericht aan ir. Cobbaert van de Dienst Inspectie van de Grondstoffen van Landbouw, gaf Destickere een overzicht van het vermoedelijke aantal dioxinebesmette kippen dat al geslacht was en gaf hij aan hoeveel er mogelijk nog te traceren waren. Ook dat was geen bemoedigend document, want het gaf aan dat het gros van de allereerst besmette moederdieren geslacht én opgegeten was. Ze waren op de markt gekomen als soepkippen of verwerkt door de industriële vleesverwerking. Blijkbaar was de overheid dus veel te laat achter de zaak gekomen.

Beide documenten, die ongeveer een maand oud waren, leken me authentiek, maar gezien de ernst van de inhoud, wou ik dubbel checken en probeerde ik die woensdag discreet een aantal mensen te contacteren. Dat leverde me na de middag de zekerheid op dat er inderdaad een belangrijk dioxinedossier was, dat bij de ministeries van Landbouw en van Volksgezondheid 'in stilte werd afgehandeld'.

Daarop belde ik collega Louis van Dievel op, die 's anderendaags eindredactie had op het VRT-televisiejournaal. Ik vertelde hem dat ik een belangrijke tip had gekregen over een stilgehouden veevoederbesmetting met dioxine en dat ik daarvoor graag zou worden vrijgesteld mét een cameraploeg. Louis van Dievel ging ermee akkoord om me niet in te schakelen voor de geplande dagonderwerpen en persconferenties. Hij wou me een ploeg reserveren als ik vond dat het dossier hard genoeg was en als ik er zeker van was dat er voor het journaal iets zou uitkomen. Wat ik bevestigde.

De nacht van woensdag op donderdag sliep ik heel slecht, tegen mijn gewoonte in.

Ik lag urenlang te piekeren over wat ik me nu weer op de hals haalde. Het was een dringend dossier, maar tegelijk erg technisch en ingewikkeld, iets waarvan je weet wanneer het begint, maar niet wanneer het eindigt.

Het was bovendien weer zo'n sombere zaak: 'Daar is ze weer met haar vlees', hoorde ik ze al denken op de redactie. Na de hormonen, de zaak Van Noppen, de BSE-koeien en de vleesfraude, begonnen sommigen net niet te loeien als ik 'weer eens' met een dergelijk onderwerp afkwam. Ik kon er zelf ook om lachen, als een soort verweer tegen het imago van 'onheilsboodschapper' dat ik begon te krijgen. En als verweer tegen het schouderophalen, het argument dat de mensen al dat 'gedoe' over ons eten beu zijn.

Het gaat nochtans over feiten. Als je goed bent ingewerkt in de voedingssector en veel contacten hebt, blijken er telkens weer mensen met cruciale informatie naar je toe te komen, soms uit de meest onverwachte hoek. Toch had ik nu en dan het gevoel dat het sommige eindredacteurs niet echt interesseerde. Ik kreeg te horen dat ik 'teveel tijd stak in die dossiers, in verhouding tot het rendement aan reportages.' En ik pakte het allemaal 'te serieus aan, te afgewogen en te weinig flitsend.'

Ik sliep dus zeer slecht die nacht en ik geef eerlijk toe dat ik opzag tegen het opdoemende extra werk en de enorme stress. Ik was uitgerekend vijf maanden eerder halftijds gaan werken vanwege een familiale situatie met veel ziekenhuistoestanden. Ik wou er nu professioneel invliegen, maar meteen zag ik ook weinig aangename tijden op me afkomen. Want met dit soort dossiers oogst je weinig applaus of hoerageroep.

Daar kwam nog bovenop dat dit politiek een explosief dossier was, dat al weken werd stilgehouden. Het leek erop dat er tot op topniveau – in de regering – werd gegokt: alles of niets, met de schaduw van de verkiezingen over het hele tafereel.

De verkiezingen... Achteraf bekeken, heb ik er toen echt niet lang bij stil gestaan. Ik heb toen vooral nagedacht over de manier waarop ik dit 'zoveelste vleesdossier' moest aanpakken en over de manier waarop het weer eens zou ontvangen worden. De boodschapper heeft het wel niet gedaan, maar toch... Slechte tijdingen brengen, geeft geen kick. En dit was een slechte tijding. Het was niet echt in te schatten wat het gezondheidseffect was van deze vervuiling en vermoedelijk was het ergste al opgegeten, maar juist daarom was ik er journalistiek van overtuigd dat dit dossier moést uitgebracht worden.

Uiteindelijk heb ik er dus van de dinsdagnacht tot de donderdagochtend over gedaan om dit dossier voor te bereiden. Niet royaal veel, achteraf beschouwd...

Oorspronkelijk had ik gehoopt om eerst een volle dag te kunnen filmen en de reportage pas te brengen op vrijdag. Zo had ik eerst op een aantal plaatsen in Oost- en West-Vlaanderen opnamen kunnen maken. Normaal is dat een luxe als je voor het journaal werkt, want nieuws is nieuws en moet bijna per definitie de dag zelf op antenne gaan. Toch vond ik dat dit dossier een fundamenteler aanpak verdiende. Ik had zelfs een korte samenvatting gemaakt van de Destickere-documenten om de eindredacteurs donderdagmorgen nog beter te kunnen overtuigen van het belang om dit grondig aan te pakken. Maar het maakte niet echt veel verschil. Eén van de twee eindredacteurs vond het zelfs onwaarschijnlijk dat er kippen waren doodgegaan, 'want van dioxine ga je niet ter plekke dood.' Achteraf bekeken had ik ook versterking moeten vragen, want al op woensdag had ik me afgevraagd hoe ik én de getroffen boeren én de betrokken ministeries tegelijkertijd kon benaderen, zonder dat de één de ander alarmeerde... Maar het is gewoon niet evident dat de hele dagplanning wordt omgegooid voor een dossier waarmee je als journalist in je eentje afkomt. De mensen van de regie schoten wel enthousiast in gang en haalden voor mij beelden uit het archief van batterijkippen, voor het geval ik niet tijdig nieuwe beelden zou kunnen draaien. Ik begon aan mijn telefonade naar West- en Oost-Vlaanderen en naar de betrokken kabinetten. Van Louis Van Dievel had ik gedaan gekregen dat ik er een hele dag aan mocht werken, op voorwaarde dat het niet uitlekte.

Maar het lekte dus uit.

# HOOFDSTUK 2

## De politieke crisis

*'Je kan een heel eind komen met een leugen, maar er niet mee terugkeren.' –*
*Joods spreekwoord.*

### Kiekens!

Die avond van donderdag 27 mei 1999 begon het nieuws over de dioxinecrisis
uit te dijen.

Voor sommigen leek het eerst een *faits divers*, iets dat snel zou overwaaien.
Diederik De Backer, de perschef van toenmalig minister van begroting Herman Van Rompuy, deed heel schamper toen hij die avond werd opgebeld door
een journalist van de VRT-radio: 'Wel, hadden jullie niks te doen misschien?
Dat jullie het nieuws moesten beginnen met *kiekens*!' Maar na het eerste
schouderophalen, moesten velen toch wel even slikken toen er langzaam meer
details uitlekten.

Wat opviel was dat er, nationaal en internationaal, vooral verontwaardigd
werd gereageerd op het feit dat het nieuws zo lang was achtergehouden. De
verdedigingsmechanismen werden in stelling gebracht. Er werd die dagen
gescholden binnen de muren van menig kabinet. Er was verbijstering en
woede bij mensen die eigenlijk uit hoofde van hun functie hadden moeten
weten wat er aan de hand was, maar die door de geheimhouding, opgelegd
door het kabinet Pinxten, én/of door slechte communicatie in hun departement, niet waren ingelicht.

Guy Temmerman, directeur bij de Algemene Eetwaren Inspectie, hoorde
het nieuws voor het eerst die avond op het televisiejournaal. 'Ik moet u zeggen,
dat ik mijn afwas heb laten staan,' vertelde hij later laconiek en met enige bit-
terheid aan de Parlementaire Onderzoekscommissie. Ook in het IVK heerste
consternatie. Behalve André Destickere, waren de andere *keurkringhoofden*
niet op de hoogte van de dioxinecrisis, laat staan de honderden dierenartsen
uit de privé-sector die in deeltijdse opdracht keuringswerk deden in de slacht-

huizen. Ook hun verontwaardiging was groot tegenover de tandem Moor en Cornelis, de twee topdierenartsen van het IVK, die volledig de strategie van Landbouw hadden gevolgd. Alle ambtenaren die overal buiten waren gehouden, moesten nu wel ineens komen opdraven om nog te redden wat er te redden viel. Van dan af zou er op veel diensten vrijwel dag en nacht, weekend en vakantie, worden doorgewerkt.

Op vrijdag 28 mei raakte de zaak in een stroomversnelling. De meeste kranten hadden het nieuws die ochtend nog maar in kleine opmaak, vaak op een binnenbladzijde. Alleen bij de Standaardgroep was de dioxinevervuiling redelijk uitgebreid op de voorpagina geraakt, omdat daar Antoon Wauters, de journalist die dit soort zaken al jaren volgt, de reflex had gehad om na het radionieuws van 17 uur naar het kabinet van Landbouw te bellen om uitleg. Want eigenaardig genoeg was het fameuze korte perscommuniqué van Vanthemsche niet tot bij hem geraakt. Ook op andere nieuwsredacties, zoals die van het nationale persagentschap *Belga*, bleek niemand het communiqué te hebben gezien. Ofwel was het er niet aangekomen, ofwel was het gewoonweg tussen de vele andere persberichten verloren geraakt, omdat het zo onduidelijk en verhullend geformuleerd was.

In de hoofdcommentaren van de kranten had alleen *Het Belang van Limburg* het die vrijdag al over de dioxine. 'Kippen en eieren die besmet zijn met dioxine, komen de rij aanvullen van BSE-koeien, varkens die onder kalmeermiddelen en antibiotica zitten, en peren die blinken van de groeiremmende chemicaliën. Niet minder hallucinant is overigens het inmiddels op gang gekomen politieke crisismanagement rond de kankerkip. Een kurkdroge mededeling van het kabinet van Landbouw over een 'contaminatie van veevoeder met dioxine' kan moeilijk anders uitgelegd worden dan als een onhandige poging om geen paniek te veroorzaken... Het is om kippenvel van te krijgen,' schreef Patrick Martens. Het bleek maar een voorsmaakje van wat er nadien – dag aan dag tot de verkiezingen – nog zou volgen in de commentaarkolommen.

In het middagjournaal van die tweede dag bracht de VRT een eerste reactie van het ministerie van Volksgezondheid. Geen interview met Minister Marcel Colla, die nog altijd in volle kiescampagne zat, maar met een specialist van het Instituut voor Veterinaire Keuring. Ik had daags tevoren al aan het kabinet van Volksgezondheid om een interview gevraagd met 'de verantwoordelijke of de woordvoerder voor het dioxinedossier'. Maar de hele dag had ik geen duidelijk antwoord gekregen. Pas in de vooravond, toen ik al onderweg was van Deinze naar Gent om dringend op antenne te gaan, was ik teruggebeld met de vraag of ik het gewenste interview wou doen met dr. Léon Moor, topinspecteur en dierenarts bij het IVK. 'Dat was de enige die ze ter beschikking hadden, alle anderen zaten in vergadering of waren onbereikbaar.' Moor was een belangrijk figuur op het IVK, maar zogoed als volslagen ééntalig. Omdat het aanbod op donderdag veel te laat was gekomen en vooral omdat ik wist dat er genoeg Nederlandstaligen werkten bij het IVK, heb ik toen geweigerd.

Op vrijdagochtend kon ik dan uiteindelijk terecht bij dr. Marc Cornelis, de verbindingsman tussen het IVK en het kabinet Colla. Cornelis, die nog maar net bevorderd was tot verantwoordelijke voor de residucontroles bij het IVK, was niet erg op zijn gemak. Het interview gebeurde rechtstaand in het bureau van de afwezige minister Colla. Dr. Moor, de *éminence grise*, keek op de achtergrond toe, net als de persvrouw van Colla.

Cornelis begon met een mededeling die achteraf pas meer aandacht zou krijgen, namelijk dat het dioxineprobleem niet beperkt bleef tot de kippen en eieren, maar dat een deel van de vervuilde voeders ook aan varkens was gegeven. Hij gaf tegelijk toe dat alle maatregelen die op dat ogenblik uitgewerkt werden om verdachte dieren én vleesproducten op te sporen en te blokkeren, eigenlijk al wat te laat kwamen: 'Inderdaad, een deel van de dieren die dit voer hebben opgegeten, is in de consumptie gegaan.'

- 'Oude frituurolie, afkomstig van containerparken: als je dit in veevoeder gebruikt, is dat niet vràgen om problemen?'
- 'Dat is de bevoegdheid van Landbouw, mevrouw... Men spreekt altijd maar van ketenbewaking. Het risico ligt bij het mengen van grondstoffen tot het maken van veevoeders en bij een bepaald afvalstoffenbeleid. Men zal goed moeten opletten, volgens mij, met wat er in containerparken gebeurt. Iedereen kan met zijn oliën naar een containerpark. Giet iedereen de juiste olie in het juiste vat?'
- 'Maar is het dan niet godgeklaagd dat dit soort olie kan dienen als grondstof voor veevoeder?'
- 'Ja... maar laat ons hopen dat het een éénmalig incident is.'

Over het stilhouden van één en ander kon Cornelis verder alleen maar verwijzen naar het kabinet van Landbouw en naar de moeilijke en late ontdekking van de dioxines.

- 'Er zijn zoveel dierziektes... Nu is het gemakkelijk om achteraf te zeggen dat er sneller alarm had moeten geslagen worden.'

Dit gedeelte van het interview met Cornelis ging om 13 uur in het middagjournaal van vrijdag.

## De man met twee petjes

Daarna overlegde ik met enkele collega's en met de eindredacteurs over de verdere aanpak van het dossier. De eerste informatie over het dioxineprobleem was vooral technisch geweest: wat, waar, hoe? Maar meteen daarna rezen er een heleboel vragen: wie was verantwoordelijk? Hoe groot was het gezondheidsrisico? Als het een ongeluk was, lag de schuld dan bij de industrie? Was de overheid nalatig geweest door gebrekkige reglementering of controle? En vooral: wie had dit zolang verzwegen, en waarom?

Collega's waren intussen uitgerukt om gezondheidsexperts aan het woord te laten. Er begonnen ook vragen los te komen over het feit dat het gerecht in Gent blijkbaar wel was gevraagd om een onderzoek in te stellen bij Verkest omtrent mogelijke fraude, maar niet was ingelicht dat het ging om dioxine en een ernstige vervuiling van de voedselketen.

Zelf stelde ik voor om een uitgebreid stuk te maken over de achtergronden van het dossier dat we in ons bezit hadden en vooral over het stilhouden van de hele zaak.

Cruciaal daarin leken mij 'de twee petjes van Destickere', het verhaal van de ambtenaar van Volksgezondheid die al begin maart wist dat 'een zeer toxische stof' voor problemen zorgde in de kippensector, maar die dit niet dadelijk meldde aan zijn oversten, omdat hij in die zaak eigenlijk optrad als expert voor de verzekeringsmaatschappij.

Ik had daarover 's ochtends al vragen gesteld aan Marc Cornelis van het IVK, die bevestigde dat IVK-ambtenaar Destickere in zijn vrije tijd wel degelijk een cumul als zelfstandig expert mocht uitoefenen: 'De betreffende ambtenaar had in illo tempore een afwijking gekregen van de directieraad voor deze activiteit. Dat is ondertussen teruggeschroefd. Men mag dus voor private maatschappijen of private personen dat niet meer doen. Alleen nog expertises voor gerechtelijke enquêtes.'

Dit stukje interview met Cornelis en enkele opmerkelijke citaten uit Destickere's eigen expertiseverslag verwerkte ik in mijn journaalstukken die vrijdagavond. In overleg met de regisseur van dienst en met de mensen van de *paintbox*, de computertekenaars van de redactie, werden de documenten van Destickere die ik op dat ogenblik in mijn bezit had, op het scherm getoond. We lieten onder andere ook de hoofding van zijn expertiseverslag van 24 april zien, waarop in hoofdletters zijn naam prijkte, maar daar lieten we enkel de letters A.... D... staan, de rest werd met de computer weggewerkt.

Later vernam ik dat sommige collega's van andere media door het beeld van het document te *freezen* toch nog de volledige naam wisten te achterhalen uit een kleiner gedrukt deel van de tekst. Zelf vond ik het toen niet echt relevant om de man voluit te noemen. Tot dan toe was Destickere een onbekende voor het brede publiek. Tenslotte had hij van hogerhand toestemming gekregen voor zijn expertisebureau, een feit dat primeerde op dat ogenblik. Dat hij zich bij het uitoefenen van die cumul niet aan de hem opgelegde voorwaarden hield, bleek pas later, tijdens de verhoren door de Parlementaire Onderzoekscommissie.

Maar wat ik wel inhoudelijk wou aantonen, was dat hij door die cumul uiteindelijk rechter en partij had gespeeld. Hij had als keurkringhoofd in zijn eigen regio verdachte kippen in de handel gelaten, om commerciële redenen. Bovendien had hij als ambtenaar van Volksgezondheid blijkbaar niet dadelijk zijn hiërarchie gewaarschuwd.

Het journaalbericht over de rol van Destickere werd eerst om 18 uur in korte versie uitgezonden, daarna uitgebreid om 19 uur, om 20 uur, in het laatavondnieuws en in de herhalingslus 's nachts.

Het is me niet duidelijk welke invloed dit bericht heeft gehad op de groeiende gramschap van de betrokken ambtenaar. Feit is dat André Destickere die vrijdagmiddag al fors was aangepakt op het kabinet van Minister Colla. Hij was er ontboden voor een crisisvergadering, de eerste keer sinds hij zijn baas had gewaarschuwd eind april. Hij kreeg er publiekelijk de volle laag.

Later gaf hij voor de Dioxinecommissie zelf zijn versie van dat incident: 'Ik moest op die vergadering uitleg geven, maar ik werd voortdurend onderbroken door Colla: "Moederdieren wat is dat? Uitkipping wat is dat?" Dus Colla had duidelijk mijn verslag niet gelezen! Bovendien kreeg ik bij het begin van de vergadering een ferme uitbrander aan mijn adres. Zijn eerste vraag was: "Meneer Destickere, wanneer doet gij dat allemaal?" Dus de toon was direct gesteld! En ik heb hem geantwoord: "Meneer de Minister, er zijn 24 uren in een dag. Daarvan werk ik 7 uur en 38 minuten voor de staat en de rest is voor mijn expertises."'

Destickere gaf tegenover de commissie ook toe dat hij die vrijdag erg boos was. Hij voelde zich vreselijk verongelijkt en blijkbaar luchtte hij zijn hart bij ieder die het wou horen. Ook bij Knackredacteur Dirk Draulans die hem de maandag na het lek contacteerde. Destickere verwees naar de affaire Tragexgel. In 1997 was zijn IVK-collega Coenen, toen hoofd van de keurkring Kortrijk, gesanctioneerd omdat hij niet streng genoeg was opgetreden tegen vleesfraudeurs en omdat hij de onregelmatigheden niet had gesignaleerd in Brussel. 'En nu ik de problemen wél signaleer, krijg ik ook tegenwind!'. Al vergat Destickere er wel bij te vermelden dat hij de problemen veel en veel te laat had gesignaleerd.

De gramschap van Destickere was trouwens gestaag opgebouwd in de weken voordien. Sinds hij op 28 april Volksgezondheid een waarschuwing had gestuurd, had niemand hem nog om uitleg gevraagd. 'On s' en occupe,' – we zijn ermee bezig – had dr. Moor hem op een bepaald moment geantwoord.

Het toppunt voor Destickere was dat de cumulmogelijkheden voor IVK-ambtenaren op 12 mei drastisch waren ingeperkt. Officieel was het een 'algemene' maatregel, maar de inperking kwam er wel naar aanleiding van het geval Destickere. Want de kabinetten Colla én Pinxten hadden vragen gesteld aan de IVK-top over de laattijdige waarschuwing door het keurkringhoofd. De beslissing om de cumulmogelijkheden te beperken, was daarenboven ook nog eens genomen tijdens een vergadering op het IVK waar Destickere zèlf bij was. Dat had hij erg vernederend gevonden, want hij kon zelf, als betrokken partij, moeilijk tussenbeide komen. Hij was namelijk de enige IVK-ambtenaar die zoveel bezoldigde cumuls had.

De cumulbeperking betekende dat Destickere voortaan alleen nog de lopende opdrachten van verzekeringsmaatschappijen mocht afwerken en dat hij géén nieuwe expertises meer mocht aanvaarden voor de privésector. Hij mocht enkel nog werken voor het gerecht. Maar dat soort expertises deed hij normaal niet (en die betaalden ook niet zo goed).

Destickere voelde zich bijzonder gegriefd door deze maatregel en hij had dan ook op 26 mei, in een verontwaardigde brief aan zijn baas Decoster, beroep aangetekend tegen het cumulverbod.

Uitgerekend één dag later moest hij vaststellen dat 'zijn' dioxinedossier was uitgelekt via de VRT en nog een dag later, de 28e mei, moest hij constateren, bij zijn terugkeer van de tumultueuze vergadering bij Colla, dat hij op televisie met de vinger was gewezen omwille van zijn twee petjes. Weliswaar was hij niet met zijn volle naam vernoemd, maar voor insiders was dit toch duidelijk, én het was gestaafd met citaten uit zijn eigen expertiseverslag voor de verzekeringsmaatschappij.

Veearts-keurder Destickere, de man die jarenlang onaantastbaar zijn keurkring had beheerd en alles naar eigen inzicht en belang kon organiseren en afschermen als het moest, zat nu in het nauw. Maar zoals later bleek in de Dioxinecommissie was hij er de figuur niet naar om zich zomaar naar de slachtbank te laten leiden.

En hij had nog een troefkaart – of was het een joker? – achter de hand: zijn politieke relaties. Het werd een tegenaanval in de trant van: '*Ik* in de problemen? *Bon!* Maar dan de anderen ook!' Die anderen waren voor Destickere in de eerste plaats zijn hiërarchische bazen, met minister Marcel Colla van Volksgezondheid op kop.

## 'We wisten het wel, maar eigenlijk ook niet'

Marcel Colla was intussen, net als zijn collega van Landbouw Karel Pinxten, geïnterviewd door radio en televisie. Het viel op dat beide ministers in het verweer gingen met *identieke* én erg zwakke argumenten. Beiden hielden ze de eerste dagen na het lek vol dat de overheidsdiensten pas officieel op woensdag 26 mei de zekerheid hadden dat er ook *in de kippen en eieren* dioxine zat. Dàt was de reden waarom de zaak zolang was stilgehouden en waarom er pas nu voedsel uit de rekken werd gehaald. Er moést gewacht worden op die officiële uitslagen, want het was niet omdat er dioxine in het veevoeder zat, dat het ook in de dieren zou zitten. Die argumentatie bleven ze met veel overtuiging herhalen: op de radio, in kranten en in verscheidene televisie-interviews, onder andere ook in *Terzake* van vrijdagavond 28 mei.

Het maakte niet op iedereen evenveel indruk. Om te beginnen is van dioxine algemeen geweten dat het een stof is die moeilijk wordt uitgescheiden en die zich opstapelt in het lichaam. Als er dioxine in het veevoeder zat, kon je redelijkerwijs aannemen dat die stof ook terug te vinden was in de vetlagen van de dieren die het voer opaten, bovendien zelfs in geconcentreerde vorm. En daar zat ook het risico voor de mensen die op hun beurt deze dieren of eieren aten.

Voor ministers op de departementen van Volksgezondheid en van Landbouw en zeker voor hun topadviseurs behoort dit tot de basiskennis, temeer daar ze voordien ook al met dioxinedossiers te maken hadden gekregen, bijvoorbeeld in de onderzoeken naar dioxine in moedermelk, in koemelk en in citruspulp.

Bovendien was er een duidelijke tegenspraak tussen dit discours van Pinxten en Colla en de documenten van Destickere die ik op vrijdag 28 mei in het journaal had geciteerd. Die documenten waren gedateerd op 21 en 24 april en verwezen allebei naar het feit dat er al op 21 april ook een staal *kippenvet* positief bevonden was op dioxine.

Het was dus van drie mogelijke redenen één:

Ofwel was het een collectieve lapsus, een vergissing, van de twee ministers.

Ofwel was het een collectieve uitvlucht – sommigen zullen spreken van 'een leugen' – om niet te moeten toegeven dat ze veel te laat waren ingelicht.

Ofwel was het een collectieve uitvlucht om niet te moeten toegeven dat ze de dioxinezaak veel te lang onderschat hadden.

Of misschien was het een combinatie van de drie...

De officiele uitleg die achteraf werd gegeven, was optie nummer één: de lapsus, de flater, toegeschreven aan 'de medewerkers'. Maar daarover straks meer.

Op zaterdagochtend 29 mei waren de perscommentaren bijna *unisono* vernietigend: 'Pinxten is een kieken,' schreef Yves Desmet in *De Morgen*.

'Pinxten is totaal onverantwoord omgesprongen met onze gezondheid; dat kan niet zonder gevolgen blijven,' commentarieerde *Het Laatste Nieuws*.

'Niet alleen Pinxten is gebuisd, maar ook minister van Volksgezondheid Colla moet niet meer terugkomen als minister. Het enige wat beide heren nog moeten doen, is een heldere en precieze uitleg komen geven en dan mogen ze ophoepelen,' zo drukte Paul Geudens het in *Gazet van Antwerpen* uit.

'Je kan niet een hele sector zomaar plat leggen omdat er misschien ergens een gezondheidsprobleem is. Maar (...) als blijkt dat er getalmd is met het onderzoek, met de bekendmaking van de resultaten of met het nemen van veiligheidsmaatregelen, dan komen beide ministers Pinxten en Colla in het vizier,' zo schreef Bart Sturtewagen in *De Standaard*.

Voor Destickere was de manke uitleg van de twee ministers een dankbare aanleiding om de verantwoordelijkheid precies hogerop te leggen. Hij zou aantonen dat hij zijn werk wél gedaan had, maar dat de anderen in gebreke waren gebleven. En hij kon dat bewijzen aan de hand van zijn nota's gericht aan Landbouw en aan Volksgezondheid.

Destickere had op 22 april een geschreven nota (gedateerd 21/4/99) gegeven aan inspecteur Cobbaert van Landbouw met een lijst van bedrijven en een raming van het aantal *besmette kippen* dat daar nog in leven was, plus het vermoedelijke aantal dat al geslacht was. Die raming had hij gemaakt op basis van voederleveringen van De Brabander in de verdachte periode. Dus Landbouw was van tóen af formeel – want schriftelijk – door hem ingelicht. Bovendien was Cobbaert iemand die alles ook direct formeel doorgaf naar boven...

Ook aan het kabinet van Colla, zijn voogdijminister, had Destickere op 28 april 1999 een rapport gefaxt (gedateerd 27/04/99). Dat rapport was een samenvatting van zijn expertiseverslag voor de verzekering, maar Destickere had er in bijlage nog de cijfers van de dioxineanalyse van veevoederfirma De Brabander bijgevoegd, een analyse uitgevoerd door een gerenommeerd laboratorium in Nederland. Er kon dus geen misverstand zijn. Zowel het onderzochte voeder als het onderzochte vet van kippen bevatten hoge dosissen dioxine. Hem kon dus niet verweten worden dat hij het toen niet duidelijk had gezegd... 'Ik was dus boos omdat Colla in de media van alles verzweeg,' zo stelde hij later tegenover de Dioxinecommissie.

En omdat Destickere in het journaal op de VRT wel citaten uit zijn expertiseverslag had gezien, maar niet uit zijn nota aan Colla, besloot hij zelf dié nota te laten uitlekken.

Want hij wou bewijzen dat hij niet uitsluitend voor de verzekeringsmaatschappij had gewerkt en dat hij ook zijn plicht als ambtenaar had gedaan. Destickere vergat daarbij wel steevast te vermelden dat hij als verzekeringsexpert al op *4 maart* wist dat er serieuze problemen waren in de kippensector en dat hij daarop *pas eind april* reageerde als ambtenaar van Volksgezondheid.

Hoe dan ook, Destickere ging in het verweer, met zijn nota aan Colla als ultiem wapen.

Hij besloot in het weekend van 30 mei naar zijn politieke vrienden van de VLD te stappen, de Vlaamse liberalen, die op dat ogenblik in de oppositie zaten. Nog een dag later, op maandag, deed hij zijn hele verhaal ook aan Knackredacteur Dirk Draulans. Die was er tijdens het weekend achtergekomen dat er blijkbaar een nota van Destickere aan Colla was geweest. Toen hij de man erover polste, gaf hij grif tekst en uitleg. Daarna vond Destickere het blijkbaar welletjes, want zowat alle media die hem daarna nog benaderden, stuurde hij wandelen.

In de Dioxinecommissie werd later aan Destickere gevraagd of de naderende verkiezingen een rol hadden gespeeld in zijn lek naar de VLD, maar hij ontkende en zei dat vooral de kritiek op zijn cumul en het uitlekken van zijn verzekeringsrapport hem ertoe gebracht hadden om zélf met zijn nota van 27 april naar de politieke oppositie te stappen: 'Als er geen lek was geweest, dan was er niets gebeurd.'

### De blauwe versnelling van André Destickere

Destickere zag zich meer en meer als een slachtoffer en een pion in een politieke samenzwering. Het kon voor hem geen toeval zijn dat zijn rapport aan Colla in het VRT-journaal niét was getoond, maar zijn andere documenten over de dioxinezaak wél.

In kringen van 'rechtgeaarde' West-Vlaamse burgers leeft bij sommigen nog het cliché van de VRT als een links nest, een propagandamedium. Misschien wou de 'rode' VRT vermijden dat de aandacht werd gevestigd op het feit dat de socialist Colla al eind april was ingelicht door Destickere? Voor de Dioxinecommissie verklaarde hij later ook dat hij 'van horen zeggen' had vernomen dat de documenten die op 28 mei in het journaal waren getoond 'al drie weken eerder op de VRT waren aangekomen', een gerucht dat *Knack* opving en op 9 juni – zonder dubbelcheck – publiceerde.

In het roddelcircuit werden daaraan nog verdere veronderstellingen vastgeknoopt in de trant van: 'het werd wellicht zolang achtergehouden om Colla en de SP te sparen, zo vlak voor de verkiezingen'; 'naar 't schijnt hebben ze Van der Donckt zelfs moeten pramen om ermee voor de dag te komen'; 'was die Van der Donckt ook geen socialiste? Haar man Daniël Buyle is toch bij de SP...'.

Toen ik collega Dirk Draulans van *Knack* later om uitleg vroeg, waste hij zijn handen in onschuld: 'De informatie kwam van bronnen op de VRT-redacties.' Daarmee kon ik het doen. Maar hij gaf wel toe dat hij het beter ook eens bij mij had gecheckt. Destickere en *Knack* hadden het mis. Maar daarover later meer.

In elk geval ging André Destickere de politieke toer op, zodra hij zelf ongunstig in beeld kwam. En hij nam de blauwe versnelling, omdat hij zelf al jarenlang openlijk liberaal was. Weliswaar was hij niet erg actief binnen de VLD, maar hij ging er prat op dat hij op zijn werk één van de langst aangesloten leden was van de liberale vakbond.

## Guy Verhofstadt in de keuken

Volgens zijn eigen versie in de Dioxinecommissie, belde Destickere op zondag 30 mei naar Dirk Van de Gehuchte, een advocaat in Wortegem-Petegem bij Oudenaarde. Van de Gehuchte was een vriend met wie Destickere elk jaar ging jagen en van wie hij wist dat hij als advocaat in Gent geassocieerd was geweest met VLD-voorzitter Guy Verhofstadt.

Hij legde Van de Gehuchte de zaak uit en faxte hem het fameuze rapport aan Colla van 27 april. Hij vroeg wel nadrukkelijk om zijn faxnummer bovenaan het document af te knippen, want hij wou niet dat het uitlekte dat hij zijn eigen document had doorgespeeld aan de oppositie.

Over wat dan volgde, lopen de versies enigszins uiteen.

Volgens Destickere 'heeft Van de Gehuchte het nog diezelfde zondagavond doorgegeven aan Verhofstadt, want de VLD-voorzitter was toevallig in de streek voor de verkiezingscampagne.' En 'later diezelfde avond zou Van de Gehuchte het document ook nog eens *gefaxt* hebben naar Verhofstadt, kwestie van een *bewijs* te hebben van de datum waarop het was doorgegeven.'

Sommigen in de Dioxinecommissie, vooral CVP en Vlaams Blok, roken onmiddellijk 'een constructie' en vroegen een nader onderzoek.

Volgens Van de Gehuchte en Verhofstadt zélf is de nota nooit per fax naar de VLD-voorzitter gestuurd. Verhofstadt is het document eigenhandig gaan ophalen bij Van de Gehuchte. Het enige wat die hem dan enkele dagen later heeft gefaxt, was de lijst van alle faxen die op dertig mei bij hem waren aangekomen. Met dat *fax report* kon Verhofstadt dan aantonen dat Van de Gehuchte wel degelijk op die 30ste mei een lange fax had gekregen van bron Destickere.

Het is een nogal ingewikkeld verhaal dat omstandig uit de doeken is gedaan in de Dioxinecommissie omdat zowel CVP als SP de beschuldiging hadden geuit dat de liberalen de informatie van Destickere wellicht al veel vroeger hadden, maar dat ze gewacht hadden tot vlak voor de verkiezingen om ermee naar buiten te komen.

Met name Louis Tobback had dit in een VRT-journaal gezegd, maar in een brief aan de Parlementaire Onderzoekscommissie moest hij nadien toegeven dat hij geen materiële bewijzen had voor die beschuldiging, al bleef hij volhouden dat zijn indruk overeind bleef en ondertussen zelfs versterkt was.

In CVP-kringen werd vooral geopperd dat Destickere wellicht al rond 12 mei zijn nota aan de VLD had doorgespeeld, uit wraak omdat toén zijn cumul was ingetrokken. Maar ook CVP-commissielid Paul Tant, die zich hardnekkig in de kwestie vastbeet, kon dat niet echt hard maken.

Om één en ander uit te klaren, liet de Parlementaire Onderzoekscommissie via het gerecht een screening doen van het faxverkeer bij Destickere en Van de Gehuchte. Daaruit bleek nergens dat er vóór 30 mei contacten waren geweest tussen beiden.

De hele *faxstory* naar af.

Maar wél bleef het verhaal overeind van de boze blauwe ambtenaar die zijn gram haalt door naar zijn partijvoorzitter te stappen met een gevoelig overheidsdocument. Want Verhofstadt verklaarde voor de Dioxinecommissie dat hij de nota 'bloedstollend' vond. Pas door het document van Destickere had hij ingezien dat de dioxinecrisis 'veel ernstiger was dan gezegd'. Dat laatste is best mogelijk want Verhofstadt, en met hem veel andere toppolitici, waren veel te veel opgeslorpt door hun kiescampagne om die eerste dagen echt veel aandacht te besteden aan het dioxinedossier. Dat was ook totaal onverwacht in het nieuws opgedoken en 'het paste eigenlijk niet in hun vooropgestelde verkiezingsthema's en -strategieën', zoals VLD-strateeg Noël Slangen het later uitdrukte.

Verhofstadt schetste zelf nogal plastisch voor de Parlementaire Onderzoekscommissie hoe hij het dioxinedossier 'intuimelde', die zondagavond, na zijn kiestournee in Antwerpen. Hij was inderdaad nog naar Wortegem-Petegem gegaan, 'en daar rond halfnegen, negen uur 's avonds, in de keuken, heeft Dirk Van de Gehuchte mij die fax overhandigd, met de kop eraf geknipt. Ik heb dat document even doorgenomen en ik was verbaasd over de inhoud. Om te beginnen was er de titel op een nota die op 28 april bij Colla was toegekomen. Daarin stond 'betreft dioxine in moederdieren en mestkippen', terwijl de officiële versie van Pinxten en Colla op dat moment nog in essentie ging over 'dioxine in veevoeder'.' Verhofstadt vond op basis van de nota ook dat er al vanaf eind april een waarschuwing had moeten worden gestuurd naar Europa en dat er wellicht ook al bewarend beslag had moeten worden gelegd op dieren en producten.

Hij zou er die nacht nog zitten op studeren: 'Het was een technische tekst met toen nog veel onbekende termen voor mij. Ondertussen ben ik al beter vertrouwd met moederdieren, kippingspercentages en pictogrammen.'

Hij bedoelde *picogrammen,* een biljoenste van een gram...

## Eén woord vergeten: kippenvet

's Anderendaags, op maandag 31 mei, had Verhofstadt een drukke dag op het partijhoofdkwartier omdat hij met zijn medewerkers een televisiedebat moest voorbereiden. Aan al wie het horen wou, vertelde hij luidop dat hij kon bewijzen dat de regering niet de waarheid vertelde over de dioxinecrisis. Maar voorlopig wou hij nog afwachten wat Colla en Pinxten aan premier Dehaene zouden meedelen.

Die twee ministers hadden elk hun kabinetsmedewerkers nog op zondag laten werken aan een verantwoordingsnota en 's ochtends werden die twee nota's per drager afgegeven bij de premier. Beide bundels gaven een beknopte chronologie van de dioxinecrisis. Ze vermeldden dat er op 26 april dioxine was gevonden in stalen die door het betrokken veevoederbedrijf De Brabander waren opgestuurd naar een Nederlands lab. Maar beide nota's legden er ook de nadruk op dat er nog bijkomend officieel onderzoek nodig was en dat dit pas op 26 mei was afgerond. Beide ministers beklemtoonden ook dat er, zodra dit mogelijk was, doortastend was opgetreden door hun diensten.

In de loop van de maandagnamiddag kwam dan de officiële mededeling van het kabinet Dehaene dat de premier vond 'dat zijn ministers hun verantwoordelijkheid hadden genomen, zodra ze de nodige informatie hadden over de dioxinebesmetting.' Het ontging echter niemand dat Dehaene een slag om de arm hield, want in de mededeling stond dat hij zijn besluit had getrokken 'uit de thans beschikbare informatie'...

In de late namiddag van 31 mei gaven Pinxten en Colla dan een gezamenlijke persconferentie in de perszaal van Wetstraat 16, in opdracht van Dehaene, maar zonder de premier erbij. Beiden legden uit wat ze in hun rapport voor de eerste minister hadden geschreven en ze herhaalden nog eens hun stelling dat er niet eerder kon worden begonnen met de maatregelen die nu genomen werden, omdat er vóór 26 mei nog geen zekerheid was over de reikwijdte van de dioxinebesmetting.

Zelfzeker citeerde Marcel Colla nog eens de mededeling van de premier dat hij het vertrouwen behield in zijn ministers en voor de journalisten die eraan twijfelden: 'Er is dus zeker geen sprake van aftreden.'

Maar die zelfzekerheid brokkelde helemaal af toen vanuit de zaal de vraag kwam 'of ze dan al niet veel eerder wisten, namelijk eind april, dat de dioxine ook in de *kippen* zat'.

Een vaststelling die al duidelijk was gemaakt in de VRT-journaals vóór het weekend, maar die op die persconferentie nog eens werd onderstreept door 'ongenode gaste' *Vera Dua*. Het Vlaams parlementslid van Agalev, zelf landbouwingenieur en gewezen ambtenaar, had blijkbaar in het weekend van bronnen in landbouwkringen details gekregen over de dioxinecrisis, maar Pinxten en Colla weigerden haar het woord te geven omdat het een *pers*conferentie was, geen vragenuurtje voor de oppositie. Waarop één van de aanwezige journalisten dezelfde vraag herhaalde en doorging op het tere punt in de verdediging van de ministers. Alle aanwezigen gingen op het puntje van hun stoel zitten. De twee excellenties zochten schichtig naar een uitweg. Pinxten prevelde iets van een misverstand – verkeerd geïnformeerd door medewerkers op het kabinet – en de persconferentie eindigde in opperste verwarring.

## Ontbijt bij Dehaene

VLD-partijvoorzitter Verhofstadt zat in de vooravond in Vilvoorde bij VTM voor de vooropname van het verkiezingsdebat *Stoelendans*. Na afloop, rond 19 uur, vernam hij dat Dehaene zijn twee belaagde ministers op hun plaats hield. Daarop belde hij naar zijn secretariaat en liet bij Dehaene dringend om een gesprek vragen. De afspraak werd vastgelegd om 8 uur 's morgens op de Lambermont, de residentie van de premier.

Verhofstadt bleef nog even nakaarten op VTM en in een heel beperkte kring toehoorders maakte hij een allusie op het feit 'dat hij nu iets in handen had gekregen, waarmee hij 's anderendaags naar Dehaene zou stappen'. Maar méér liet hij niet los. Toevallig zou VTM-journalist Dirk Van den Bogaert de VLD-voorzitter 's anderendaags een hele dag volgen voor een reportage over de kiescampagne, maar ook hij kreeg geen details.

In zijn auto op weg naar huis probeerde Verhofstadt dan zelf Destickere te bereiken, om hem rechtstreeks nog wat verduidelijking te vragen bij zijn nota. Maar hij kreeg alleen Destickere's vrouw aan de lijn en de veearts zelf telefoneerde later niet terug. Thuisgekomen rond halftien, belde de VLD-voorzitter naar de redactie van *De Standaard* om de teksten op te vragen die Pinxten en Colla aan Dehaene hadden bezorgd en die ook waren uitgedeeld op de persconferentie. Ze werden hem door de krant gefaxt en hij begon ze uit te vlooien.

De verdedigingsnota van Colla vermeldde wél dat het rapport Destickere op 28 april op het kabinet aankwam, maar de originele tekst ervan zat niet in bijlage en de meest alarmerende elementen uit het document van Destickere werden niet geciteerd.

Daar hadden Destickere en Verhofstadt wel een punt. Al wie die bewuste nota van 27  april las, kon achteraf niet beweren dat de situatie niet ernstig of nog niet duidelijk was, want Destickere had in zijn rapport voor Colla een waarschuwende toon aangeslagen, heel anders dan in zijn expertiserapport voor de verzekeringsmaatschappij... Hij had onder andere een berekening gemaakt op basis van info van het Ri.K.I.L.T.-laboratorium in Nederland, waaruit moest blijken dat in het onderzochte kippenvet de 'normale' achtergrondwaarde voor dioxine in eetwaren 1500 keer was overschreden.

Wie dié nota had gelezen eind april, kon dus moeilijk eind mei beweren dat het nog moest bewezen worden dat er ook dioxine in de kippen zat... En toch: Colla's verslag voor de premier sprak in zeer algemene termen over dioxine 'in voeder'. In Pinxtens verslag voor Dehaene vond Verhofstadt wel de beknopte vermelding dat de dioxine in het voeder zat en 'in kippenvet'.

Verhofstadt verwoordde het later voor de Dioxinecommissie zo: 'Wat ontbrak, was de volledige substantiële inhoud van de nota Destickere. Die was gereduceerd bij Landbouw tot het woordje 'kippenvet'. U vindt dat voldoende? Ik niet.'

Over zijn onderhoud met Jean-Luc Dehaene op de ochtend van 1 juni vertelde Verhofstadt dat het zo'n veertig minuten duurde. Het was de bedoeling om meteen ook te ontbijten, maar Verhofstadt kwam niet verder dan een half broodje: 'Ik gaf de nota Destickere aan de premier. Hij liet dadelijk een kopie maken en we hebben het samen overlopen. Ik legde hem de tegenstrijdigheden uit met de verklaringen van Pinxten en Colla. Ik had de indruk dat hij deze nota niét kende en het was mij onmiddellijk duidelijk dat de eerste minister hier in elk geval niet gelukkig mee was. Bij hem is dat te zien...'

'Rond kwart voor negen ben ik weer weggegaan en ik had de indruk dat hij onmiddellijk enkele contacten heeft genomen.' Verhofstadt keerde terug naar zijn partijhoofdkwartier waar VTM-journalist Dirk Van den Bogaert al stond te wachten met een cameraploeg om hem de hele dag te volgen tijdens zijn campagne. Vandenbogaert was verbaasd te horen dat Verhofstadt die ochtend al was langs geweest bij Dehaene. Hij vermoedde een pre-electoraal gesprek over een roomsblauwe coalitievorming (en daarover was het óók wel gegaan), maar uiteindelijk kwam hij toch te weten dat Verhofstadt een 'dioxinedocument' had afgegeven. Het resultaat was dat Vandenbogaert uiteraard probeerde een kopie te krijgen van de nota Destickere. Maar Verhofstadt wou die aanvankelijk niet geven. Hij vroeg ook uitdrukkelijk dat het VTM-journaal van die dinsdagmiddag géén melding zou maken van zijn bezoek bij de premier.

Vandenbogaert had de indruk dat Verhofstadt het initiatief aan Dehaene wou laten om dit eventueel bekend te maken. Voor de journalist leek het duidelijk dat de liberale partijvoorzitter zijn mogelijk toekomstige coalitiegenoot niet voor het hoofd wou stoten. Bovendien wou hij niet de indruk scheppen dat hij politieke munt wou slaan uit de hele zaak. Wél gaf Verhofstadt te kennen dat ook Dehaene 'serieus onder de indruk' was van de nota Destickere. 'Terwijl de premier het document aan het lezen was, kon je op zijn gezicht zien dat hij verrast was. Hij leek zich gepakt te voelen door Pinxten en Colla.' Dehaene, daarover ondervraagd in de Parlementaire Onderzoekscommissie, ontkende dat. Hij stelde dat hij zich neutraal had gehouden.

Net die dinsdagmiddag had de VTM-nieuwsdienst een afspraak gemaakt met minister Marcel Colla om hem als studiogast te hebben in het journaal van 13 uur. Maar zijn kabinet belde af, met de melding dat Colla nog naar de premier moest. Waarop VTM onmiddellijk journalist Eddy Groenwals naar Wetstraat 16 stuurde.

Ondertussen bleef Dirk Van den Bogaert aan Verhofstadts mouw trekken om een kopie te krijgen van de nota Destickere. Uiteindelijk gaf hij zijn hoofdredacteur Fernand Van Oostende (ex-*Het Laatste Nieuws*, liberale krant) door via de telefoon. Die drong op zijn beurt nog eens aan bij Verhofstadt en meldde dat Dirk Draulans de nota óók had en dat er dus uitgebreide citaten stonden in de *Knack* die diezelfde namiddag uitkwam.

Uiteindelijk rond 12 uur 's middags gaf Verhofstadt de nota aan Vandenbogaert – nog altijd twijfelend – en die spurtte ermee naar een apotheek in de buurt om hem naar Van Oostende op de VTM-redactie te faxen. Het document ging in het middagjournaal van 13 uur.

Verhofstadt zei later in de Dioxinecommissie: 'Ik heb dan VTM inderdaad die nota gegeven, want blijkbaar was ze intussen al gefaxt naar verschillende redacties.' Maar de VLD-voorzitter vroeg VTM wel zijn persoonlijke démarche bij Dehaene voorlopig niet in het nieuws te melden.

## Aangeschoten wild

Ondertussen, diezelfde voormiddag van 1 juni, had premier Dehaene inderdaad Colla bij zich ontboden. Ook CVP-vice-premier Herman Van Rompuy bleek aanwezig bij het gesprek. De spanning bij de journalisten voor de deur steeg op slag.

Bij het buitenkomen botste Marcel Colla op VTM-journalist Eddy Groenwals die hem aanklampte over de nota Destickere: 'Of het waar was dat een belangrijke fax over de dioxinecrisis destijds verloren was gegaan op zijn kabinet?' Marcel Colla probeerde hem geërgerd van zich af te schudden en beende met grote stappen naar zijn dienstwagen die – helaas voor hem – niet op de binnenkoer, maar op straat geparkeerd stond. De camera registreerde ongenadig de achtervolging in het middagjournaal.

In hetzelfde VTM-journaal werd ook 'exclusief' het rapport van Destickere aan Colla getoond met de melding dat er op het kabinet van Volksgezondheid nooit was gereageerd op de nota. Een nogal vereenvoudigde voorstelling van zaken die net voor de uitzending nog was tegengesproken op het kabinet van Colla, maar die toch de ether inging, zonder repliek.

Colla had er genoeg van. Hij ging niet terug naar Volksgezondheid, maar trok naar het kabinet van Luc Van den Bossche, net om de hoek van het Warandepark. Daar hield de SP-top spoedberaad, met voorzitter Fred Erdman, Louis Tobback, Steve Stevaert, Johan Vande Lanotte en Luc Van den Bossche.

Premier Dehaene had intussen ook Karel Pinxten geconfronteerd met de nota die hij van Verhofstadt had gekregen. De minister van Landbouw die dacht dat de premier nog technische aspecten van het dioxinedossier wou bespreken, had zijn kabinetschef Piet Vanthemsche meegebracht. In de Wetstraat 16 hadden ze nog even moeten wachten, want Colla was op dat moment nog binnen bij Dehaene. Ondertussen kregen Pinxten en Vanthemsche van de medewerkers van de premier de nota Destickere van 27 april in handen geduwd, met de vraag of ze daags tevoren niets vergeten te melden waren aan de premier. Pinxten en Vanthemsche voelden nattigheid en gingen in het verweer: 'Die nota van Destickere was aan Colla gericht en bij Landbouw hadden ze die nooit gekregen.'

Later zou Pinxten voor de Dioxinecommissie zijn hele verdediging precies bouwen op dàt gegeven: de nota Destickere van 27 april, die hem de kop kostte als minister, was hem onbekend. Ook het verzekeringsrapport van Destickere waarin dezelfde essentiële informatie stond, en dat *wél* bezorgd was aan de diensten van Landbouw, had Pinxten 'nooit zelf gehad'. Het feit dat hij in die eerste dagen een 'ongelukkig communicatiebeleid had gevoerd' – anderen zeiden 'had gelogen' – over de aanwezigheid van de dioxine in de kippen, kon volgens hem toch geen reden zijn voor zijn ontslag, want dàt had hij achteraf rechtgezet... Hoe dan ook, zijn verweer bij Dehaene maakte niet veel indruk.

Marcel Colla gaf intussen bij zijn partijgenoten te kennen dat hij ontslag wou nemen, als dat de zaken kon vooruithelpen. De boodschap werd doorgebeld naar Dehaene, maar meteen werd ook het signaal gegeven aan de CVP dat het niet kon dat Colla als énige de verantwoordelijkheid voor de crisis op zich zou nemen. Marcel Colla ging naar zijn kabinet om er zijn ontslagbrief te schrijven en trok ermee terug naar de Dehaene.

Tijdens de middag was ook Pinxten even teruggekeerd naar zijn kabinet, maar hij werd opnieuw ontboden op Wetstraat 16. Het gezelschap daar was intussen aangegroeid. Behalve Dehaene en Herman Van Rompuy was ook CVP-partij-voorzitter Marc Van Peel erbij komen zitten en allen vonden dat Pinxten best zelf zijn conclusies trok en ontslag nam. Maar die gaf zich niet zo gauw gewonnen. Hij had gedaan wat hij moest doen, vond hij, en hij zou – als lijsttrekker in Limburg – niet opzij gaan om op nationaal vlak de schade te beperken. De CVP zou er niet bij winnen door hem op te offeren, integendeel.

Pas nadat er lang op hem was ingepraat, gaf Pinxten toe en tegen 19 uur kwam het officiële bericht. Beide ministers gaven hun ontslag, 'omdat ze vonden dat ze in de huidige omstandigheden niet konden blijven functioneren'. Een uur later volgde een tweede communiqué waarin stond dat de Koning het ontslag had aanvaard.

De regering-Dehaene hoopte dat de vervanging van de twee belaagde ministers de crisis zou indijken – twaalf dagen voor de verkiezingen. Hun departementen werden overgenomen door twee vice-premiers. Landbouw ging naar CVP-er Herman Van Rompuy en Volksgezondheid naar SP-er Luc Van den Bossche. Omwille van het communautaire evenwicht werden de twee Vlaamse staatssecretarissen Reginald Moreels en Jan Peeters opgewaardeerd tot volwaardig minister en de laatste kreeg er ook Colla's bevoegdheid over de Pensioenen bij. De politieke storm leek wat te gaan liggen.

Maar 's avonds rond acht uur kreeg de VLD-woordvoerder Bert Cornelis telefoon van de krant *De Standaard* met de vraag 'of Verhofstadt hiermee iets te maken had?' Met 'hiermee' werd uiteraard het ontslag van de ministers van Landbouw en van Volksgezondheid bedoeld.

Uiteindelijk, rond 22 uur, kreeg de VTM-redactie een seintje dat het nieuws over het bezoek van Verhofstadt aan Dehaene was uitgelekt en dat het embargo dus niet meer gold. Diezelfde avond nog raakte dus bekend dat Verhofstadt een flinke duw had gegeven aan de val van Pinxten en Colla. 's Anderendaags, op woensdag 2 juni, stond dat ook op de voorpagina van *De Standaard*.

Die dag gaven Pinxten en Colla elk nog een aparte persconferentie. Colla gaf een wat uitgebluste indruk, ondanks zijn poging om enigszins van zich af te bijten: 'Ik ben het beu om voortdurend voor onbenul te worden uitgemaakt'. Pinxten daarentegen bleef stug volhouden dat hij en zijn diensten correct en tijdig hadden gehandeld. 'We hadden geen andere keus en het was één groot misverstand,' probeerde hij nog. Hij herhaalde wat hij 's maandag al had willen rechttrekken aan het eind van die fameuze gezamenlijke persconferentie: 'Er was niet verzwegen dat er ook dioxine in het kippenvet zat, dat was simpelweg vergeten in het eerste perscommuniqué... Een spijtige communicatiefout, geen kwaad opzet.'

# HOOFDSTUK 3

# Twee kwaaie klanten: de kiezer en Europa

Van dan af was de verkiezingscampagne uiteraard niet meer dezelfde. Door het ontslag van twee ministers en het feit dat een oppositieleider met bezwarende documenten naar de premier was gestapt, werd het écht een 'politieke crisis'. Het electoraal opbod kon pas nu goed beginnen.

De groenen van *Agalev* en *Ecolo* kregen vleugels in hun campagne. Hun eisen voor een gezonde leefomgeving, voor veilige en duurzame landbouw, vonden met de dioxinekwestie plots een brede weerklank. Ineens hoefden ze nauwelijks nog uit te leggen waarover hun programma ging. Al vanaf de eerste dag dat het nieuws over de dioxine bekend raakte, kwamen onbekende burgers zelf naar hen toe op markten en tijdens campagneacties om hun gemoed te luchten en om de groenen hun steun te betuigen.

Bovendien had de CVP-voorzitter Marc Van Peel nog maar net de woensdag ervoor, één dag voor het uitlekken van de dioxinecrisis, uitgeroepen: 'Genoeg rood-groene betutteling,' een beschuldiging aan het adres van socialisten en groenen, die volgens Van Peel veel te veel milieuvoorschriften en -reglementeringen wilden opleggen. Die uitspraak kwam als een boemerang naar de CVP terug en vooral Agalev kon er naar hartelust naar verwijzen. Bij de SP konden alleen de vanouds groen geprofileerden, zoals Steve Stevaert, op hun milieustrepen staan. De meeste SP-ers deden er het zwijgen toe. Colla was tenslotte een socialist.

Voor de *Volksunie* was de dioxinecrisis in de campagne ook een dankbaar onderwerp.

De VU voerde traditioneel al een lichtgroene ondertoon en had enkele notoire 'vlees- en hormonenspecialisten' zoals Jaak Vandemeulebroucke en Bart Staes. Bovendien was de VU voor de verkiezingen scheep gegaan met de onafhankelijke vernieuwers van *ID21*. Die legden met onder andere Flor Van Noppen, de broer van de vermoorde IVK-keurder Karel Van Noppen, in hun programma ook veel nadruk op een beter beleid voor leefmilieu en gezondheid.

De VLD profileerde zich opmerkelijk minder scherp. Op aanraden van 'wetstraters' en reclamemensen probeerde Verhofstadt niet teveel ophef te maken over zijn rol in de kwestie. Want een niet onbelangrijk deel van de liberale achterban werd economisch zwaar getroffen door de dioxinecrisis en dan was het niet opportuun om de indruk te wekken dat die crisis misschien nog was verscherpt door een politieke démarche van de VLD-voorzitter.

Het Vlaams Blok haakte z'n karretje aan de crisis waar het ging over 'het schandaal', het zoveelste bewijs dat de traditionele politieke klasse het 'weer eens verknoeid had'. Maar inhoudelijk was dioxine, en milieu in het algemeen, niet echt een thema dat het Blok erg goed lag.

Aan Franstalige kant was er vooral een communautair opbod te horen. Was het niet de schuld van de Vlaamse veevoederbedrijven en 'vooral van de almachtige Vlaamse Boerenbond' dat nu ook zoveel Waalse boeren hun kippen en eieren niet meer verkocht kregen? Die kreet stierf pas na enkele dagen zachtjes weg toen er meer en meer aanwijzingen kwamen dat de dioxinevervuiling misschien wel afkomstig was van een Waals containerpark.

De partijen van de meerderheid waren zowat de laatsten die noodgedwongen hun verkiezingsprogramma gingen bijsturen in de twee resterende weken vóór de verkiezingen van 13 juni. Op zondag 30 mei waren er nog beelden te zien van een vrolijk rondhuppelende premier Dehaene op kiesmeetings van de CVP – voor een betere levenskwaliteit – en van SP-boegbeeld Tobback die zijn achterban bezwoer dat de sociale zekerheid het centrale thema was en bleef voor de socialisten. Maar stap voor stap werden ook die politici – of ze wilden of niet – gedwongen hun speeches te herschrijven of interviews te herroepen, die ze onder embargo hadden gegeven, want de dioxinecrisis werd hét gespreks- en mediaonderwerp van het ogenblik. Dat had uiteraard ook te maken met het feit dat de gevolgen nationaal en internationaal alsmaar uitdijden.

Uitgerekend op 2 juni, daags na het ontslag van Pinxten en Colla, werd bekend dat er ook in de onderzochte vetstalen van varkens vervuiling was teruggevonden. Het bericht van de eerste dagen dat er ook dioxinevervuild meel was gegeven aan een groot deel van de varkensstapel, klopte dus.

Niet alleen landbouwbedrijven werden 'en masse' geblokkeerd, maar ook alle afgeleide sectoren kregen te maken met inbeslagnames, tijdelijke stops en verkoopverbod. Pluimveeslachthuizen, vleesversnijderijen, transporteurs en vrachtrijders, koekjes- en charcuteriefabrikanten, cateringservices, het hele raderwerk van de zo cruciale Belgische voedingssector viel stil.

Wie niet in één van die bedrijven werkte, werd toch met de crisis geconfronteerd als consument. Wat te doen met de mayonaise en de eieren in de koelkast? Wat met de blikjes kippensoep of met de 'vol-au-vent'? En hoeveel procent ei zit er in de schoolkoekjes van de kinderen? Wanneer worden de rekken weer aangevuld in de winkel met 'veilige eieren, kip en pasta'?

En, last but not least, de buitenlandse afnemers van Belgische zuivel-, vlees- en voedingsproducten begonnen nu ook massaal hun aankopen te annuleren en terug te sturen. Want ook de buitenlandse pers begon steeds meer melding te maken van het Belgische dioxineschandaal. Al was er één 'meevaller': de eerste berichten uit België vielen nét samen met het begin van de NAVO-interventie in Kosovo op 30 mei. De Amerikanen hadden hun partners van het westers militair bondgenootschap over de drempel geduwd, zonder te wachten op een beslissing in die zin van de Verenigde Naties. Daardoor verhuisde de berichtgeving over België in de meeste internationale kranten naar de binnenpagina's.

### De whisky-briefing

Ook voor Jean-Luc Dehaene was het een meevaller dat de oorlogssituatie in Kosovo alle aandacht gevangen hield op de Europese top in Keulen die week. Want uitgerekend op dat moment, van woensdag 2 tot vrijdag 4 juni '99, kwamen de staats- en regeringsleiders van de Europese Unie bijeen.

Zelf had Dehaene, na het ontslag van Colla en Pinxten, de verder afhandeling van de dioxinecrisis volledig in handen gegeven van zijn twee vice-premiers, Herman Van Rompuy en Luc Van den Bossche.

Maar toen vooral die laatste zich nogal uitdrukkelijk profileerde als de 'crisismanager', groeide het onbehagen bij veel CVP-ers. Dehaene figureerde op de verkiezingsaffiches als 'De locomotief', maar in deze snelgroeiende crisis was hij niet genoeg aanwezig op het voorplan. Begrijpelijk, want je kan niet overal tegelijk zijn: én de centrale rol spelen in de CVP-verkiezingscampagne overal te velde, én de hoogstnoodzakelijke taken van premier waarnemen, zoals deelnemen aan een Eurotop, én fulltime een crisis als deze beheren.

Nu was de dioxinecrisis op Europees vlak puur formeel gezien géén zaak van de regeringsleiders. Dit viel volledig onder de bevoegdheid van de Europese Commissie en haar technische diensten. In het officiële discours was er in Keulen dus geen lettergreep te horen over dioxine. Maar Jean-Luc Dehaene werd er wel ínformeel – tussen de agendapunten door – over aangeklampt door zijn collega's. Dàt, samen met de toenemende onrust op het thuisfront, maakte de anders zo onverstoorbare politicus stilaan bijzonder kribbig.

Dit werd de aanwezige Belgische pers pas goed duidelijk op donderdagavond 3 juni.

Naar vaste gewoonte op een Eurotop hield Dehaene aan de vooravond van de slotzitting een zogenaamde 'whisky-briefing' voor de meegereisde nationale pers. De Belgische journalisten mochten dan 's avonds laat – als iedereen zijn of haar verslag had doorgestuurd – in het hotel van de premier een glas komen drinken en er werd dan door Dehaene en zijn naaste medewerkers op een informele manier gepraat over de voorbije onderhandelingen. Het was een ongeschreven regel dat er dan géén interviews werden afgenomen. Het moest ontspannen blijven en meestal was Dehaene dan ook zelf bijzonder relax.

Niet deze keer. Om te beginnen verscheen de premier uren later dan gewoonlijk. Het officiële diner, ergens op een kasteel in de buurt van Keulen, was allang afgelopen. Uiteindelijk kwam hij pas na middernacht opdagen in het zaaltje waar de journalisten zaten. Hij was zichtbaar geagiteerd. Hij goot meteen zijn whisky achterover en maakte duidelijk dat hij niet lang zou blijven.

Het gros van de aanwezige perslui had weinig informatie over wat er in België allemaal aan het gebeuren was, want zij zaten ondergedompeld in de internationale politieke kwestie rond Kosovo. Maar enkelen waren door hun redacties toch duidelijk bijgestuurd en gebriefd, want in de vooravond van die donderdag 3 juni was het bericht binnengelopen op de redacties: 'Europa dreigt ermee morgen ook de Belgische varkensexport stil te leggen!'. De dioxinecrisis nam de proportie aan van een economische nachtmerrie. De redacties porden hun buitenlandverslaggevers in Keulen aan om Dehaene om een reactie te vragen.

Onder andere RTBF, RTL en VRT-radio lieten zich op dat punt niet echt intimideren door Dehaenes woordvoerster Moniek Delvou. Die had iedereen in de vooravond al duidelijk te verstaan gegeven dat de ongeschreven regel – géén interviews tijdens de whisky-briefing – moest worden geëerbiedigd. Maar Dehaene was nog niet lang binnen of hij kreeg toch drie microfoons onder zijn neus en de vraag of hij soms van plan was vervroegd terug te keren naar België. 'Want het was toch crisis in Brussel?'

'Crisis? Welke crisis? *Ik* weet van geen crisis, hoe zoudt *gij* dan weten dat er crisis is,' zo omzeilde de premier de vraag over een mogelijk vervroegde terugkeer op zijn typische, wat nukkige manier. Hij dronk zijn glas leeg en vertrok. De indruk van diegenen die hem wel vaker hadden meegemaakt, was: 'Die is in hoogst ongewone doen, die is uit balans...'.

De ploeg van het VRT-televisiejournaal had niet aangedrongen op een interview, maar ging Dehaene wel op vrijdagochtend opwachten in de hall van zijn hotel, om hem nog een paar vragen te stellen over de top, bedoeld voor uitzending in het middagjournaal. Daar bleek ineens dat Moniek Delvou de rekening aan het betalen was en dat Dehaene op het punt stond om terug naar Brussel te vertrekken. De Duitse regering had zelfs speciaal een snelle wagen ter beschikking gesteld. Blijkbaar had de crisis op het thuisfront de afgelopen avond en nacht de overhand gekregen op de Europese top. Dehaene verdween zonder slotzitting en lunch van de staats- en regeringsleiders.

## De lijsten van Dehaene

In Brussel ging Dehaene onmiddellijk samen zitten met Van Rompuy en Van den Bossche en liet zich briefen. Er was op dat ogenblik ongeveer één week verlopen sinds het lek. Maar dan al was het voor velen duidelijk dat deze crisis niet vlug zou overgaan. Méér nog, er was nog zo weinig uitgezocht over de oorzaak en de omvang van de dioxinevervuiling, dat noch de publieke opinie, noch Europa zich makkelijk zouden laten geruststellen.

Dat betekende niet enkel dat de feitelijke, praktische aanpak van de crisis moeilijk was, maar het vergrootte ook de crisis in de geesten.

Want naarmate de vernietiging van vlees- en eiervoorraden toenam, ging iedereen zich meer vragen stellen over wat er al voorbij was. Was het ergste niet allang gebeurd? Het hoogtepunt van de dioxinebesmetting in het voedsel lag toch ergens in de maanden februari, maart en april? Waarom had minister Colla dan nog op vrijdagavond 28 mei opgeroepen om eieren, kippen en afgeleide producten voorlopig niet meer te verkopen of te consumeren? Tot er meer duidelijkheid was over wat besmet was en wat niet? Het evidente gevolg was uiteraard dat nogal wat mensen dan pas verontrust werden over wat ze de voorgaande maanden hadden gegeten. Als nu alles uit de rekken moet, wat was er dan al niet allemaal gepasseerd?

De maatregel was wellicht vooral bedoeld om duidelijk te maken dat de overheid en met name de minister van Volksgezondheid zijn werk deed. Wellicht was hij ook bedoeld als een signaal voor de Europese Commissie om te tonen dat er, naast het blokkeren van verdachte bedrijven, ook gewerkt werd aan de veiligheid van de consument.

Maar tegelijk had de maatregel ook een boemerangeffect.

Colla en Pinxten hadden zich verdedigd door te verwijzen naar 26 mei als de ultieme datum waarop pas goed en wel bevestigd werd dat er dioxine in de voedselketen zat, maar zowel de alerte burgers als Europa wezen natuurlijk naar de eerdere labtesten die al op 26 april positief waren gebleken. Met andere woorden, deze maatregelen kwamen rijkelijk laat. Velen dachten eigenlijk dat de zwaarste vervuiling hoe dan ook gepasseerd was en de redenering luidde als volgt: 'Als we die eerste dioxine al geïncasseerd hebben als consument, waarom dan in dit stadium nog àlles gaan blokkeren, terwijl het nu wellicht over een geringere vervuiling gaat ?' Na het ontslag van Pinxten en Colla zaten hun opvolgers met een beleidslijn – alles blokkeren – waarmee ze geen andere kant meer opkonden. Deden ze niks meer om te blokkeren of te laten vernietigen, dan kregen ze het verwijt minimalisten te zijn en precies dàt was hun voorgangers politiek fataal geworden.

Bovendien was uit de analyses gebleken dat er wel degelijk nog sprake was van onaanvaardbare gehaltes dioxine in sommige dieren en dierlijke producten, zelfs al beweerden sommigen dat de vervuiling eigenlijk achter de rug was.

Ook op Europees vlak kreeg de Belgische regering harde reacties. De relativerende geluiden waren zeldzaam. Slechts enkele Duitse en Nederlandse Europarlementsleden in Straatsburg opperden dat België gewoon pech had gehad: 'het kon evengoed elders zijn gebeurd aangezien de internationale vettenmarkt niet of nauwelijks gecontroleerd wordt'.

Maar voor de rest was er een bijna unanieme veroordeling van de 'lakse controle en vooral de laattijdige reactie en waarschuwing van de kant van de Belgen'.

Zo was er bijvoorbeeld het Permanent Veterinair Comité, een comité dat aan de Europese Commissie (het dagelijks bestuur van de Europese Unie) advies geeft over alles wat te maken heeft met diergeneeskundige dossiers. België had binnen dat comité het dioxineprobleem niet gesignaleerd.

Nochtans had Landbouw begin mei wel een waarschuwing gestuurd aan Nederland en Frankrijk, weliswaar relativerend en omfloerst, maar aan Europa was er helemaal niks gemeld. Dat zou ons duur te staan komen.

Bovendien was er veel te lang getalmd met testen en analyses. Dehaene, Van Rompuy en Van den Bossche hadden maar een handvol resultaten. Daarmee kon aan Europa en aan de consument geen harde garantie worden gegeven dat de omvang van de vervuiling beperkt was. Dehaene stelde dan ook snel twee prioriteiten. Europa moest gerust gesteld worden en de kiezer moest nog voor de verkiezingen duidelijke resultaten zien van de crisisaanpak. Maar meer en meer drong het besef door, bij de premier en in de crisiscel van de regering, dat dit een politieke nederlaag zou worden.

Op vrijdagavond 4 juni bleek dat het dioxineprobleem mogelijk nog veel groter was dan tot dan toe was aangenomen. De speurders hadden ontdekt dat de vervuiling zeker niet lag aan een lek in een verwarmingsspiraal in één bepaalde tank van Verkest. Dat betekende dat de dioxinevervuiling wellicht van één van de leveranciers was gekomen en dat het bijgevolg niet onmogelijk was dat ook andere vetsmelters besmet waren geweest. Pas later zou blijken dat leverancier Fogra in de verdachte periode uitsluitend Verkest als vetafnemer had gehad.

Bovendien moesten nu alle vetleveringen van Verkest in de verdachte periode als mogelijk vervuild worden beschouwd, ongeacht uit welke tank ze waren gekomen. Dehaene besloot op dat ogenblik om de verkiezingscampagne te laten voor wat ze was. Net als Vanden Bossche en Van Rompuy trouwens. Dit was pompen of verzuipen.

Om te beginnen wou Dehaene een volledige lijst van alle besmette bedrijven. Een voor de hand liggende vraag, maar het antwoord was minder evident. De ambtenaren van Landbouw en van het IVK zaten zich daarover al weken het hoofd te breken. Het was onduidelijk wie er in de *verdachte periode* precies vet had gekocht bij vetsmelter Verkest en er was lange tijd vooral aandacht besteed aan de klanten die vet hadden gekregen uit de meest *verdachte tank*, 'tank 1' met het fameuze lek... Maar ook dat was allemaal moeilijk na te gaan, want de boekhouding van de vetsmelterij was vervalst en zelfs Verkests eigen aantekeningen van de verkoop in het zwart, klopten niet altijd.

Uiteindelijk was er in de voorafgaande weken een lijst opgesteld door het ministerie van Landbouw van elf veevoederbedrijven, waarvan het vaststond dat ze vet hadden gekocht in de meest verdachte periode. Nu moest bij hen worden nagegaan welke van hun klanten voeders hadden gekocht waarin het fameuze vet was verwerkt. Ook daar rezen dus weer problemen met boekhoudingen en facturen. Tegen zondagavond 6 juni was de lijst van landbouwbedrijven die vermoedelijk besmet voeder hadden gekregen en die dus zouden geblokkeerd worden, eindelijk klaar. Het waren er ongeveer 1 200.

De lijst was gebaseerd op een afbakening van de verdachte periode van 15 tot 31 januari 1999. Die twee weken waren een werkhypothese van de betrokken ambtenaren en kabinetsleden van Landbouw, maar was die marge wel veilig genoeg om alle vervuiling te omspannen? Intern werd daar wel aan getwijfeld, maar niemand pleitte hardop voor een verruiming. Die veertien dagen waren min of meer realistisch, zo klonk het. Het was vooral haalbaar om de 1200 betrokken bedrijven te blokkeren. Dat was niet het geval met de eis van Europa op dat moment: een risicoperiode van zes maanden nemen, van januari tot eind juni 1999.

Dehaene wou nochtans Europa ter wille zijn en hij vond dat de ambtenaren te moeilijk deden. Hij besliste om het anders aan te pakken. Zonder overleg met de eigen administratie liet hij BEMEFA, de Belgische Mengvoederfabrikanten, contacteren. Hij stelde hen vrij samengevat ongeveer deze eis: 'Jullie hebben 24 uur de tijd om mij een lijst te maken van de besmette veebedrijven en ik hoop dat die beter is dan die van mijn administratie.'

Waarop BEMEFA al zijn leden telefoneerde en faxte met de vraag om op erewoord mee te delen of ze al dan niet vet hadden gekocht bij Verkest in de periode van januari tot juni. Ook werd gevraagd aan wie ze daarna voeder hadden verkocht. Na een dag en een nacht doorwerken, was de lijst klaar en het bleek dat er ongeveer 14 000 landbouwbedrijven zouden moeten geblokkeerd worden.

De regering schrok zich een bult van dat enorme aantal en pakte opnieuw uit met een tweede parallelle maatregel buiten de eigen administratie om. Vanden Bossche liet de rijkswacht manschappen leveren om in alle veevoederbedrijven stalen te gaan nemen van voeders uit de periode van januari tot juni. Die zouden dan in ijltempo moeten worden ontleed op PCB's. Ondertussen was immers duidelijk geworden dat de dioxinevervuiling eigenlijk veroorzaakt was door PCB-olie die in het vet van Verkest was beland. Met die testresultaten zou Europa dan worden overtuigd dat de korte crisisperiode van 15 tot 31 januari voldoende was.

Het werd een chaotische bedoening. Je kan van rijkswachters blijkbaar veel vragen, maar om stalen te gaan nemen in veevoederfabrieken, moet je een duidelijke procedure en technische aanwijzingen hebben gekregen. De instructies die ze hadden, waren niet toereikend. In de praktijk kwam het er vaak op neer dat de rijkswachters zowat alle potjes met monsters meenamen die ze konden vinden. Officieel waren er ongeveer 350 stalen genomen, in werkelijkheid waren het er veel meer. De procesverbalen over die stalen bleken niet eenvormig opgemaakt en het duurde nadien vaak heel lang eer kon worden nagegaan welk staal bij welke veevoederfabriek hoorde.

Alle stalen werden afgeleverd bij het Rijkslaboratorium van Landbouw in Tervuren en de regering liet weten dat ze onmiddellijk moesten worden geanalyseerd. Maar de bevoegde ambtenaren waren compleet verrast en overrompeld. De kelder stond vol met stalen. Het zou dagen en dagen vergen om ze te analyseren en niemand was formeel ingelicht dat de verdachte periode nu blijkbaar was uitgebreid met de maanden februari tot juni. Daarom werden al onmiddellijk alle stalen van na 31 januari opzijgeschoven. Er bleven nog welgeteld elf 'representatieve stalen' over en daarvan werd de analyse gestart. Het feit dat de ambtenaren zich door de Wetstraat 'gepasseerd' voelden, speelde natuurlijk ook wel mee in die aanpak.

Daarop werd Luc Van den Bossche razend kwaad en liet alle stalen opnieuw ophalen door de rijkswacht met de opdracht ze dit keer naar het privé-bedrijf SGS-Agrilab te brengen. Maar ook dat bleek geen oplossing want SGS kon die stalen evenmin verwerkt krijgen. Terug naar af dus. De regering kwam weer bij de administratie aankloppen. Uiteindelijk zijn de stalen dan verdeeld over SGS en twee andere labs. De bedoeling was om de resultaten al te hebben tegen vrijdag 11 juni, want dan was er opnieuw een bijeenkomst van het Europese Permanent Veterinair Comité. Maar tegen die dag was er nog maar ongeveer één tiende van de analyses afgewerkt.

Toch gaf Dehaene opdracht aan de Belgische delegatie om in het Permanent Veterinair Comité mee te delen – mondeling – dat België een uitgebreide *monitoring* van de veevoedersector voor de periode februari-juni had gedaan en *dat er niets was gevonden.*

Ten bewijze waarvan inderdaad de eerste resultaten konden worden voorgelegd, die tot dan toe voor de veevoederstalen allemaal negatief waren.

Bovendien waren er intussen ook enkele tientallen melkstalen onderzocht. De regering had daar extra veel middelen op ingezet, om te kunnen aantonen dat een blokkering van de rundersector niet nodig was. Die melktesten waren gunstig – niet echt verwonderlijk want bij melk gaat het meestal om mengstalen, waardoor eventuele besmetting verdund wordt – en ze werden systematisch doorgestuurd naar Europa.

Eén en ander had als gevolg dat Dehaene op vrijdagavond 11 januari, minder dan twee dagen voor de verkiezingen, een doorbraak in de dioxinecrisis kon aankondigen. Europa stemde ermee in dat er 'maar 1 200' in plaats van 14 000 bedrijven werden geblokkeerd.

Tijdens een persconferentie deed Dehaene er nog een schep bovenop: er waren duizenden negatieve analyses op melk gedaan en dus was de melk 'zeker veilig'. Verwarde de premier de PCB-testen met de dioxinetesten op melk die in de maanden ervoor sowieso routinematig waren gedaan? Dan nog was het bepaald overdreven om over 'duizenden' analyses te spreken. En wat de PCB-testen betrof: op dat ogenblik waren er nog maar een paar honderd gedaan, melk, eieren, kippen, varkens en veevoeder samen...

Een bewuste overdrijving of niet, veel overtuigingseffect bij de kiezer had het niet meer.

Het gevolg was wel dat er in de administratie nog méér vervreemding ontstond tegenover de Wetstraat, want de ambtenaren die wisten hoe chaotisch de toestand op het terrein was, waren echt niet onder de indruk van de zegebulletins van de politici...

Bovendien zou een maand later, op 13 juli, blijken dat tussen de rijkswachtstalen van veevoeders toch nog besmette monsters zaten. En wat vooral belangrijk was: het waren stalen uit de zogenaamd 'onverdachte' periode, dus van na 31 januari. De besmette monsters kwamen uit de vestigingen van Versele-Laga in Deinze en Hasselt en uit de veevoederfabriek Dossche. Het zou de kersverse nieuwe regering nog zware hoofdbrekens bezorgen.

### Dertien juni: de dioxineuitslag

Op zondag 13 juni kozen de Belgen een nieuw federaal parlement, nieuwe regionale parlementen en 25 vertegenwoordigers in het Europees parlement. Het werd een zware afstraffing voor de partijen van de regerende meerderheid.

Christen-democraten en socialisten gingen op vrijwel alle fronten zwaar achteruit. Alle oppositiepartijen wonnen, met de liberalen en groenen op kop. In het Vlaams parlement bleef de CVP nog nipt de grootste fractie, maar op federaal vlak werden de liberalen van VLD en PRL nu de belangrijkste politieke familie. Ze zochten een alliantie met de verzwakte socialisten en namen er de groenen bij. Aan de Vlaamse regering deed ook VU-ID21 mee. De paarsgroene coalities moesten de dioxinecrisis nu verder beheren. Het zou een zware vuurdoop worden.

Zonder in detail te willen ingaan op alle maatregelen en minicrisissen van de zomer van 1999, wil ik toch enkele grote lijnen schetsen van die periode.

Landbouwminister op federaal vlak werd de VLD-er Jaak Gabriëls, een benoeming die op nauwelijks verholen kritiek werd ontvangen bij de Boerenbond omdat de man geen enkele ervaring had op dit departement. Eigenlijk hadden ze nog iets meer begrip voor de benoeming van Agalev-minister Vera Dua op de post van Landbouw en Leefmilieu in de Vlaamse regering, want zij was weliswaar groen, maar ze was landbouwingenieur van vorming en ze had nog in de administratie gewerkt.

Maar de bevoegdheid voor de afhandeling van de dioxinecrisis lag vooral federaal: bij Jaak Gabriëls en voor Volksgezondheid bij Magda Aelvoet van Agalev.

Eén van hun eerste prioriteiten was meteen een Federaal Agentschap voor Voedselveiligheid in de steigers zetten. Een herhaling van de dioxinecrisis moest met alle middelen worden voorkomen. Tegelijk moesten ze van Van Rompuy en van Vanden Bossche de afhandeling van het dioxinedossier overnemen. Dat ging moeizamer dan gedacht. Naar slechte Belgische gewoonte waren de beide kabinetten compleet leeggehaald tijdens de regeringsovergang. Alle briefwisseling over de crisis, alle computerbestanden, alles was weg. De nieuwe ministers moesten van nul herbeginnen en een beroep doen op de know how van diegenen die met de crisis bezig waren. Bijgevolg kreeg je de eigenaardige situatie dat verscheidene sleutelfiguren uit de crisis willens nillens werden overgenomen door de nieuwe bewindsploeg om toch enigszins de continuïteit te verzekeren.

Zo lag het bij Gabriëls erg moeilijk omdat de meeste topbenoemingen in de administratie van Landbouw jarenlang naar ambtenaren waren gegaan met een duidelijk CVP- of Boerenbondprofiel. Die *pool* van topambtenaren had traditioneel altijd de *cabinetards* geleverd voor de CVP-ministers van Landbouw. Gabriëls kwam dus in een 'koele', zelfs eerder vijandige atmosfeer terecht. Hij wou ook effectief het geweer van schouder veranderen en haalde daarom eerst op zijn kabinet enkele topfiguren binnen van het ABS, het Algemeen Boeren Syndicaat, de veel kleinere concurrent van de Boerenbond. Maar in de praktijk had hij toch zeer veel moeite om zijn kabinet te bevolken met mensen die op dàt politieke niveau ervaring hadden. Uiteindelijk benoemde hij de vroegere adjunct-kabinetschef van Pinxten, Xavier De Cuyper, tot zijn kabinetschef en voor de continuïteit in het dioxinedossier bleef hij noodgedwongen een beroep doen op voormalig kabinetschef Piet Vanthemsche.

Magda Aelvoet op Volksgezondheid kon nog veel minder dan VLD-er Gabriëls terugvallen op een groep partijgetrouwen in de administratie om daaruit te putten voor het invullen van kabinetsfuncties. Noodgedwongen dus en ook vanuit de toch soepeler politieke cultuur van Agalev, werd dan maar een beroep gedaan op eenieder die bereid was om zich in te zetten voor de crisis-aanpak, ongeacht zijn of haar politieke kleur. Enkele mensen die onder Colla hadden gewerkt, bleven zo meewerken of werden teruggehaald. Ook dieren-arts Marc Cornelis, die een verregaande verantwoordelijkheid had gehad onder Colla voor de aanpak tijdens de dioxinecrisis, bleef omwille van zijn ervaring als verbindingsman tussen het kabinet en het Instituut voor Veteri-naire Keuring. Maar dat IVK boette wel aan invloed in. Was het 'vleesbeleid' onder Colla een quasi-monopolie van de IVK-veeartsen Moor – intussen met pensioen – en Cornelis, nu kreeg de Eetwareninspectie veel meer zeg in het beleid. Ook de keurders en keurkringhoofden van het IVK die buiten de dioxi-nezaak waren gehouden, eisten meer openheid en inspraak.

Dat leidde de eerste maanden nog tot harde discussies over de te volgen strate-gie in het dioxinedossier, niet alleen intern maar ook met het kabinet en de diensten van Landbouw. Daar zat immers Vanthemsche die bij het ontdekken van de dioxinecrisis had gekozen voor de klassieke crisisaanpak, geïnspireerd op het controleren van varkenspest: eerst de besmette bedrijven opsporen en dan blokkeren, de tactiek van de schutkring om de niet-besmette bedrijven te beschermen.

Die aanpak was vooral ingegeven door de vrees bij Vanthemsche dat de economische gevolgen niet te overzien zouden zijn als de hele sector werd geblokkeerd. Maar die strategie werkte niet voor de dioxinecrisis. Er waren teveel mazen in het net en het ging te traag. Ook Europa raakte niet overtuigd en ging daarom zelf over tot het blokkeren van de Belgische uitvoer. 'Door de tactiek van traceren en blokkeren is héél België nu uitgeroepen tot een schut-kring,' luidde de kritiek.

Uiteindelijk werd in de loop van de zomermaanden – ook onder invloed van opduikende geruchten over mogelijke nieuwe, of andere besmettingsbronnen – de koers omgegooid. Er werd overgegaan tot een strategie van àlles blokkeren en pas vrijgeven nà PCB-testen. Vanthemsche legde zich op dat moment loyaal neer bij die beleidskeuze en gedurende verscheidene maanden werkte hij zeer hard om als Belgisch delegatieleider bij het Europees Permanent Veterinair Comité de economische kant van de crisis te keren.

In de Parlementaire Dioxinecommissie kreeg Vanthemsche wel herhaaldelijk zijn mislukte aanpak van de dioxinecrisis voor de voeten geworpen en uiteindelijk kondigde hij in december 1999, met veel gevoel voor timing, zijn ontslag uit de ambtenarij aan. Net voordat de twee ex-ministers Pinxten en Colla voor de Dioxinecommissie moesten verschijnen, versterkte hij daarmee nog eens het beeld van de 'heksenjacht'.

Sommigen beweren dat Vanthemsche ontgoocheld was omdat er uiteindelijk politiek geen echte retour meer mogelijk was voor hem. Net vóór de dioxinecrisis was er een grote reorganisatie van het IVK in de maak en op dat moment was Vanthemsche in de running voor de topfunctie.

Na de dioxinecrisis werden alle plannen in die zin opgeborgen, want er werd resoluut gekozen voor een heel nieuwe structuur. Het Federaal Agentschap voor de Voedselveiligheid zou alle bestaande controlediensten gaan coördineren en het is de paarsgroene coalitie die de plaatsen in dit Agentschap invult. Wellicht ook daarom is Piet Vanthemsche begin maart 2000 een nieuwe carrière begonnen als zelfstandig adviseur. Hij voert studies uit voor de privé-sector, onder andere voor de Belgische zuivelfederatie. Wel is hij onbetaald blijven meewerken aan de laatste dioxinerondes in het Europees Permanent Veterinair Comité.

Het Belgisch dioxinedossier is nu bij Europa afgerond en sinds april 2000 zijn de officiële uitvoerbeperkingen verleden tijd.

# DEEL 2

# HOOFDSTUK 4

# Kroniek van de dioxinecrisis

*'Er zijn altijd meer zwijgers dan sprekers'*

## Wie is wie?

Wie zijn de acteurs in het dioxinedrama? Zijn ze hoofdrolspelers tegen wil en dank, zoals in de Griekse tragedies? Of kan je spreken van 'de goeden en de slechten', als in een western met een integere sheriff-keurder aan de ene kant en perfide sjoemelaars aan de andere? Of was de dioxinecrisis 'gewoon een samenloop van uiteenlopende omstandigheden', een reeks spijtige misverstanden?

Laten we beginnen met de hoofdrolspelers. En met hun activiteiten.

### De overheid

De dioxinecrisis viel politiek onder de verantwoordelijkheid van het ministerie van *Landbouw* en dat van *Volksgezondheid*.

De taakverdeling kon je simpel samenvatten. Landbouw was bevoegd voor alle levende dieren en Volksgezondheid was bevoegd vanaf de slacht. Op het erf van de boerderijen was het dus in principe het ministerie van Landbouw dat controleerde; in de slachthuizen en in de versnijderijen de controlerende instantie het *Instituut voor Veterinaire Keuring*, dat afhing van Volksgezondheid. Melk en eieren waren dan weer uitzonderingen, want die vielen onder de bevoegdheid van Landbouw.

Binnen Landbouw waren vooral twee diensten bij de dioxinecrisis betrokken: DG 4 en DG 5. De officiële naam van Directoraat-Generaal 4 luidde 'Bestuur voor de Kwaliteit van de Grondstoffen en de Plantaardige sector'. Concreet in de dioxinecrisis was het de inspectiedienst van de grondstoffen, van de veevoeders in dit geval, die moest optreden bij de vetsmelters en de veevoederfabrikanten.

DG 5 stond voor 'Bestuur voor de Dierengezondheid en de Kwaliteit van de Dierlijke Producten'. Belangrijk om te onthouden in de dioxinecrisis is dat DG 4 ook wel bekend stond als 'de dienst van de ingenieurs' en DG 5 als 'de dienst van de veeartsen'. Ze vielen allebei onder hetzelfde ministerie, maar in de praktijk waren het twee aparte baronieën. Vooral op het niveau van de centrale administratie in Brussel was er veel naijver tussen de twee diensten. Op het terrein, bij de 'buitendiensten', liep het meestal wel vlotter.

Bij Volksgezondheid was er, behalve het IVK ook nog de *AEWI, de Algemene Eetwareninspectie* (en de Farmaceutische controle, maar die speelt in dit verhaal geen wezenlijk rol). De AEWI controleerde onder andere de verwerking en de verkoop van voedingsproducten in winkels, restaurants, bij bakkers, fabrikanten, enzovoort.

Deze opsomming is in de verleden tijd geschreven omdat men intussen aan heel die structuur en taakverdeling heeft gesleuteld. Naar aanleiding van de dioxinecrisis is er een Federaal Agentschap voor Voedselveiligheid uitgetekend dat alle diensten moet hergroeperen die te maken hebben met de ketenbewaking in de voedselproductie.

## De privé-sector

Het veevoederbedrijf dat het zwaarst getroffen is door de dioxinevervuiling en dat daardoor ook naar de oorzaak is gaan zoeken, is veevoederfirma **De Brabander** in Roeselare. Het is geen reus binnen de sector, maar het is toch ook geen kleine firma. De Brabander is een familiaal bedrijf dat de ambachtelijke periode is ontgroeid. Zoon Pieter heeft vooral de modernisering van de 'molen', de veevoeders, op zich genomen. Zoon Steven houdt zich bezig met het commercieel beleid en de afgeleide sectoren, onder andere de modernisering en uitbouw van de overgenomen pluimveeslachterij *Flandrex*.

Die slachterij Flandrex is niet onbelangrijk om te vermelden, omdat dit bedrijf voor zijn vergunning afhangt van het keurkringhoofd van het Instituut voor Veterinaire Keuring. In die regio is dat André Destickere, de dierenartskeurder die ook als schade-expert optreedt voor de verzekeringsmaatschappij van De Brabander wanneer er problemen ontstaan in de kippenkwekerijen... Met andere woorden, De Brabander kon Destickere maar beter niet voor het hoofd stoten.

In de veevoedermolen De Brabander is er de laatste jaren flink gemoderniseerd. De zonen De Brabander zijn van een generatie die in termen van ISO-normen denkt. Investeren in nieuwe beheerstechnieken en in strengere kwaliteitsvoorschriften beschouwen zij als een rendabele politiek. Ze hebben een behoorlijk uitgerust bedrijfslab, met een nutritionist of voedingsdeskundige. Die functie wordt bekleed door Jan Van Ginderachter, die een goede faam heeft opgebouwd, zowel binnen de kring van mengvoederfabrikanten als bij de inspectie. Merkwaardig genoeg zal het aan deze man liggen dat er ooit zal worden gesproken over de dioxinecrisis.

Wanneer er eind januari 1999 allerlei problemen rijzen in kippenkwekerijen die voeder hebben gekocht van De Brabander, begint Van Ginderachter een wekenlange speurtocht naar de oorzaak. Hij raadpleegt daarbij regelmatig dierenarts Herman De Schuytere, zijn voorganger bij de firma De Brabander. Deschuytere is een neef van de zonen De Brabander en werkte zelf destijds bij het bedrijf als nutritionist en labverantwoordelijke. Hij is intussen met een eigen bedrijf gestart, maar van op afstand blijft hij advies geven. Hij raadt Van Ginderachter aan om een beroep te doen op diergeneeskundige labs in Torhout, Gent en Deventer, en verwijst naar vakliteratuur. Mee daardoor kan Van Ginderachter uiteindelijk de juiste diagnose stellen: dioxine. Hij licht zowel de inspectiedienst van Landbouw in als de federatie van mengvoederfabrikanten. Want intussen blijkt dat ook concurrent *Huys* in Brugge gelijkaardige problemen heeft gehad. De gemeenschappelijke oorzaak moet liggen in vet, geleverd door vetsmelterij Verkest uit Deinze.

Het is dan half maart, maar het duurt tot half april eer ook de laboratoriumanalyses dit bevestigen. Dan pas lijkt de Landbouwadministratie in Brussel overtuigd, hoewel inspecteurs te velde intussen al duidelijk hadden vastgesteld dat Verkest inderdaad zijn klanten bedroog met de kwaliteit van zijn vet.

Op een eerste vergadering op het kabinet van Landbouw, waar Jan Van Ginderachter bij is, wordt hem expliciet gevraagd om 'de discretie te bewaren'. Op dat ogenblik zijn er uiteraard al veel besmette kippen opgegeten. De Brabander zelf heeft in de tweede helft van maart een waarschuwing gestuurd naar de eigen klanten die problemen hadden gehad met hun kippen en hen gevraagd om de dieren niet meer te slachten of te verkopen. Maar de vervuiling is intussen via Verkest ook bij een tiental andere veevoederfabrikanten verspreid.

De lijst wordt later gereconstrueerd op het kabinet van Landbouw:
• De Brabander, Roeselare
• Huys, Brugge
• Debrabandere, Wingene
• Algoet, Zulte
• Willaert, Kortemark
• Versele-Laga, Roeselare. Later zou er een controverse ontstaan over de twee

andere vestigingen van Versele-Laga, namelijk die in Deinze en die in Hasselt. Ook Deinze bleek met zekerheid besmet. Nochtans was er van leveringen geen spoor (meer) in de boekhouding van Verkest...

- Versele-Alimex in Marchezais, Frankrijk, een dochteronderneming van Versele. Van dit bedrijf is bekend dat de levering van vet door Verkest gebeurde op 21 januari. Vele maanden later bleken de testen negatief, maar ook daarover bleven er grote twijfels.
- Callewaert, Ardooie
- Derco International, Gavere
- Hendrix, Merksem
- Rendac (ex-Animalia, vilbeluik), Denderleeuw

Later zou blijken dat Rendac op zijn beurt het vervuilde vet van Verkest aanlengde met eigen vetten en doorverkocht aan nog andere bedrijven, onder meer Bens in Geel; Hendrix UTD in Nederland; Van den Avenne in Ooigem; AVEVE; Leievoeders en een niet nader genoemd bedrijf in Polen. De meeste van die bedrijven bleken nadien niet of maar licht vervuild en er ontstond een hele controverse over de mogelijkheid dat er een 'kruisbesmetting' was geweest. Want Rendac had als vilbeluik of destructiebedrijf ook vet afgesmolten van slachtafval of van dode kippen en kuikens uit de eerste weken van de dioxinecrisis...

Het is in elk geval een feit dat al die andere veevoederbedrijven veel minder in beeld komen omdat de vervuiling in hun voeders minder groot is. Ze krijgen niet alleen minder vuil binnen via Verkest, maar de meeste vermengen dat vet ook met vroegere voorraden. De Brabander in Roeselare heeft de pech dat het niet alleen de zwaarst vervuilde vetlevering gekregen heeft, maar bovendien op een ogenblik dat de eigen vettank van het bedrijf helemaal leeg is. Zij verwerken de ramplading dus onverdund. Bovendien komt het vet bij De Brabander vooral in meel terecht voor kippen. En dat zijn dieren die gevoeliger zijn dan varkens of runderen en die ook een groter percentage vet krijgen in hun voeder.

Eveneens belangrijk in het dioxineverhaal is dat de groep De Brabander zich binnen de pluimveesector bijna uitsluitend oriënteert op de kippenbedrijven die werken voor de vetmesterij. Ze zitten met andere woorden in de sector van de *braadkippen* en niet van de leghennen, die consumptie-eieren leggen.

Dat is belangrijk omdat het als argument is aangehaald door verscheidene mensen op Landbouw: als alleen de braadkippensector vervuild voer had gekregen, dan kon je 'wellicht' aannemen dat het ergste van de besmetting in april-mei al voorbij was. Want braadkippen worden meestal op 6 weken geslacht en de kuikens die eind februari waren voortgekomen uit de besmette 'moederdieren' waren dus al volgroeid en opgegeten tegen de derde week van april, toen er duidelijkheid was over de dioxine. Maar die redenering klopte niet.

Om te beginnen was het vervuilde voeder gegeven aan 'moederdieren', hennen die de eieren legden, waaruit dan de kuikens voortkwamen die tot braadkip werden opgekweekt. Die moederdieren leven tien keer langer dan de gemiddelde braadkip. De kans was dus groot dat er nog flink wat van deze dieren in leven waren, die dus nog gedeeltelijk konden worden opgespoord. Bovendien hadden ze voor verscheidene generaties braadkuikens gezorgd, die allemaal een deel van de vervuiling meedroegen.

Want het is juist eigen aan dioxines dat ze opstapelen in de vetlagen. Tegelijk is het typisch dat ze bij kippen worden doorgegeven via de dooiers. Het risico van een langdurige dioxinebesmetting was dus even groot bij de moederdierenbedrijven die vleeskuikens produceerden, als bij de leghennenbedrijven die eeteieren produceerden.

Later, toen er werkelijk gericht gezocht werd met labtesten, bleken er trouwens wel degelijk ook *leghennen en consumptie-eieren* vervuild te zijn met PCB's en dioxines. En dan werd ook duidelijk dat de vervuiling evengoed bij veel varkens en een klein deel van de runderen was terechtgekomen. Niet enkel via De Brabander, maar ook via de andere besmette veevoederbedrijven die soms pas veel later geblokkeerd werden.

Over de rol en verantwoordelijkheid van vetsmelterij *Verkest* in de dioxinevervuiling is al veel inkt gevloeid. Uiteindelijk is gebleken dat de vervuiling nog van elders kwam, namelijk van een leverancier van Verkest. Maar dat dit kón gebeuren, heeft veel te maken met de evolutie in de vettensector en met de dubieuze praktijken bij vetsmelterij Verkest.

Vader Lucien en zoon Jan hebben het ambachtelijke bedrijf van grootvader Verkest uitgebouwd tot een tamelijk gemoderniseerde KMO. Het product waarmee de eerste Verkest is groot geworden is 'wit vet' of dierlijk vet, afgesmolten van vlees- en slachtafval. Vrachtwagens halen die grondstof nog altijd op tot ver in de omtrek bij slachthuizen en vleesuitsnijderijen. De firma Verkest bestaat al sinds 1957 en heeft lange tijd een redelijk goede reputatie gehad. Maar succes heeft wel eens de neiging om toegeeflijker te worden op de kwaliteit.

Omdat de vraag groter is dan het aanbod, wordt er sinds enkele jaren ook vet van derden aangekocht en al of niet vermengd doorverkocht, een evolutie die aan de klanten niet is meegedeeld. Velen verkeren dan ook nog altijd in de mening dat Verkest uitsluitend eigen aangemaakt dierlijk vet verkoopt. Ze betalen er ook een goede prijs voor: Verkest is niet goedkoop, maar ook niet duurder dan het gemiddelde op de vettenmarkt.

Bij het vet dat Verkest elders aankoopt, zitten veel goedkopere recyclage-vetten, de zogenaamde *'technische' vetten*. In feite zijn dat meestal gebruikte fri-tuurvetten, die zowel van dierlijke als of van plantaardige oorsprong kunnen zijn. Maar het kan ook gaan om minderwaardige overschotten van de interna-tionale vettenmarkt, bijvoorbeeld gespoeld bezinksel uit vettanks van een schip dat palmolie heeft vervoerd. De Nederlandse vet*traders* of handelaars hebben er de term 'technisch vet' voor bedacht. Zoals de woordvoerder van de vetsmelters, Johan Lefevere, het in de Dioxinecommissie verwoordde: 'Die term wil eigenlijk zoveel zeggen als "We weten niet goed wat erin zit."'

De kleur van 'technisch vet' is in gestolde toestand geel tot donkerbruin, maar meestal – zowel tijdens stockage als levering – worden al die vetten op een constante temperatuur van 40 tot 60 graden Celsius gehouden, zodat de kleur niet echt goed te onderscheiden valt. Het leeuwendeel van de technische of gerecycleerde vetten wordt aangevoerd vanuit Nederland. Daar, en ook in Duitsland, zitten de vethandels met sleutelposities op de Europese markt. Ze produceren zelf nog maar een klein gedeelte van hun omzet en doen vooral aan 'trading'. Sommigen noemen hen de *vetbaronnen* of zelfs de *vetmaffia*.

Hun tankwagens rijden dagelijks af en aan bij Verkest. Maar ook een paar kleinere Belgische firma's komen regelmatig in Grammene leveren.

Voor de rest is vetsmelterij Verkest geen groot bedrijf. Er werken behalve de eigenaars maar drie tot vier mensen fulltime in de smelterij en de administra-tie. Daarnaast zijn er ook nog de ophalers van slachtafval en de chauffeurs die instaan voor het leveren aan klanten, maar dat gebeurt vooral via onderaanne-ming. Zo reed ten tijde van de dioxinevervuiling de firma **Ville de Courtrai** uit Kuurne met tankwagens voor rekening van Verkest.

De vetsmelterij van Verkest, gevestigd langs een landelijk straatje in Gram-mene, is vroeger wel al door de milieu-inspectie bezocht in verband met klach-ten over geurhinder en vervuiling van een beek die langs de fabriek loopt. Maar verder zijn er bij de gemeentelijke administratie niet veel bijzonderhe-den bekend over Verkest.

Lucien en Jan Verkest spelen ook geen echt prominente rol in het lokale leven. Lucien sponsort wel eens een plaatselijk sportevenement, maar is niet openlijk politiek actief. Wel is hij gekend bij paardensportliefhebbers, want hij houdt renpaarden en geeft veel geld uit op de renbaan. Daar heeft hij ook con-tacten met de 'betere kringen', met invloedrijke figuren uit de regionale en nationale toplaag.

Als bedrijfsleiders hebben vader en zoon Verkest alleszins niet slecht geboerd. Er zijn niet zoveel vetsmelters in België en de vraag naar 'goed vet' is groter dan het aanbod.

Naar aanleiding van de dioxinecrisis legde de Bijzondere Belastingsinspectie één en ander bloot van het bedrijfssucces van de firma Verkest. In het kader van een onderzoek naar geheime rekeningen van klanten van KBLux, stootte de BBI op niet aangegeven spaarcenten van de Verkests in het Groothertogdom Luxemburg. De bedragen schommelden al naargelang de bron tussen 400 en 700 miljoen Belgische frank. Een spaarpotje, of zoals hun advocaat Meester Hans Rieder – een notoir hormonenpleiter – het verontschuldigend uitdrukte: 'Mijn cliënten zijn hardwerkende middenstanders en Lucien Verkest heeft veertig jaar gewerkt.'

Velen betwijfelen nochtans dat dit veertig jaar lang volgens het boekje gebeurde. Vooral in de loop van de jaren negentig groeide er argwaan bij enkele schrandere inspecteurs van de dienst DG 4 van het ministerie van Landbouw, die instaat voor de controle van de veevoeders. Verkest valt onder hun bevoegdheid voor zover hij ook dierlijk vet levert als grondstof aan de veevoederbedrijven.

Gerecycleerde frituurvetten staan niét op de lijst van toegelaten grondstoffen, maar inspectrice Hilde Vanhaecke begon Verkest er al eind 1997 van te verdenken dat hij ze stiekem toch onder zijn leveringen mengt. Verkest heeft immers een belangrijke stock aan gerecycleerde frituurvetten uitgebouwd op zijn erf. Maar op zich bewijst de aanwezigheid van die tanks met 'technisch vet' niets. Want volgens Verkest zijn die uitsluitend bestemd voor levering aan de scheikundige nijverheid, voor de aanmaak van zeep en cosmetica. Telkens weer kon Verkest de nodige bewijsstukken en facturen voorleggen om dat te staven. Toen de dioxinecrisis losbarstte, bleek dat dit niet klopte.

Het vet waarmee de problemen zijn begonnen, was volgens de bestelling van veevoederfirma De Brabander en volgens de factuur 100 % dierlijk vet van de kwaliteitsklasse 'vet max 5'. In de categorieën van vetten is de kwotering 5 in orde. Nog beter is de quotering 3 of 1.

Vet max 1 is afgesmolten vet van vers slachtafval. Het is nagenoeg geschikt voor menselijke consumptie en wordt onder andere in het betere kalvervoeder gebruikt. De volgende categorie is vet max 3, ook uit slachtafval. De helft van alle geproduceerde vetten in België zou in deze categorie zitten. Maar ook veelgebruikt in veevoeders zijn de vetten met kwotering 5 en 10. Vanaf de categorie 15 gaat het meestal om destructievet, afgesmolten van kadavers en hoogrisico-afval en van uiterst bedenkelijke kwaliteit. Het getal in al deze categorieën geeft het gehalte vrije vetzuren aan. Hoe hoger het getal, hoe lager de kwaliteit. Bij De Brabander moeten er bij elke vetlevering vooraf aan de ingang stalen worden afgegeven, want de veevoederfabrikant heeft een eigen controleprocedure waarmee de basiskwaliteit van het vet wordt nagegaan. Meestal is het de chauffeur die boven op zijn tankwagen kruipt en die via het mangat een kannetje van het warmvloeibare vet uitschept. Dat vetstaal wordt dan in het bedrijfslab onderzocht met een N.I.R. toestel, een nabij infrarood toestel, dat snel een aantal parameters controleert, waaronder vrije vetzuren, triglyceridengehalte en iood-additiegetal. Die controle geeft een vrij goed zicht op de vetkwaliteit, maar geeft geen garantie op de zuiverheid. Ze laat ook niet toe om na te gaan of er verschillende soorten vet gemengd zijn, bijvoorbeeld dierlijk vet en plantaardig frituurvet.

De gecontroleerde waarden in het bij De Brabander geleverde vet, blijken normaal en er zijn 'geen visuele of reukafwijkingen' aan het vet. Met andere woorden: het ziet er niet bedorven uit en het stinkt niet... Uit het onderzoek zal later blijken dat het vet dat De Brabander eind januari 1999 geleverd krijgt van Verkest géén 100 % dierlijk vet is. Integendeel. Het is zelfs niet 'een beetje vermengd', maar grotendeels 'Thill brun', recyclagevet van de Waalse firma Fogra.

Die firma uit Nevreumont bij Bertrix is eigendom van broer en zus Jacques en Jacqueline Thill. Het bedrijf levert op dat moment zijn hele vetproductie aan Verkest. *Fogra* is namelijk een kleine vetsmelterij. Maar tegelijk is Fogra vooral een snelgroeiend recyclagebedrijf voor gebruikte frituurvetten. Met eigen tankwagens en via ophalers die betaald worden per kilo zamelt het bedrijf oude frituurvetten in in Wallonië, het Groothertogdom Luxemburg en in de Nederlandse en Franse grensstreek.

De eigenaars lijken achteraf niet echt ter kwader trouw. Ze hebben gewoon nooit beseft dat ze eigenlijk Russische roulette speelden door zonder veel onderscheid of voorzorg alle recyclagevetten binnen te nemen die ze konden krijgen. Op 31 maart '99 stuurt de firma Fogra trouwens een omzendbrief naar alle Waalse containerparken waarmee ze een ophaalcontract hebben, om erop te wijzen dat er zorgvuldiger moet worden toegekeken op de inzameling van de oude frituurvetten. Want 'die vetten moeten nog kunnen dienen om veevoeder mee te maken en in Vlaamse kippenbedrijven zijn er daarmee ernstige problemen gesignaleerd.'

Eigenaar Jacques Thill, die een tijdlang vastzit naar aanleiding van de dioxinevervuiling, zal later zelfs toegeven – net als zijn ophalers – dat er inderdaad soms wel eens twijfels waren en dat er inderdaad soms al eens een 'portie' oude motorolie bij de frituurvetophaling meekwam...

De bron van alle ellende blijkt uiteindelijk een lading *Aroclor 1260*, een merknaam en code voor PCB's, polychloorbifenylen, een olieachtige scheikundige verbinding, afkomstig uit een oude transformator. Het gerecht heeft met een verbazingwekkende precisie en via wetenschappelijke analyses en proeven de fingerprint van de PCB's teruggevonden over vrijwel het hele traject.

## Dagboek van een crisis

Voor alle duidelijkheid: dit overzicht van de gebeurtenissen vanaf januari tot het lek is geschreven op basis van een vijftiental verschillende chronologieën, opgesteld door de vele betrokken partijen. Dat alles is aangevuld met eigen informatie van directe getuigen en met notities van de openbare zittingen van de Parlementaire Onderzoekscommissie over de dioxinecrisis.

Het oogt misschien allemaal nogal technisch en detaillistisch, maar het geeft wel aan dat deze dioxinecrisis in het begin inderdaad niet zo makkelijk te achterhalen was en dat de ware toedracht slechts is blootgelegd door het zoekwerk van de veevoederfirma die het zwaarst getroffen was. Dit overzicht geeft ook aan hoe de verschillende overheidsdiensten en ambtenaren van Landbouw en Volksgezondheid bij de zaak betrokken raakten en hoe telkens hun reactie was in deze kwestie.

*De voorgeschiedenis: eind 1998 – eerste helft januari 1999*
Over deze periode, waarin het dioxineprobleem wellicht is ontstaan, staat er in de officiële chronologieën niets. Het Parket in Gent kreeg vier maanden na het begin van de vervuiling opdracht om uit te zoeken waar en wanneer alles begonnen was.

Aanvankelijk werd er rekening mee gehouden dat de transformatorolie misschien al eind 1998 ergens gedumpt was in een Waals containerpark, omdat in de meeste van die parken de oude vetten maar eens om de zoveel weken worden afgehaald. Maar vermoedelijk is de vervuilde olie pas rond half januari terechtgekomen bij Fogra, het bedrijf dat de olie doorverkocht aan Verkest.

**Vrijdag 15 januari 1999** is er bij het vetophaalbedrijf *Fogra* in het Waalse Nevraumont een probleem met een tankwagen van de West-Vlaamse transportfirma *Ville de Courtrai*. De vrachtwagen heeft al vetten ingeladen, bestemd voor *Verkest*, maar moet ze weer lossen wegens een technisch defect aan de ophanging van de tank. In welk reservoir de lading wordt teruggepompt, is niet bekend.

Dit wat raadselachtige detail is opgetekend door het inspectieteam van de

Europese Commissie. Dat team bezocht van 8 tot 11 juni verscheidene Belgische bedrijven die een rol hadden gespeeld in de dioxineaffaire. Hetzelfde feit wordt later ook aangehaald in de chronologie van Volksgezondheid. Dit manoeuvre heeft onder andere geleid tot speculaties dat de vervuiling misschien oorspronkelijk uit de ongereinigde tankwagen kwam, maar dat is weerlegd tijdens het onderzoek.

Na het weekend op *19 januari* probeert dezelfde tankwagen van *Ville de Courtrai* de achterstand in te halen en gaat hij meerdere vettenleveringen na elkaar ophalen bij *Fogra*, voor rekening van vetsmelterij *Verkest* in Grammene.

Een deel daarvan gaat in opslagtanks bij Verkest, maar op dinsdag 19 januari wordt er ook één lading rechtstreeks geleverd bij een klant van Verkest, namelijk veevoederbedrijf *De Brabander NV* in Roeselare. Achteraf zal blijken dat déze lading vet 'the big shot' aan PCB's en dioxines bevat. De Brabander krijgt dezelfde dag nog een tweede vracht vet, ook afkomstig van Fogra, maar die wél eerst is gepasseerd bij Verkest. Beide ladingen zijn elk goed voor ongeveer 28 ton.

De ruim 56 ton vervuild vet wordt opgeslagen in ééénzelfde tank bij De Brabander en het vet wordt de dagen erna vooral gebruikt voor bijmenging in *fok-toomlegmeel voor moederdieren*. Omdat er alleen daarmee problemen zijn, wordt er bij De Brabander later niet dadelijk gesignaleerd dat hetzelfde vet ook is gebruikt, weliswaar in kleinere concentraties, voor biggen- en zeugenvoeders en voor enkele rundveevoeders.

De vetmonsters van de bewuste levering van Verkest gaan in een kleine koelkast van het lab bij De Brabander, maar na ongeveer een week worden ze weggedaan.

Uit de voorraadtanks bij Verkest die ook zijn aangevuld met vervuild vet van bij Fogra, worden de dagen erna nog leveringen gedaan bij àndere veevoederbedrijven.

Daardoor komt de tweede besmetting vooral terecht bij veevoeders *Huys* in Brugge en *De Brabandere* in Wingene. Daar zitten er wel nog voorraden in de vettanks, zodat er enige verdunning optreedt. Uiteindelijk gaat er nog tot ongeveer eind januari – dat is de periode die achteraf wordt afgebakend – vervuild vet buiten bij Verkest. In steeds kleinere concentraties, maar toch zijn zo'n elf veevoederbedrijven ernstig besmet. Zij verspreiden via hun voeders de PCB's en dioxines over ongeveer 1 200 boerderijen.

En het begon met een hoeveelheid transformatorolie van vermoedelijk om en bij vijftig liter...

*Eind januari – begin februari: de kippen leggen niet meer*

Vanaf vrijdag **29 januari** krijgt firma De Brabander de eerste ontevreden klanten aan de telefoon: de kippenboeren klagen over een plotse daling van de eierproductie bij moederdieren die van het pas geleverde 'foktoomlegmeel' hebben gekregen. Na enkele dagen volgen er ook schriftelijke klachten.

De ironie van het lot wil dat De Brabander uitgerekend klachten krijgt over het duurdere foktoomlegmeel. Want dat moet eigenlijk van betere kwaliteit zijn aangezien het, zoals de naam zelf zegt, naar een foktoom gaat: een groep kippen en hanen waarmee eieren worden geproduceerd die dan, via de broedmachine, kuikens zullen leveren.

Vooral de moederdieren zijn gevoelige beestjes. Als ze slecht voer krijgen, leggen ze onmiddellijk minder en is ook de kwaliteit van hun eieren en de overlevingskansen van de kuikentjes minder. Een moederkip 'opzetten' kost ook tijd en geld, want het duurt enkele weken eer ze begint te leggen. Als je ze voortijdig moet vervangen, omdat ze niet genoeg legt, dan is dat een financiële tegenvaller. Goed voer is dus een goede investering.

Maar op het eerste gezicht is er niks misgegaan bij het mengen van het voeder en misschien ligt het aan ORT, ornitho-rhino-trachealis, een virusziekte bij vogels die 's winters veel voorkomt in de kippenstallen.

Op woensdag **3 februari** begint De Brabander, op basis van de eigen computergegevens, toch alle componenten van het foktoomvoeder te controleren.

Dat gebeurt na een klacht van *Stefaan Pattijn* uit Vlamertinge. Die meldt dat zijn moederdieren veel minder leggen, maar hij legt er ook de nadruk op dat de bedrijfsdierenarts *Vanneste* voor de rest niets abnormaals vindt aan de kippen: geen spoor van bacteriële, virale of andere klassieke aandoeningen.

Op aandringen van Pattijn en zijn afnemer van de broedeieren, broeierij *'t Gulden Ei* in Kruishoutem, neemt De Brabander de lading veevoeder terug en levert vers aangemaakt meel. De voorraad teruggenomen foktoomlegmeel wordt later a rato van 1 % vermengd met biggenmeel: dit is een verwerkingsmethode van de 'retourstroom' volgens de *GMP*-code, Good Manufacturing Practice, een code voor goed bedrijfsbeheer die De Brabander zichzelf oplegt. Pas veel later, als blijkt dat er dioxines in het spel zijn, groeit het besef dat daar ook een lichte herbesmetting is geweest.

Op vrijdag **5 februari** komen er klachten van vermeerderingsbedrijf en broeierij *Ghekiere* in Wevelgem en van broeierij *De Kroon* in Merksplas, die broedeieren betrekt van moederdierenkweker *Kris Van Aert* in Kalmthout. Later volgen er nog identieke klachten van andere kwekers en broeierijen.

Dat ook de broeierijen op dat ogenblik al klagen, heeft te maken met het feit dat zij te weinig broedeieren binnenkrijgen door de legdaling bij de moederdieren.

De nutritionist of voedingsdeskundige van De Brabander, ir. *Jan Van Ginderachter*, gaat kijken in Kalmthout bij Van Aert: aan de dieren zelf is niet veel te zien, maar hij neemt wel een staal mee van het mengvoeder.

Op dinsdag *9 februari* doet de firma De Brabander aangifte van het schadegeval bij de verzekeringsmaatschappij die haar aansprakelijkheid dekt: *AGF-De Schelde*.

Op *10 februari* bezorgt ir. Van Ginderachter drie stalen van het voeder en een monster van de eiwitcomponent die er normaal wordt ingemengd, aan het onderzoekslab van Gembloers. Want toevallig is dit foktoomlegmeel net in deze periode licht gewijzigd van samenstelling: de eiwitcomponent is vervangen door een nieuw, gelijkaardig product van een andere firma.

Al op *12 februari* laat Gembloers weten dat het onderzoek niets abnormaals heeft gevonden in het voeder en er is ook geen vergissing gebeurd bij de levering van de nieuwe eiwitcomponent.

Op *11 en 15 februari* worden er nieuwe monsters verzameld van het verdachte foktoommeel en opgestuurd naar *Roche-Vitamins*, een Frans bedrijf, voor standaardanalyse van de samenstelling, voor mineralenonderzoek en om na te gaan of er tijdens het productieproces niet per ongeluk *salinomycine* in het voeder is terechtgekomen. Dat is een geneesmiddel dat elders in het bedrijf soms ingemengd wordt in bepaalde voeders en de veronderstelling is dat er misschien door 'insleep', restanten in de mengcircuits, besmetting is geweest van het foktoomlegmeel.

Op *16 en 19 februari* meldt Roche de eerste resultaten: negatief. Hiervan komen er later ook nog resultaten binnen op *2 maart*.

Ir. Van Ginderachter blijft zoeken: hij laat nadien ook nog controles uitvoeren op de toevoeging van calcium en van natrium. Er kon bijvoorbeeld vervuiling in het bijgemengde krijt zijn geweest, tijdens het transport. Maar ook dat geeft geen antwoord op de onverklaarbaar sterke legdaling bij al die kippen.

*Begin maart: de kuikens gaan dood*

Eind februari – begin maart lopen er opnieuw boze telefoons binnen bij De Brabander. Want drie weken na de eerste legdalingen – 21 dagen is de gemiddelde broedtijd – blijkt er nu ook iets mis met de inhoud van de eieren. Er zijn gewoonweg veel te weinig uitkippingen: de kuikentjes moeten op eigen kracht uit het ei breken, maar een groot deel zit dood in de schaal. Als ze al uitgekipt raken, sterven ze nadien nog bij bosjes.

Normaal leveren de broeierijen deze kuikens na 1 dag al aan de vetmesters die ze dan in 6 weken opkweken tot braadkippen. Maar nu komen de leveringen aan de vetmesters in het gedrang omdat er te weinig ééndagskuikens zijn en omdat velen ervan te zwak zijn.

Op *3 maart* meldt De Brabander aan de verzekeringsmaatschappij AGF-De Schelde de nieuwe problemen met de broedeieren.

De verzekeringsmaatschappij vraagt daarop aan veearts André Destickere uit Roeselare om als expert op te treden in de zaak. Destickere heeft een zelfstandig expertisebureau, maar in hoofdberoep is hij ambtenaar bij het Instituut voor Veterinaire Keuring van Volksgezondheid. Hij krijgt al diezelfde avond een telefoontje van één van de getroffen kippenbedrijven: Daniël Dejaeghere van NV Berkenhof in Roeselare vraagt of hij 's anderendaags wil langskomen om de uitkippingsresultaten van de ingelegde broedeieren te bekijken.

Ir. Van Ginderachter van firma De Brabander vraagt intussen nog bijkomende analyses aan bij Roche-Vitamins om na te gaan of vitaminetekorten de oorzaak kunnen zijn van de slechte uitkipping.

Broeierij *David* in Schuiferskapelle (Tielt) brengt ééndagskuikens en niet-uitgekipte eieren naar het Provinciale lab in Torhout voor autopsie. Daar worden de symptomen toegeschreven aan een tekort aan vitamine E en selenium. Dit overheidslab heeft een automatische meldingsplicht bij de veeartsenijkundige diensten van Landbouw, maar alleen als er sprake is van veeziekten. Dit geval wordt dus niet gesignaleerd...

*De expert doet zijn intrede*

Op *4 maart* is er in de namiddag een belangrijke vergadering bij De Brabander met de nieuw aangestelde verzekeringsexpert, veearts dr. André Destickere.

Die is 's ochtends om 8u30 al naar broeierij Berkenhof gaan kijken. Wat hij daar heeft gezien, laat weinig twijfel: dit zijn desastreuze uitkippingsresultaten. In zijn expertiseverslag beschrijft hij dat bedrijfsleider Dejaeghere er al op 1 maart zijn vaste dierenarts had bijgeroepen, dr. Johan Nuytten, want die dag was er nauwelijks 42 % van de eieren uitgekomen. Nu wou hij dat Destickere erbij was bij een nieuwe kipping. Die resultaten waren nog slechter:

*'Vastgesteld werd dat van de 11.100 eieren die op 11 februari waren ingelegd, er slechts 1.608 kuikens werden afgeraapt, m.a.w. het kippingspercentage bedroeg slechts 14,49 %. Gelet op deze zeer slechte resultaten werd door mij de raad gegeven deze kuikens niet te leveren ten einde klachten van de afnemers te vermijden.'*

Destickere neemt ook foto's en beschrijft hoe er in de niet-uitgekipte eieren wel degelijk volgroeide kuikens zitten. Het is dus geen kwestie van niet-bevruchting. De meeste eieren zijn zelfs al aangepikt, maar in de finale fase hebben de kuikens niet genoeg kracht meer om uit de schaal te raken. *'Diverse aangepikte eieren werden door mij opengebroken, waaruit al dan niet levende kuikens werden gehaald. Het was duidelijk te zien dat de kuikens die nog leefden, niet leefbaar waren.'*

Hij gaat ook een kijkje nemen in de stallen waar drie weken eerder de bewuste broedeieren geraapt waren: '*De moederdieren én de hanen verkeerden in een uitstekende staat van gezondheid. Opname van voeder en drinkwater was normaal.'*

Met die eerste indrukken neemt Destickere 's namiddags deel aan de eerste overlegvergadering bij Veevoeders De Brabander. Behalve Destickere en afgevaardigd bestuurder Pieter De Brabander zijn ook ingenieur Jan Van Ginderachter en verzekeringsmakelaar Eric Nuytten erbij.

Van Ginderachter doet tegenover Destickere en de anderen uitvoerig verslag van al zijn onderzoeken, van de analyses die er zijn gedaan en van de hypothesen die nog overblijven. Eén conclusie staat voor hem al vast op dat moment: er is maar één welbepaalde periode waarin er met het voeder iets mis is gegaan en het gaat maar om één bepaald soort voeder. Althans dat denkt hij, omdat er slechts over dàt voeder klachten komen, namelijk het 'foktoomlegmeel' dat gemaakt is in de periode van 20 tot 28 januari.

Zodra er aan de moederdieren met problemen nieuw meel werd gevoederd uit een recenter menglot, gingen ze weer beter leggen.

Van Ginderachter heeft ook becijferd over hoeveel meel het gaat: in totaal is er in die bewuste periode 123.600 kg verdacht 'foktoomlegmeel' geproduceerd.

Later, als de oorzaak van de hele crisis bekend is, zal blijken dat ook nog àndere loten voeder vervuild raakten, namelijk '*meel voor braadkippen, biggenvoeders, "zeug-o-vit" en enkele rundveevoeders*'. Alleen, in die voeders zat minder vervuiling én in tegenstelling tot de moederkippen was er bij die dieren meestal ook geen onmiddellijk zichtbaar effect.

Na afloop van de vergadering gaan Van Ginderachter en Destickere samen nog kijken bij twee andere klanten van De Brabander die zware problemen hadden gemeld met de uitkipping van broedeieren. Ze gaan eerst naar broeierij Ghekiere in Wevelgem en tegen de avond naar broeierij *Vervaeke (Euravi)* in Tielt.

Van Ginderachter neemt een staal kuikens en eieren mee van bij Ghekiere en brengt ze later naar het Provinciaal lab in Torhout. Ook hij krijgt te horen dat het wellicht gaat om vitamine E-tekort en seleniumgebrek. Want twee belangrijke symptomen wijzen in die richting, namelijk oedeem (vochtophoping) in de nek en een bebloede eitand (het kleine bultje op de snavel om de eischaal te doorbreken).

Maar Van Ginderachter twijfelt luidop: vitamine E-gebrek kan moeilijk in één week tijd ontstaan en verklaart dus niet de plotse legdaling en de daaropvolgende slechte uitkipping. De dokter van het lab belooft hem een grondige autopsie.

Bij de broeierij Vervaeke in Tielt krijgen Van Ginderachter en Destickere niet veel meer te zien van de dode kuikens, want het is al halfzes 's avonds en alles is al opgeruimd. Ze krijgen er wel de bevestiging dat er iets met het voeder moet zijn en dat andere factoren zoals tocht, stress of iets dergelijks er wellicht niks mee te maken hebben. De broedeieren die Vervaeke gebruikt, komen van bij loonkweker Gerard Depypere in Tielt. Die man heeft twee identieke stallen moederdieren, van hetzelfde ras, dezelfde leeftijd en herkomst, maar de éne stal die slecht scoort heeft voeders van De Brabander gekregen, de ander van een firma uit Beernem.

Vervaeke houdt alle gegevens bij in de computer en geeft een perfect geregistreerd overzicht mee van de plotse legdaling en de stijging van het aantal niet uitgekomen broedeieren. Destickere vermeldt in zijn expertiseverslag: *'Afgesproken werd:*

- *de moederdieren die in hun 62e week waren en dus op het einde van de leg, hun normale legperiode te laten uitdoen;*
- *de broedresultaten af te wachten;*
- *de eventueel verhoogde uitval van kuikens bij de mestkippenbedrijven af te wachten.'*

Destickere laat alles op zijn beloop. De moederdieren in kwestie worden korte tijd later geslacht met bestemming soepkip of industriële verwerking. Hun eieren worden intussen verder ingelegd als broedeieren vanuit de veronderstelling dat, als er iets misloopt, dat dan later wel zal blijken – eventueel tijdens de opkweek van de kuikens tot braadkip.

André Destickere schrijft nochtans in zijn expertiserapport onder de datum van 4 maart: *'Dit alles wijst erop dat wij met een zeer toxisch product moeten te doen hebben, dat langzaam beetje per beetje uitgescheiden wordt via de eidooier. Er werd als eindconclusie van deze vergadering dan ook besloten om te gaan zoeken in de richting van vetoplosbare stoffen zoals zware metalen (Lood, cadmium, enz...).'*

Later voor de Dioxinecommissie zal Destickere ontkennen dat dit toén al de conclusie was. Die zwaarwichtige conclusie was 'eigenlijk van latere datum'.

Toch is het duidelijk dat Destickere van in het begin geconfronteerd werd met toch wel grote  problemen in de kippenstallen én dat hij – als ambtenaar van Volksgezondheid – daarbij blijkbaar geen enkel verband gelegd heeft met mogelijke risico's op termijn voor de consument. Het zou nog bijna twee maanden duren, voordat Destickere zijn eigen diensten inlicht.

Ondertussen gaat wel de zoektocht verder naar de oorzaak van de problemen.

Op advies van Jan Van Ginderachter verzendt Broeierij De Kroon uit Merksplas diezelfde vierde maart een staal van 60 bebroede eieren naar een gespecialiseerd lab in Deventer in Nederland voor een volledig toxicologisch onderzoek. De eieren zijn afkomstig van het moederdierenbedrijf Van Aert.

Op vrijdag *5 maart* bezorgt Van Ginderachter aan Destickere een reeks documenten over wat hij de voorbije weken heeft onderzocht en over wie er allemaal klacht heeft ingediend. Destickere heeft die geschreven informatie nodig voor zijn expertiseverslag.

### *De eerste helft van maart: het vetspoor...*

Op maandag *8 maart* gaat Jan Van Ginderachter 's morgens langs bij de kleine kippenboer *Delvingt* in het Waalse Lessines en dààr beginnen voor hem belangrijke puzzelstukken in elkaar te vallen. Delvingt is aangesloten bij het Waalse merklabel 'Labelle Rouge' en hij kweekt een soort betere braadkippen, van het ras '*Kabir*'. Dat is een bijzonder sterk ras dat trager groeit dan de 'industriële' kippenrassen. Maar bij Delvingt zijn er dit keer veel meer kuikens doodgegaan dan normaal. Het blijkt dat er op het kleinschalige bedrijf verschillende weken wordt gevoederd met éénzelfde levering meel en het ging om een speciale kwaliteit 'maïskuikenmeel' van De Brabander, geleverd op 22 januari. Van Ginderachter realiseert zich achteraf dat daarin hetzelfde 'vet max 5' is verwerkt als in het foktoomlegmeel voor moederdieren. Hij controleert wanneer dat vet geleverd is en door wie. Het gaat om een levering door Verkest op 19 januari.

Vanaf dat moment begint Van Ginderachter te denken aan de mogelijkheid dat de oorzaak van alle ellende misschien in dat vet zit. Toch houdt hij ook nog rekening met een andere mogelijkheid. Misschien heeft De Brabander ongemerkt een lading zaaigranen binnengekregen. Zaaigraan wordt ontsmet tegen insecten en schimmels en mag daarom niet in voeders gebruikt worden, maar het was een slecht zaaiseizoen voor wintertarwe en misschien heeft iemand die toch in het veevoedercircuit versluisd. Hij probeert bij de regionale dienst van de Inspectie van de Grondstoffen van het Ministerie van Landbouw, ingenieur Etienne Cobbaert te bereiken. Maar die is de hele dag op inspectie en daarom belt Van Ginderachter maar meteen naar Brussel, naar het hoofdbestuur van DG4. Daar vraagt hij naar ingenieur-directeur *Albert Vandersanden*. Van Ginderachter kent hem nog van vroeger, ze zijn allebei afkomstig uit dezelfde fusiegemeente in het Pajottenland (Groot-Dilbeek) en Van Ginderachter heeft ook nog te maken gehad met Vandersanden toen die nog inspecteur bij de buitendienst Gent was.

Van Ginderachter legt aan Vandersanden de hele situatie uit en vraagt of hij een lijst kan krijgen van alle gebruikte ontsmettingsmiddelen op zaaigranen. Vandersanden is sceptisch want normaal zijn de twee circuits, zaaigranen en veevoedergranen, strikt gescheiden. Maar hij belooft toch de lijst te laten faxen door zijn diensten.

Dit telefoongesprek op 8 maart was het éérste contact tussen de veevoeder-firma De Brabander en de veevoederinspectie van Landbouw.

Achteraf is het moeilijk te beoordelen of ambtenaar Vandersanden daar in de fout is gegaan, door niet in te gaan op het probleem waarmee De Brabander én de kippenboeren zaten, dan wel of Van Ginderachter misschien te vaag is gebleven.

Van Ginderachter beweert dat hij toen al de ernst van de situatie heeft dui-delijk gemaakt aan Vandersanden en dat hij er geen doekjes heeft omgewon-den. Volgens Vandersanden daarentegen was het een vraag om informatie en geen echte melding van een probleem. Het was een zaak als een andere, zoals hij er dagelijks veel te verwerken kreeg. Bovendien was de oorzaak van de leg-daling en kuikensterfte nog niet gekend.

Diezelfde 8e maart laat Van Ginderachter kuikens van Delvingt onderzoe-ken in Torhout en ontleedt hij er ook zelf een paar. De diagnose luidt: *ascites* (buikwaterzucht) en ook wat symptomen van *coccidiose* (een typische pluim-veeziekte). Hij laat er ook Destickere naar kijken.

Van Ginderachter begint dan nieuwe analyses aan te vragen.

Op *10 maart* stuurt hij voeder- en grondstofstalen naar het privé-lab Ecca om ze te laten onderzoeken op zware metalen: cadmium, nikkel, lood en thallium. Ook sporenelementen (koper, selenium, mangaan en zink) worden gecontro-leerd om te zien of er iets is misgelopen bij de productie van het mengvoeder. Al op *11 maart* in de late namiddag komen déze resultaten binnen: geen ver-vuiling met zware metalen. Ook de sporenelementen in het voeder zijn in orde. Op dinsdag *9 maart* (en ook nog op *12 maart*) brengt hij – weer in over-leg met Destickere – kuikens en moederdieren binnen bij de Faculteit Dierge-neeskunde van de Universiteit van Gent. Eén onderzoek is een analyse op loodvergiftiging bij de dienst van Prof. De Backer. Daarvan zullen de resulta-ten pas op 26 maart aankomen en die zijn negatief. Bij de dienst van professor Ducatelle vraagt hij een histopathologisch onderzoek van de hersenen en daar volgen de resultaten snel. Destickere citeert eruit: '*In de hersenen werden capil-laire bloedingen en lichte letsels van non purulente encephalitis teruggevonden*'.

Het zet hem bij het maken van zijn expertiseverslag opnieuw aan tot een verregaande conclusie: '*Deze vaststellingen tonen duidelijk aan dat wij hier met een zeer toxisch product moeten te doen hebben. Er is immers niet alleen een legda-ling en een serieuze sterfte in het ei, doch er is zelfs een zeer grote uitval bij kuikens die normaal uitgekipt zijn en dit gedurende de eerste levensweken.'*

Destickere is intussen op 11 maart aan een hele reeks nieuwe bedrijfsbezoeken begonnen.

Ter illustratie een samenvatting:

Met Daniël Dejaeghere, eigenaar van een broeierij in Ieper en van het ver-meerderingsbedrijf NV Berkenhof in Roeselare, is hij meegegaan naar twee kippenkwekerijen, waar braadkippen worden gekweekt. Die kwekerijen zijn door Dejaeghere bevoorraad met kuikens afkomstig uit een slechte kippings-periode.

Het eerste bedrijf is van Gery Ghekiere in Langemark-Poelkapelle. Dat is een klein mestbedrijf dat 4460 kuikens kocht van Dejaeghere op 25 februari. Niet alle dieren waren afkomstig uit probleemstallen. Er waren er ook bij van moederdieren die niet gevoederd waren met het slechte meel en bovendien had Dejaeghere, omdat er te weinig kuikens waren door de sterfte in bepaalde stallen, ook nog kuikens aangekocht bij een andere leverancier om een volledig lot te kunnen leveren.

Op 10 maart, dus nauwelijks twee weken na het opzetten van de toom kui-kens, waren er toch bij Ghekiere al 673 dode kuikens geteld, dus méér dan 10 procent, terwijl de normale uitval na twee weken 1 à 1,5 % bedraagt.

Destickere schrijft in zijn expertiseverslag:

*'Tijdens mijn bezoek werd vastgesteld dat talrijke kuikens zenuwstoornissen vertoonden en op hun zijde vielen. Enkele kuikens lagen ook in de voederbakken, waarin zij a.h.w. gevangen zaten. Daar zij niet meer wegkunnen, verkommeren zij op korte tijd door water- en voedseltekort.'*

Het tweede bedrijf waar Destickere langsgaat met Dejaeghere is dat van Georgette Desplenter in Vladslo. Daar is het hetzelfde verhaal. Na drie dagen is er al anderhalf procent van de kuikens dood. Maar er is een merkwaardig detail. Deze kuikens waren niet alleen afkomstig van besmette moederdieren. Later zou blijken dat ze bij Desplenter ook zélf nog eens besmet voeder kregen, afkomstig van een ànder vervuild veevoederbedrijf, namelijk Huys uit Brugge.

Dan volgen er in het rapport van Destickere nog een aantal beschrijvingen van bezoeken in de namiddag van die 11e maart. Samen met Jan Van Ginderachter gaat hij in op een uitnodiging van broeierij David in Schuiferskapelle – Tielt. Dit is een zeer grote broeierij die eieren van verschillende moederdierbedrijven afneemt, onder andere van Chris Van Overberghe uit Lendelede en van Herman Laveyne in Koekelare. Deze beide producenten van broedeieren hebben slecht voer gekregen. De eerste heeft zijn  moederdieren twee weken vroeger dan voorzien opgeruimd – omdat ze niet goed meer leggen – maar vraagt nu aan de verzekering een schadevergoeding van ruim 100.000 frank voor de twee weken leegstand van de stallen. Bij Laveyne zijn het jonge, pas opgezette moederdieren die last hebben van een abnormale legdaling. Nu na twee weken komt er een langzaam herstel en Destickere stelt voor: *'om voorlopig af te wachten en niet over te gaan tot de slachting van de kippen, daar hieraan een prijskaartje zou kleven van ongeveer 3,5 miljoen BEF (86.763 EURO), zijnde: een vergoeding van 6.000 moederdieren à 350 BEF/stuk = 2.100.000 BEF  en  een vergoeding van 6.000 moederdieren à 200 BEF/stuk = 1.200.000 BEF, naar de vermeerderaar toe voor gederfde inkomsten.'*

Wel raadt hij Broeierij David en ook andere broeierijen aan om geen broedeieren meer in te leggen uit de periodes van zware legdaling en hij raadt ook af om de kuikens van slecht uitgekipte loten nog verder te verkopen, *'ten einde restschade en klachten van mistevreden klanten te voorkomen.'*

Destickere redeneert dus in zijn rapport voor de verzekeringsmaatschappij puur vanuit economisch standpunt, terwijl je bij iemand die tegelijk ook veeartskeurder is, toch ergens ook nog enige bekommernis om de volksgezondheid zou verwachten.

## Half maart: 'hormonal disorder'?

Als op **16 maart** de resultaten binnenkomen van het lab van Roche-Vitamins, neemt Van Ginderachter nog eens contact met zijn voorganger en vriend, dierenarts Herman De Schuytere. Want aangezien er ook met de vitamines niets aan de hand is, zijn zo stilaan de meest voor de hand liggende hypothesen weerlegd. Van Ginderachter zet alles nog eens op een rijtje. Het moet iets toxisch zijn dat een zeer snelle weerslag heeft op de leg, maar verder niet veel symptomen geeft bij volwassen dieren; het is ook iets dat geleidelijk via de dooier wordt uitgescheiden en dat in de tweede  generatie, bij de kuikens, symptomen geeft zoals oedeem in de nek, een bebloede eitand en op langere termijn buikwaterzucht...

De Schuytere heeft Van Ginderachter eerder al herinnerd aan een aantal naslagwerken die hij destijds nog heeft aangekocht voor het lab van De Brabander, onder andere 'Diseases of Poultry'. En nu suggereert hij hem om toch eens na te kijken of dit geen *hormonal disorder* is. Er zijn immers industriële scheikundige stoffen die oestrogeen nabootsen en inwerken op de schildklier. De Schuytere wijst hem zelfs op 'dioxine' in dat verband, want ruim een jaar ervoor was de sector gewaarschuwd voor dioxinevervuilde citruspulp uit Brazilië. Al kan dat hier zeker niet de oorzaak zijn, want dergelijke pulp (het afval van de fruitsapindustrie) gebruiken ze niet bij de Brabander en in principe gaat die ook niet in kippenvoer, veeleer in rundervoeder...

Toch gaat Van Ginderachter meer en meer in die richting zoeken in de vakliteratuur.

Uiteindelijk vindt hij op pagina 874 van 'Diseases of Poultry' een bijzonder toepasselijk hoofdstuk over 'Industry-related Toxicants: Toxic Fat Syndrome, Chick Edema Disease, Dioxin Toxicity'. Het artikel gaat over giftig vet, kippen met oedeem en dioxinevergiftiging. Dààr leest Van Ginderachter de exacte beschrijving van zowat alle symptomen die hij de afgelopen dagen en weken heeft gezien in de kippenstallen van klanten. Het klopt perfect. Alleen blijft het een raadsel waar die dioxine dan vandaan was gekomen. In de vakliteratuur staat beschreven dat deze vergiftiging bij kippen vroeger wel eens voorkwam door 'contaminants in industrial fat – tallow from cattle hides – added to feed' (door bij het voeder vervuild talkvet te voegen, afkomstig van industrieel behandelde koeienhuiden). 'Maar sinds de jaren zeventig is dat probleem voldoende gekend en komt het niet meer voor.'

Nog *dezelfde dag* belt Van Ginderachter naar DG4 van Landbouw om aan Bert Vandersanden zijn dioxinehypothese voor te leggen. Vandersanden reageert *'nogal sceptisch, aangezien er niet onmiddellijk een rechtstreeks contact is van de veevoedersector met de gekende dioxinebronnen.'*

Hij vond het eigenlijk nogal ver gezocht, herinnert Van Ginderachter zich later.

Dit was de eerste keer dat het woord 'dioxine' viel tegenover iemand van het Ministerie van Landbouw. Maar de versies over die eerste keer lopen nogal uiteen. Van Ginderachter vermeldt *16 maart* in zijn eigen chronologie, en als detail voegt hij daaraan toe dat het zeker was vóóraleer hijzelf contact nam met een lab voor dioxineanalyse op 17/3. Vandersanden zelf houdt voor de Dioxinecommissie vol dat het op 18 maart was dat Van Ginderachter hem belde.

Tot daar aan toe, maar wel heel merkwaardig is, dat de samenvattende chronologie van Landbouw stelt dat het op *18 maart* de éérste keer is dat de firma De Brabander problemen signaleert (legdaling, kuikensterfte) aan DG4, maar die chronologie zwijgt in alle talen over het feit dat Van Ginderachter over dioxine spreekt.

Eerder, bij de datum van 8 maart (vraag om informatie over zaaigraan) zegt Landbouw expliciet dat Van Ginderachter *niets* over dioxine zegt. Op 18 maart stilte daarover in de officiële chronologie.

Ondertussen is Van Ginderachter blijven doorpiekeren over het 'vet max 5' van Verkest. Meer en meer vermoedt hij dat daarin de vervuiling moet gebeurd zijn, want hij krijgt nieuwe aanwijzingen. Zo verneemt Van Ginderachter dat er zich bij een andere klant, Karel Vermeulen die een leghennenbedrijf heeft, in de hele bewuste periode geen enkel probleem heeft voorgedaan. Dit bedrijf produceert eieren voor menselijke consumptie. Het heeft veevoeder van De Brabander gebruikt dat in samenstelling identiek is aan het verdachte foktoomlegmeel, alléén is er dierlijk 'vet max 10' in gebruikt in plaats van het fameuze 'vet max 5' van Verkest. Aangezien hij intussen ook weet dat dioxine goed vetoplosbaar is, nemen zijn verdenkingen tegenover Verkest toe.

En dan is er de cruciale ontdekking dat De Brabander niet de enige is met problemen bij klanten-kippenboeren.

### Ontmoeting onder concurrenten in Melle

In de voormiddag van *17 maart* houdt het Ministerie van Landbouw een voorlichtingsvergadering in Melle. België moet zijn wetgeving in verband met de samenstelling van veevoeders aanpassen aan de Europese reglementering en daarom is zowat de hele veevoedersector uitgenodigd op een informatieronde.

Tijdens de koffiepauze raakt Jan Van Ginderachter er in gesprek met zijn collega *Monballiu* van veevoederfabrikant Huys uit Brugge en tot zijn verbazing hoort hij dat die gelijkaardige klachten heeft gekregen over een legdaling bij moederkippen en slecht uitkomende eieren. Bovendien was er een gemeenschappelijke klant bij: de firma Laveyne in Koekelare, die pas heel laat klacht had ingediend.

Herman Laveyne heeft een vermeerderingsbedrijf dat broedeieren levert aan Broeierij David en hij had problemen in *drie* hokken moederdieren. Twee daarvan werden gevoederd met meel van Huys en één met meel van De Brababander! Het gevolg was dat Laveyne dacht dat de oorzaak in eigen huis lag en niet bij het voeder, want dat kwam immers van twee verschillende leveranciers...

Daarop beginnen beide ingenieurs de samenstelling van hun voeders te vergelijken en er blijken maar twee gemeenschappelijke componenten: het krijt dat van dezelfde leverancier komt, maar dat heeft De Brabander al gecheckt en dat kan de oorzaak niet zijn, en... jawel, het vet van Verkest, 'vet max 5'!

Voor Van Ginderachter is dit het laatste stuk van de puzzel.

Hij vertelt wel niets aan Monballiu over zijn verdenkingen in de richting van een dioxinevervuiling. Hij wil nu in de eerste plaats die mogelijkheid laten controleren in een lab.

Monballiu, die van zijn klanten gehoord had dat de meeste symptomen na een tijd weer verminderd waren, hechtte er verder niet zoveel belang meer aan. Bijna anderhalve maand later zou hij pas horen wat er werkelijk aan de hand was.

Van Ginderachter belt dezelfde middag van 17 maart naar een neef van hem, *Noël Van Ginderachter*, op het ministerie van Landbouw. Die weet waar je dioxineanalyses kan laten doen, want hij zit bij de Inspectie van de Kwaliteit van de Dierlijke Producten, een dienst die onder andere het dioxinegehalte in melk controleert. Zijn neef reageert twijfelend op zijn hypothese over dioxine in het voeder. Bij melk en zuivel is dioxinevervuiling een reëel probleem, vooral bij koeien die grazen rond verbrandingsovens, maar een verband met veevoedergrondstoffen, ziet hij niet zo dadelijk zitten. In elk geval is er één adres om zekerheid te krijgen: *VITO* (Vlaamse Instelling voor Technologisch Onderzoek) in Mol.

Jan Van Ginderachter belt naar *Rudy Van Cleuvenbergen*, de specialist van VITO voor dioxineanalyses. Hij reageert ook sceptisch. Dioxinebesmetting in dierlijk vet lijkt hem weinig evident. In principe wil hij wel een dioxineanalyse doen voor De Brabander, maar het kan wel ongeveer drieëneenhalve maand duren eer de resultaten er zijn, want het lab zit met heel veel werk door de analyses op melk. Bovendien moet de installatie speciaal aangepast worden voor analyses op veevoeder. De prijs bij VITO voor één dioxineanalyse ligt op ongeveer 40.000 Belgische frank.

Of er dan geen andere, gespecialiseerde labs zijn, die het sneller kunnen? Ja, het Ri.K.I.LT. (Rijks-Kwaliteitsinstituut voor Land- en Tuinbouwprodukten) in het Nederlandse Wageningen.

Van Ginderachter neemt ook met dat instituut contact – volgens zijn eigen notities in de namiddag van 17 maart – en vraagt naar de dioxinespecialist Wim Traag. Die is een week in het buitenland, maar een andere medewerker, van de Kraat, geeft hem al de nodige informatie. Twee analyses, één van een staal voeder en één van een staal vet van de zieke kippen, zullen samen 5000 gulden kosten (100.000 Belgische Frank) en het zal ongeveer één maand duren. De offerte wordt nog eens per fax bevestigd diezelfde namiddag.

Van Ginderachter legt de offerte voor aan Pieter De Brabander.

's Anderendaags op *18 maart* trekt Van Ginderachter zijn stoute schoenen aan en gaat onaangekondigd naar vetsmelterij Verkest, 'om de reactie van Verkest te polsen'.

Hij spreekt bewust niet over dioxines, om niet in zijn kaarten te laten kijken, maar vertelt hem wel dat er problemen zijn bij de kippenboeren en vraagt of het niet van zijn vet kan komen.' Het antwoord van Verkest is koel en kort: 'Dat kan niet! Jullie zijn de enige met klachten. Het kan niet.'

En Van Ginderachter wordt kort en bondig de deur gewezen.

*19 maart: 'Inspectie bij Verkest, a.u.b.!'*
Op vrijdag *19 maart* komt André Destickere opnieuw langs bij De Brabander en Van Ginderachter licht hem in over zijn laatste bevindingen. Ook veevoeders Huys zit met een probleem, ook zij hebben vet max 5 van Verkest gekregen in dezelfde periode én alle symptomen komen overeen met symptomen van dioxinevergiftiging in de literatuur. Hij vertelt Destickere ook dat hij stalen gaat opsturen naar het Ri.K.I.L.T. in Nederland en hij vraagt aan Destickere of de overheid geen inspectie kan doen op de praktijken bij Verkest in Grammene.

Destickere antwoordt dat hij – als IVK-ambtenaar – niet bevoegd is in Oost-Vlaanderen en ook niet in die materie en dat hij niet goed weet wie hij daarvoor moet contacteren bij Landbouw (sic).

Daarop neemt Van Ginderachter zelf de telefoon en belt naar DG4, naar Vandersanden. 'Want die is toch al op de hoogte van de dioxinehypothese'.

Als hij Vandersanden aan de lijn krijgt, wil hij de hoorn aan Destickere geven, maar die laat het gesprek liever aan Van Ginderachter over. Misschien omdat hij zich bewust is van zijn delicate (cumul)positie.

Daarop zet Van Ginderachter nog eens alle elementen van zijn onderzoek op een rijtje voor Vandersanden en hij dringt aan op een overheidsinspectie bij Verkest. Want als er dioxines via het vet van Verkest bij De Brabander zijn geraakt, dan kan dit eventueel nog gebeuren en ook bij anderen voorvallen, zoals bij Huys trouwens al is gebeurd. Bovendien is het natuurlijk ook van belang voor De Brabander – en vooral voor de verzekeringsmaatschappij – om te weten waar de uiteindelijke verantwoordelijkheid ligt voor al de geleden schade...

Dezelfde namiddag faxt Van Ginderachter naar Vandersanden ook nog een kopie van het wetenschappelijk artikel over dioxinesymptomen bij kippen.

Belangrijk is dat Vandersanden nu weet dat de firma De Brabander de hypothese 'dioxine' effectief laat onderzoeken in Nederland. En hij weet nu ook dat dr. Destickere van de zaak afweet, een ambtenaar van Volksgezondheid. Wellicht speelt dat mee in zijn beslissing om de inspecteurs van zijn buitendienst opdracht te geven langs te gaan bij Verkest voor controle.

Waarom hij zelf geen stalen laat onderzoeken, wettigt Vandersanden later met het argument dat het budget van zijn dienst te krap is om 100.000 frank te besteden aan iets dat nog maar een hypothese is op dat moment. Want de Dienst Kwaliteit van de Grondstoffen heeft zelf drie laboratoria, maar die zijn niet uitgerust voor dioxineanalyse. Later blijkt dat het Ministerie van Landbouw wel ooit een miljoenenkostende installatie heeft aangekocht, maar dat niemand is opgeleid om ermee te werken. Bovendien staat die installatie bij een andere dienst in Tervuren, het CODA (Centrum voor Onderzoek in Diergeneeskunde en Agrochemie) en dat valt onder DG 6, een andere 'baronie'...

Vandersanden zelf heeft jaarlijks een budget van zo'n 800.000 frank om speciale onderzoeken aan derden uit te besteden. Maar daarnaast beheert zijn baas, adviseur-generaal Gilbert Houins, het Fonds van de Grondstoffen waar maar liefst 80 miljoen BEF (bijna 20 miljoen EURO) beschikbaar is voor onderzoek. Dit fonds wordt gespijsd door de fyto- en mengvoederindustrie en dient precies om analyses en onderzoeken uit te voeren die met die twee sectoren (meststoffen/bestrijdingsmiddelen en veevoeders) te maken hebben. Maar blijkbaar heeft Vandersanden de mogelijkheid niet eens voorgelegd aan zijn dienshoofd. 'Als ik toen geweten had, wat ik nu weet, dan had ik het natuurlijk wel laten doen,' verzuchtte een wat in de hoek gedrumde Vandersanden voor de Parlementaire Onderzoekscommissie.

De cruciale vraag op dit moment is trouwens of Albert Vandersanden toen niet het kabinet van Landbouw heeft ingelicht. Officieel zijn zijn baas, Houins, en de kabinetschef van Pinxten, Piet Vanthemsche, pas drie weken later ingelicht, toen de dioxineanalyse bij De Brabander positief bleek.

En nog véél crucialer: waarom heeft Vandersanden zijn collega's van DG5 niet gewaarschuwd dat er een dioxineverdenking was? DG5 of Directoraat-Generaal 5: dat waren de diergeneeskundige diensten van Landbouw en de diensten die moesten waken over de kwaliteit van de dierlijke producten.

Waaróm er niet is gewaarschuwd, wordt niet vermeld, maar het staat wel kurkdroog genoteerd in het rapport dat Pinxten later, op 25 mei, krijgt van zijn kabinetsadviseur Jean-Marie Dochy (een dierenarts van DG5...).

Blijkbaar was het de klassieke naijver tussen DG4 en DG5, tussen ingenieurs en dierenartsen, een concurrentie die in de dioxinecrisis een even noodlottige rol heeft gespeeld als de naijver tussen Landbouw en Volksgezondheid.

Wat de rol van Destickere in deze fase betreft, hij blijft de boot afhouden als Van Ginderachter op het dioxinespoor hamert. Hij zal nadien nog aandringen bij de firma De Brabander om een test te laten doen op het mogelijk gebruik van een ontwormingsmiddel bij de kippen, een product dat over de rug van de dieren wordt gesproeid. Misschien omdat hij dan al aanvoelt dat de diagnose 'dioxine' geen goede zaak is voor hemzelf, want mocht die bevestigd worden, dan zal hij vroeg of laat toch zijn eigen chefs in Brussel moeten inlichten, en dan worden er misschien lastige vragen gesteld over zijn cumulactiviteiten.

Later – in zijn rapport aan minister Colla van Volksgezondheid – zal Destickere zelf wel de eer aan zich houden en verklaren dat híj de dioxinehypothese heeft hard gemaakt en dat híj DG4 heeft ingelicht én aan Landbouw een onderzoek heeft gevraagd bij Verkest.

Na het telefoongesprek tussen de firma De Brabander en Vandersanden gaat ieder zijn gang. Vandersanden vraagt effectief een controlebezoek aan bij Verkest. Hij stuurt de vrijdagnamiddag via het intern computersysteem een *bericht naar de buitendienst.*

Het is bestemd voor Etienne Cobbaert, een inspecteur met jarenlange ervaring die vooral gespecialiseerd is in controle op hormonen in de veevoeders. Hij is de zoneverantwoordelijke voor Oost- en West-Vlaanderen en zijn medewerkster Hilde Van Haecke is de inspecteur die zich vooral op de vettensector heeft toegelegd.

André Destickere geeft – volgens de chronologie van firma De Brabander – diezelfde *19 maart* nog toelating aan de broeierijen om *opnieuw eieren in de broedmachines* in te leggen van moederdieren die besmet waren. Destickere zelf ontkent dat en zegt dat hij daarin geen beslissingen nam. Nochtans is hem daarover herhaaldelijk om advies gevraagd door de betrokken bedrijven, want hij was tenslotte de schade-expert. Bovendien had hij ook geadviseerd om er een tijdlang geen meer in te leggen, met uitzondering van proefbroedsels om te zien of de situatie verbeterde. Die proefbroedsels werden dan telkens vernietigd, dat wil zeggen, ze belandden in het vilbeluik, waar er dierenmeel mee gemaakt werd. Tegen 19 maart was er inderdaad een verbetering in de uitkippingsresultaten en alles ging weer zijn gewone gang, ondanks het feit dat Destickere van Van Ginderachter die dag sterke argumenten kreeg voor de dioxinehypothese.

Jan Van Ginderachter zelf begint van dan af de bedrijven te contacteren die het fameuze legmeel van De Brabander hebben gekregen. Hij spreekt niet over dioxine – omdat hij daarvoor eerst wil wachten op de labresultaten – maar *waarschuwt* dat het mogelijk om een gevaarlijke stof gaat en hij raadt aan om de moederdieren niet meer verder te gebruiken en ze ook niet in de consumptie te laten gaan.

Bij de dochteronderneming, pluimveeslachterij Flandrex, laat hij ook mogelijk verdachte dieren en voorraden *blokkeren.*

Cobbaert heeft op maandag 22 maart een dag vakantie genomen, maar 's anderendaags op *23 maart* belt hij naar ingenieur Van Ginderachter om te horen wat er precies mis is bij Verkest. Hij kent Van Ginderachter van vroegere controles bij De Brabander en belt hem daarom 's avonds op zijn thuisnummer. De ingenieur vertelt hem over de verdenkingen tegen het 'vet max 5' dat Verkest eind januari heeft geleverd.

Cobbaert vertelt later voor de Dioxinecommissie dat hij toen de indruk had dat Van Ginderachter zelf ook niet zo zeker was van zijn stuk, want Van Ginderachter is bij alle dioxineexperts, zowel van VITO als Ri.K.I.L.T., op zware scepsis gestoten. In feite is de analyse die hij in het Ri.K.I.L.T. laat doen een laatste poging om te achterhalen wat er is gebeurd.

Diezelfde dinsdag geeft Cobbaert zijn medewerkster Hilde Vanhaecke de nodige informatie door om bij Verkest te gaan controleren. Ze moet onder andere navragen waar Verkest in januari zijn grondstoffen vandaan heeft gehaald. Zij beseft wel dat er intussen twee maanden verlopen zijn en dat – als het op staalnames aankomt – het zoeken wordt naar een speld in een hooiberg. Want ze weet hoe het er aan toe gaat in de vetsmelterij van Verkest. Alle reservoirs worden constant op een temperatuur gehouden waarbij de vetten vloeibaar blijven, dus alle resten van vroegere verdachte ladingen zijn wellicht allang vermengd, verdund, opgelost...

Die dag pas krijgt Van Ginderachter Wim Traag van het Ri.K.I.L.T. aan de telefoon voor de praktische afspraken over de dioxineanalyses.

Op woensdag *24 maart* stuurt hij dan een staal verdacht veevoeder op (geproduceerd op 22 januari en afkomstig van een lading teruggenomen foktoomleegmeel) én een mengstaal van kippenvet, afkomstig uit de buikholte van drie moederdieren die het verdachte voeder gekregen hebben.

Intussen blijkt Destickere toch wel bezig met de hypothese dat het allemaal wel eens de schuld zou kunnen zijn van het vet van Verkest, want – in zijn eentje – gaat hij rond 23 maart zelf aankloppen bij Verkest. Naar verluidt met een voorstel tot minnelijke schikking: als Verkest (of zijn verzekeringsmaatschappij) intervenieert in de schade, dan kan er wat geregeld worden... Verkest weigert, maar het is niet duidelijk of Destickere het toen al over de dioxinehypothese heeft gehad. In elk geval was Verkest al duidelijk op zijn hoede als de inspectiediensten op zijn erf verschenen.

### Eind maart: Verkest valt door de mand

Op woensdag *24 maart* gaat ir. Hilde van Haecke van de Inspectie Grondstoffen van Landbouw controleren bij Verkest. Ze kijkt de boekhouding en registratie van leveringen na. Op 19 januari staat wel degelijk vermeld dat De Brabander twee ladingen van uitsluitend dierlijk vet had gekregen. Idem voor de firma Huys. Toch neemt Van Haecke vetmonsters uit drie van de ongeveer 20 opslagtanks: één met gerecycleerde vetten, één met vetten afkomstig van een gelatinefabriek en één waarin eigen geproduceerd dierlijk vet van Verkest zit.

Jan Verkest verklaart dat de 'dierlijke vetten', die hijzelf afsmelt van laagrisico-slachtafval, verkocht worden als grondstoffen voor veevoeder en dat de 'technische vetten', de gerecycleerde frituurvetten, worden verkocht aan de chemische industrie (onder andere voor zeep en cosmetica). Wanneer welk vet in welke tanks heeft gezeten, beweert hij niet te kunnen zeggen, want hij houdt dat niet bij in zijn stocklijsten...

Voor de Parlementaire Onderzoekscommissie verklaart inspecteur Hilde Vanhaecke dat ze Verkest al sinds eind '97 ervan verdenkt dat hij sjoemelt met zijn verschillende soorten vet. Maar telkens ze hem om facturen vraagt over zijn leveringen, lijkt alles te kloppen. Bovendien is haar inspectiebevoegdheid beperkt tot die vetten die als grondstof dienen voor veevoeders. Als Verkest tegelijkertijd ook in 'technisch' vet handelt, gerecycleerde frituurvetten die volgens de dàn geldende Belgische wetgeving niet mogen verwerkt worden in veevoeder, dan kan ze daar niet veel aan doen, want Verkest toont aan dat hij die verkoopt aan het scheikundig bedrijf Oleofina...

Ze vertelt voor de Dioxinecommissie dat ze zelfs al begin 1998 een vetmonster van Verkest heeft laten onderzoeken bij het landbouwlab in Melle om te controleren of hij zijn dierlijk vet niet vermengde met plantaardig vet. En het analyseresultaat wees in die richting, tot bleek dat de veevoederfabrikant bij wie het vetmonster was genomen, in dezelfde vettank eerder ook al sojaolie had opgeslagen. Dat maakte de bewijslast zeer moeilijk. Van Haecke is toen naar Verkest geweest om hem uit te horen, maar de vetsmelter bleef volhouden dat hijzelf niet vermengde.

'Ik had toen misschien moeten doorgaan. Maar we zaten op dat moment volop in de BSE-controles. We hebben overlegd wat we zouden doen. Optreden omwille van een beetje plantaardig vet? We hebben toen wel Verkest gewaarschuwd. Dus hij wíst dat hij niet mocht mengen! Achteraf heb ik me afgevraagd of we daar toen meer hadden kunnen doen. In elk geval, ik ben hem blíjven vragen naar zijn facturen en die bleken te kloppen.'

Uit Van Haeckes getuigenis voor de Dioxinecommissie blijkt in elk geval dat Verkest duchtig op de vingers werd gekeken én dat hijzelf maar al te goed wist waarmee hij bezig was. Van Haeckes was zelfs toevallig nog op *16 maart* bij Verkest langs geweest voor een controle, samen met OVAM en de diergeneeskundige inspectie, in het kader van controle op de verwerking van dierlijk afval. Ze wilden toezien of er geen hoogrisicoafval verwerkt werd dat gevaren inhield voor BSE-besmetting (dollekoeienziekte). En toén is het haar opgevallen dat Verkest expliciet vroeg: 'Is dat nog altijd verboden ? Het mengen van frituurvet in veevoeders?'. Want de wetgeving zou weldra versoepelen.

Van Haecke heeft hem toen geantwoord: 'Als je 't doet moet je een afwijking aanvragen en dan mag je het ook géén dierlijk vet noemen...'

Ze voegt eraan toe voor de Dioxinecommissie: 'Ik wist dat hij die technische vetten verkocht voor de veevoeders, alleen, ik kon het niet bewijzen. Je kan dat niet zomaar zien, en bovendien er wordt veel vermengd.'

De drie stalen die Van Haecke heeft genomen op *24 maart*, worden door het lab van de Dienst Inspectie van de Grondstoffen in Tervuren ontleed op de klassieke zaken, zoals zuurtegraad, watergehalte, onzuiverheden en residuen van organochloor pesticiden. Maar een dioxineonderzoek vindt Vandersanden voorbarig. Ze zullen pas een maand later ook naar Nederland gaan voor analyse.

Op *25 maart* gaat Hilde Van Haecke langs bij het chemisch bedrijf Oleofina voor een administratieve routineklus, maar 'en passant' maakt ze van de gelegenheid gebruik om te vragen welk soort vetten deze firma betrekt van vetsmelter Verkest. Daar blijkt dat Oleofina helemaal niets kan aanvangen met 'technische' of gerecycleerde frituurvetten. Hun lastenboek vereist 100 % dierlijk vet, van goede kwaliteit.

Van Haecke krijgt hier eindelijk het onrechtstreekse bewijs dat Verkest liegt over de bestemming van zijn voorraad technische vetten. Want als hij ze niet verkoopt aan Oleofina en ze niet in zijn veevoeders mengt – wat bij wet verboden is en wat hij ten stelligste heeft ontkend – dan klopt er iets niet...

Op vrijdag *26 maart* gaat inspecteur Van Haecke terug naar de firma Verkest, nu samen met Etienne Cobbaert. Ze confronteren onmiddellijk Jan Verkest met de informatie van bij Oleofina en ze vragen opnieuw inzage in alle facturen en het bedrijfsregister. Dat blijkt intussen te zijn 'bijgewerkt' in vergelijking met haar controle twee dagen ervoor. Jan Verkest is er gloeiend bij. Blijkt nu ineens ook dat er wel degelijk een aparte agenda bestaat waarin alle leveringen met de nummers van de tanks waaruit ze komen, vermeld staan.

Op *30 maart* geven de Verkests toe dat ze frauderen met de samenstelling van de vetten, en dat De Brabander en Huys geen 100 procent dierlijk vet kregen, maar mengsels met frituurvetten. De vetsmelterij is dus duidelijk in overtreding met het Koninklijk Besluit van 10 september 1987 dat geen frituurvetten toelaat in de grondstoffenlijst voor veevoeders. Het excuus van Verkest is dat deze wettelijke bepaling binnenkort zal wijzigen onder druk van de EU, maar juridisch is dit geen argument. Bovendien rekent de firma wel 100 procent dierlijk vet aan, dus is er ook nog eens bedrog met koopwaar.

Er wordt een proces verbaal opgemaakt voor het parket van Gent waarin een onderzoek wordt gevraagd. In een begeleidende brief legt Van Haecke ook omstandig uit dat er een vermoeden is van contaminatie van veevoeder met een zware toxische stof via vet van Verkest. 'Om de één of andere reden heb ik toen niet over dioxine gesproken', verklaart ze later. Het was nog een hypothese, en ze was ook niet echt op de hoogte van de omvang van de problemen in de kippenstallen. Bovendien waren zij en Cobbaert er jarenlang in getraind om interne informatie discreet te behandelen. Dat was bijna een tweede natuur geworden. Cobbaert had namelijk al jaren ervaring met gerechtelijke onderzoeken naar hormonencontroles.

Het PV vertrekt begin april, net voor het Paasweekend, naar het centraal hoofdbestuur in Brussel en via via gaat het uiteindelijk naar het *parket in Gent* waar het op *12 april* aankomt, maar geen dringende behandeling krijgt. Pas op *27 mei* als het hele dossier lekt, vernemen ze in Gent dat er iets bij Verkest is met dioxine, en dan halen ze het dossier uit de stapel.

Intussen zijn de inpecteurs van Landbouw zelf verder aan het zoeken naar de leveranciers van technische vetten bij Verkest. Ze komen op verscheidene mogelijke leveranciers: onder andere *Mosselman* (een kleiner Belgisch bedrijf) en twee grote Nederlandse vetbedrijven: *Technivet* en *Bewa*. Het Waalse *Fogra* blijft voorlopig buiten beeld, omdat dit bedrijf volgens de boeken alleen dierlijk vet levert. Pas op *25 mei* zal Cobbaert tijdens een verhoor van Verkest te weten komen dat de noodlottige levering bij De Brabander eigenlijk van bij Fogra kwam.

Al na de eerste inspectie op *24 maart* heeft Verkest wel zijn *aankopen van gerecycleerde vetten stilgelegd*, met uitzondering van enkele contracten die nog lopen. Dit betekent financieel een zware streep door de rekening, zowel bij Verkest als bij de leveranciers en het veroorzaakt zware onrust in de sector... Blijkbaar beseffen de Verkests nu zelf toch ook dat er met die technische vetten iets mis is en willen ze nieuwe risico's vermijden.

Vanaf *2 april* begint Cobbaert aan bedrijfsbezoeken bij alle veevoederbedrijven die in de verdachte periode vet gekocht hebben van Verkest. Hij gaat onder andere bij Versele en Lisabeth. Telkens vraagt hij discreet – zonder over dioxine te spreken – of ze problemen hebben gehad en waar ze hun vetten kopen. Maar nergens krijgt hij bevestiging. Enkel Huys geeft toe dat er klachten zijn geweest van klanten-kippenboeren, maar die zijn intussen voorbij.

Vandersanden, de baas van Cobbaert en Van Haecke, weet intussen dat er PV is opgemaakt tegen Verkest, maar volgens zijn eigen getuigenis en de chronologie van Landbouw, licht hij nog altijd niemand in over de fraude met technische vetten in veevoeders. Niet zijn hogere hiërarchie, en niet het kabinet van Landbouw.

Volgens insiders van de veevoedersector liet de top van de landbouwadministratie, in casu Vandersanden, het vermengen van vetten oogluikend toe – al werd daarover uiteraard niets op papier gezet – 'omdat de Belgische wetgeving toch zou veranderen op dat punt'.

De inspecteurs van DG4 doen intussen een beroep op OVAM, de Vlaamse afvalstoffenmaatschappij, om een gecoördineerd onderzoek te doen bij de leveranciers van 'technische vetten'. Ze willen weten waar die vetten vandaan komen.

Op *21 april* ondervragen ze nog drie leveranciers van Verkest (Vandecasteele, Alvet en SAF) en daaruit blijkt dat nogal wat 'technische vetten' van ophaalrondes komen bij frituren, restaurants en de voedingsindustrie, maar ook dat er gerecycleerde frituurvetten uit containerparken in dit circuit terechtkomen.

Waarop het denkspoor ontstaat dat er daar mogelijk een verwisseling kan gebeurd zijn met minerale oliën, oude motorolie bijvoorbeeld.

### 21 april: DIOXINE!

Ook op die woensdag 21 april belt Jan Van Ginderachter naar het Nederlandse lab om te horen of er al analyseresultaten zijn. Wim Traag van het *Ri.K.I.L.T.* bevestigt dat de eerste gegevens wel degelijk wijzen op een dioxinebesmetting, zowel in het voederstaal als in het kippenvet, maar dat het nog twee dagen zal duren eer hij de precieze gehaltes heeft.

Van Ginderachter waarschuwt onmiddellijk André Destickere. Die raadt aan om te wachten op de definitieve cijfers. Wel probeert hij Vandersanden te verwittigen, maar die is de hele dag niet te bereiken. Daarom belt Destickeres avonds naar Etienne Cobbaert om hem in te lichten dat het Ri.K.I.L.T. dioxine heeft gevonden.

Cobbaert vraagt hem meteen om hem alle nuttige informatie te geven om mogelijk besmette dieren te kunnen laten blokkeren.

's Anderendaags op donderdag *22 april* om halfacht 's morgens, komt Cobbaert de informatie zelf ophalen bij Destickere, want beiden wonen in elkaars buurt in Roeselare.

In een eerste nota geeft Destickere een lijst van de verschillende leveranciers van broedeieren en van de broeierijen die besmette eieren gekregen hebben.

Het aantal moederdieren en hanen die nog in leven is, telt Destickere op tot een totaal van ongeveer 22000. De meeste van die dieren gaan normaal nog een tijdje voort produceren, gemiddeld nog een twintigtal weken. Ook van het aantal geslachte ouderdieren heeft de expert al een berekening gemaakt: dat zouden er een 40 000 zijn. Hun bestemming na de slacht is voor Destickere meestal 'onbekend'- alleen van een 13 000 hennen weet hij dat ze naar een Nederlands bedrijf zijn gegaan in Baarle Nassau en van zo'n 1200 hanen dat ze naar een Noord-Franse firma zijn vertrokken.

Uiteraard gaan deze cijfers enkel over bedrijven die via De Brabander zijn besmet.

Daarnaast krijgt Cobbaert een onafgewerkte versie mee van het expertise-rapport dat Destickere aan het schrijven is voor de verzekeringsmaatschappij. Daarin leest Cobbaert voor het eerst in detail wat er de voorbije weken in de getroffen kippenkwekerijen gaande was. Bovendien verneemt hij dan ook dat niet alleen moederhennen besmet voer hebben gekregen, maar ook braadkip-pen, iets waarover Destickere schrijft: *'Er zijn echter geen klachten gekomen van de vetmesters zelf, daar de verliezen binnen de perken bleven en voor hen de oor-zaak ook onbekend was. Om commerciële redenen zijn die mensen ook niet op de hoogte gesteld geweest van de gebeurde feiten.'*

Diezelfde voormiddag waarschuwt Cobbaert zijn baas Vandersanden over de gevonden dioxines. Hij geeft hem ook de twee nota's van Destickere door en later belanden die bij het kabinet Pinxten.

*Sint-Martens-Latem: 'Toch niet weer dioxine!'*
Diezelfde dag houdt BEMEFA, de federatie van Belgische Mengvoederfabri-kanten, haar jaarvergadering in St-Martens-Latem. Ook de topambtenaren van DG 4 zijn er en de kabinetschef van Pinxten, Piet Vanthemsche.

Vandersanden neemt de gelegenheid te baat om die nu in te lichten. Voor de Parlementaire Onderzoekscommissie vertelt hij later dat dit niet in de wan-delgangen was en niet 'en passant'. Wat was Vanthemsches reactie? 'Hij was even verwonderd als ik.'

Vanthemsche zelf geeft voor de Dioxinecommissie inderdaad toe, dat hij niet blij was met de mededeling van Vandersanden. Want hij had nog maar enkele maanden ervoor, samen met BEMEFA, een dioxinevervuiling in inge-voerde citruspulp uit Brazilië onder controle gekregen. Het gesprek tussen Vandersanden en Vanthemsche blijft kort en 'er is geen sprake geweest van volksgezondheid'.

Bij dat gesprek is ook de secretaris-generaal van BEMEFA, Yvan Dejaegher aanwezig. Die heeft net in zijn toespraak de aangesloten fabrikanten opgeroepen om voorzichtig te zijn met hun grondstoffen en hij pleit voor ketenbewaking. In alle fasen van het productieproces moet de kwaliteit kunnen nagetrokken worden. Want Dejaegher is zelf al in de loop van de maand maart op de hoogte gebracht van de dioxinehypothese bij De Brabander. Volgens zijn verklaringen later was hij ervan overtuigd – net als Jan Van Ginderachter – *dat het beter was om het probleem op de één of andere manier publiek te maken*. Dejaegher spreekt daar trouwens ook verschillende keren Vanthemsche over aan. Maar die stelt telkens dat het daarvoor nog te vroeg is.

Dejaegher en Van Ginderachter – allebei van de jongere generatie landbouwingenieurs – zijn ervan overtuigd dat het beter is om de afvalrecyclage in voeders openlijk aan te kaarten. Want dat is wellicht de beste manier om een herhaling te voorkomen. Dat het dan in de pers komt, achten ze waarschijnlijk, maar 'dat duurt wellicht niet langer dan een dag of twee, maximum vier'. Want het probleem van de dioxinebesmetting was in hun ogen al grotendeels voorbij en alles wees erop dat het een éénmalig incident was geweest.

Op vrijdag **23 april** gaat André Destickere in zijn hoedanigheid van verzekeringsexpert langs bij broeierij Berkenhof in Roeselare om er het schadedossier af te sluiten. Maar hij rept met geen woord over het feit dat de oorzaak van de problemen is gevonden, laat staan dat het dioxine is. Bedrijfsleider Steven Vervaeke getuigt later voor de Dioxinecommissie dat het nog tot 25 mei geduurd heeft, eer hij daarachter kwam en dat was omdat toen één van zijn afnemers van kuikens geblokkeerd werd. Ondertussen waren zijn besmette moederdieren al geslacht en vervangen door nieuwe dieren.

Dat laatste wordt dan weer tegengesproken door Van Ginderachter, die stelt dat er vanaf begin april geen moederdieren meer in consumptie zijn gegaan uit de bedrijven die vervuild voer kregen van De Brabander.

Rond 16 uur dezelfde vrijdag, vlak voor het weekend, belt Jan Van Ginderachter opnieuw naar Wim Traag van het Ri.K.I.L.T. om te horen welke hoeveelheden dioxine er gevonden zijn. Cobbaert is er ook en Pieter De Brabander. Zij luisteren mee naar het gesprek. Traag bevestigt nog eens dat het dioxine is én vooral dat het *ongewoon hoge waarden zijn , namelijk 781 pg ITEQ/kg in het voeder en 958 pg ITEQ/g in het kippenvet. Ter vergelijking: in 1996 had het Ri.K.I.L.T. een onderzoek gedaan op 'gemiddelde achtergrondwaarden' van dioxines in kippenvet en die schommelden rond 0,66 pg ITEQ/g vet.* Met andere woorden de stalen van De Brabander overschrijden die waarden ongeveer 1500 keer.

Traag geeft ook toe dat ze de eindberekening zelfs verschillende keren hebben gemaakt, om zeker te zijn dat ze zich niet vergist hadden van komma. Hij stuurt de resultaten per fax naar De Brabander.

Het bedrijf verzendt ze per brief ook nog eens naar Vandersanden op DG4 en daar komen ze aan op *maandag 26 april*. Voor de diensten van Landbouw wordt dat *formeel de eerste dag* dat ze weet hebben van de dioxines, want dan pas zijn er cijfers – op papier – aangekomen.

Van dan af begint Albert Vandersanden ook zijn hiërarchie formeel in te lichten. Hij belt naar Vanthemsche op het kabinet en waarschuwt ook zijn chef, de adviseur-generaal, Gilbert Houins. De grote baas van DG 4 die daar nog boven staat, directeur-generaal Victor Thomas, krijgt de informatie pas twee dagen later te horen tijdens een vergadering over het dioxineprobleem op het kabinet. Dàn maakt Vandersanden ook de cijfers over aan het kabinet.

Vanaf die week laten Cobbaert en zijn inspecteurs drie vettanks onder beslag leggen bij Verkest en er worden ook nieuwe stalen genomen. Vandersanden heeft intussen geïnformeerd bij het Ri.K.I.L.T. voor een offerte en besluit om nu op *27 april* dan toch de stalen die destijds eind maart zijn genomen bij Verkest, plus één van de nieuwe stalen naar Nederland te sturen voor een dioxine-onderzoek. Pas op *21 mei* komen de resultaten binnen. Er zijn geen sporen (meer) van dioxines. Andere, meer gericht genomen vetstalen uit de bezinkingslaag van vettanks van Verkest, zullen later wél positief blijken op PCB's en dioxines.

Eind april, begin mei werkt Cobbaert verder aan het in kaart brengen van de besmette bedrijven. Ondanks de soms openlijke tegenwerking van de veevoederfabrikanten (met uitzondering van De Brabander en Huys), slaagt hij erin om tegen half mei een vrijwel volledige lijst op te stellen van de bedrijven die besmet voer hebben gekregen. Er is dus op dat moment een mogelijkheid om die te blokkeren. Maar door vertragingen bij DG5, de veeartsen die zich voor voldongen feiten gezet voelen, zal er dan nog eens meer dan een week tijd verloren gaan. Uiteindelijk zullen de belangrijkste blokkeringen maar goed en wel tegen eind mei van kracht gaan.

*André Destickere luidt nu toch de alarmbel*
Op *27 april* meldt Destickere zich terug aan bij De Brabander en hij verneemt dan pas – tot zijn ongenoegen – dat de exacte dioxineuitslagen al binnen zijn en dat nu ook het kabinet van Landbouw gewaarschuwd is.

Nu kan hij er niet meer onderuit om zelf zijn hoofdbestuur in Brussel te verwittigen. Iets waarvan ze bij Landbouw eigenlijk veronderstellen dat hij dat allang gedaan heeft.

Dioxine is ernstiger dan hij aanvankelijk dacht én hoopte, en dus belt Destickere 's avonds naar zijn baas, leidend ambtenaar Christian Decoster van het IVK. Het verhaal wil dat Decoster op dat moment in zijn tuin rondloopt en tijdens het gesprek via gsm, zijn zakcomputer in de vijver laat vallen. Door toeval of door het schrikken, wist Destickere er niet bij te vertellen.

In elk geval neemt Decoster de zaak onmiddellijk ernstig en hij vraagt Destickere om alles op papier te zetten en dat zo snel mogelijk op te sturen aan de minister, aan hemzelf en aan adviseur-generaal bij het IVK, dr. Léon Moor.

Diezelfde nacht nog zet André Destickere zich aan de computer en hij maakt – op maat van Volksgezondheid – een samenvatting van zijn expertiserapport. Hij voegt er de cijfers van het Ri.K.I.L.T. bij in bijlage en schrijft er ook eigen conclusies bij. Vooral die conclusies zouden later deining veroorzaken. Hij vermeldt bijvoorbeeld ook de cijfers over het aantal geslachte dieren uit de probleemperiode. Hij herhaalt het getal van 40 000 besmette moederdieren en hanen dat hij ook aan Cobbaert gaf op 21 april, maar in deze nota voegt hij ook een 'voorzichtige berekening' toe dat er ongeveer 1 miljoen besmette kippen, 'ontsproten aan deze ouderdieren' in consumptie zijn gegaan, zelfs wanneer men rekening houdt met alle kuikens die na de kipping vernietigd zijn geweest. Bovendien, zo merkt Destickere heel terecht op: 'die afgedode kuikens zijn ook in de voedselketen terechtgekomen, daar zij verwerkt zijn geweest bij Rendac en niet bij Indaver.' Met andere woorden, toen de betrokkenen nog niet wisten dat ze met dioxines te maken hadden, die moeilijk afbreken en die opstapelen in de vetlagen, werden dode kuikens en besmet slachtafval gewoon herwerkt in het vilbeluik van Rendac tot grondstof voor nieuwe dierenvoeders. Terwijl eigenlijk de enige manier om de dioxines te vernietigen erin bestond om ze te laten verbranden op zeer hoge temperaturen bij het verwerkingsbedrijf voor gevaarlijk afval, Indaver.

De besmette moederdieren zijn pas nu (eind april dus) terug op hun normaal legniveau en dat geldt ook voor de kippingen, het uitkomen van de eieren. *'Dit om u mede te delen dat thans in feite het ergste achter de rug is. Ik meen dat dit gegeven dan ook ernstig in overweging moet genomen worden en dat men bij het opleggen van maatregelen hiermede moet rekening houden.'*

Bovendien maakt Destickere een hele berekening van wààr de meer dan 56 ton vervuild vet bij firma De Brabandere naartoe is gegaan. Volgens hem zou er nog geen 10 procent daarvan bij de moederhennen zijn terechtgekomen en *'is de rest vooral verwerkt in varkensmeel en mestkuikenmeel. Maar daar zijn alleen bij enkele tomen mestkuikens problemen vastgesteld, met andere woorden ook via deze slachtdieren is de dioxine in de voedselkolom terechtgekomen. Het is in wezen dan ook een probleem voor de ganse veeteeltsector. Reden te meer dat het volgens mij dan ook weinig logisch zou zijn om bikkelhard op te treden tegen één sector en de andere sectoren ongemoeid te laten.'*

*'Daarenboven is De Brabander niet de enige die besmet vet van Verkest heeft gekregen...*

*M.a.w. men moet deze zaak volgens mij in alle sereniteit behandelen en beletten dat ze ter ore komt van de pers.'*

Daarna breekt Destickere nog een lans voor een onderzoeksprogramma op dioxines in vetsmelterijen en pluimveeslachterijen en voor een drastische controle op de gebruikte vetten in veevoeders.

Tot slot *'kan ik U nog meedelen dat de sector aanvankelijk niet van plan was om uit eigen beweging Landbouw of Volksgezondheid te verwittigen. Het initiatief werd hiertoe door mij genomen.'* Vooral dat laatste zinnetje zet veel kwaad bloed bij firma De Brabander. Van dan af is de relatie met Destickere grondig bekoeld. Blijkbaar schreef Destickere zijn conclusies voor Colla onder het motto 'de aanval is de beste verdediging'.

Op woensdag **28 april** gaat dan de eerste 'dioxinevergadering' door op het kabinet van Landbouw en die verloopt vrij merkwaardig. Voor alle duidelijkheid: *minister Karel Pinxten* is hier niet bij. Volgens de officiële chronologie van Landbouw wordt de minister pas ingelicht op **29 april**.

Op die vergadering zit hier wel voor het eerst iemand bij van de Diergeneeskundige Inspectie, DG 5: dierenarts-directeur Jean-Pierre Vermeersch die tot dan van niks heeft gehoord. Ook Jan Van Ginderachter, de voedingsdeskundige van firma De Brabander is aanwezig. 'Ik had mezelf uitgenodigd,' bevestigt hij later. Om drie redenen. Om te beginnen vindt hij het vreemd dat hij al een week niets meer heeft gehoord, sinds 21 april (bevestiging van dioxines). Hij dringt aan op een veralgemeend onderzoek naar de verspreiding van de vervuiling in de sector. Hij heeft voor de eigen filière van De Brabander al een *'boomstructuur'* uitgetekend waarmee er eventueel kan geblokkeerd worden, maar ook bij de ànderen die dioxines in hun vet hebben gekregen via Verkest, moet er  zoiets uitgetekend worden. En hij wil dat er zo snel mogelijk opgetreden wordt tegen het hergebruik van gerecycleerde frituurvetten in veevoeders.

Maar de man uit de privé-sector wordt meteen op zijn plaats gezet. Het is nu aan de diensten van Landbouw om de strategie te bepalen. Hij is per definitie verdacht als betrokken partij en bovendien wordt hem duidelijk gemaakt dat hij tegenover buitenstaanders moet zwijgen over de dioxinecontaminatie.

Van Ginderachter heeft de dag voordien nog een telefoongesprek gehad met Traag van het Nederlandse lab, onder andere over mogelijke opvolgings-onderzoeken. Traag heeft hem daarbij terloops ook gemeld dat er aanwijzingen zijn dat er PCB's bijzitten. Polychloorbifenylen, dé bron van de dioxinebe-smetting zoals later zal blijken.

Van Ginderachter meldt dat tijdens de vergadering op het kabinet, maar de informatie wordt niet genoteerd. Op 30 april zet hij het ook nog eens in een fax met informatie voor dr. Vermeersch van DG 5. Maar ook die slaat er geen acht op, en daarmee blijft een mogelijkheid liggen om goedkopere PCB-analyses te doen in plaats van dure dioxinetesten.

Van deze bewuste vergadering worden geen notulen bijgehouden en ook van de drukke communicatie tussen Vandersanden op DG4 en het kabinet van Landbouw is achteraf niets op papier terug te vinden.

### De aanpak van de crisis door Landbouw

In de chronologie van Landbouw staat wel dat Jan Van Ginderachter op deze vergadering heeft gemeld dat Destickere het Ministerie van Volksgezondheid zou inlichten. Nadat Van Ginderachter de vergadering verlaten heeft, is er 'besloten om de verdachte bedrijven te blokkeren, monsters te nemen en de contaminatie te retraceren (de besmetting op te sporen). Dr. Decraemere van de buitendienst van DG 5 in West-Vlaanderen zal daarmee belast worden.'

In werkelijkheid worden deze beslissingen met veel vertraging uitgevoerd. Op **29 april** wordt, op basis van de informatie die inspecteur Cobbaert en zijn collega's van de buitendiensten al hebben verzameld bij Verkest, een lijst opgesteld van 11 veevoederbedrijven die vet hebben gekregen van Verkest in de verdachte periode.

Officieel worden er ook vanaf deze dag lijsten opgesteld van de klanten van deze bedrijven die mogelijk voeder – aangemaakt met dàt vet – gekocht hebben. Het is uiteraard de bedoeling dat die landbouwbedrijven dan ook geblokkeerd worden.

Maar in werkelijkheid neemt het opstellen van die lijsten veel tijd in beslag:
- op 6 mei zijn de lijsten klaar van veevoeders Huys, Hendrix en Callewaert;
- op 11 mei van Rendac, Derco en De Brabander;
- op 18 mei van Algoet en Willaert;
- op 26 mei van Versele en Bens;
- op 3 juni van Van den Avenne.

Dat het eventueel wel sneller had gekund, is bewezen in de laatste week voor de verkiezingen, toen de mengvoederfederatie BEMEFA opdracht kreeg van premier Dehaene om in 24 uur dergelijke lijsten op te stellen voor 24 bedrijven. En dat is toen effectief gelukt.

Het ultieme argument van Landbouw in dit verband is dat dit allemaal 'discreet' moest gebeuren, want het was een fraudegevoelig dossier. Dieren konden worden verhuisd om te ontsnappen aan blokkeringsmaatregelen bijvoorbeeld – dat was bij de maatregelen rond varkenspest ook altijd de eerste bekommernis geweest. Maar in dit stadium ging het enkel om pluimvee en daarvoor ging dat argument eigenlijk niet op. Kippen hebben een veel kortere levensduur dan varkens en die kan je ook niet zo makkelijk verhuizen naar andere plaatsen. Het resultaat is wel geweest dat de blokkering in veel gevallen te laat kwam en dat er dus veel besmette dieren 'verhuisd' zijn naar het slachthuis en naar de consument.

Volksgezondheid heeft nadien vooral op dit punt de grootste verantwoordelijkheid bij Landbouw gelegd. Want ook toen de lijsten bij Landbouw klaar waren, duurde het meestal nog verscheidene dagen eer ze werden doorgegeven aan het IVK, zodat ook daar  kostbare tijd verloren ging om bijvoorbeeld nog verdachte vleesvoorraden te blokkeren.

De onderliggende kritiek bij de verantwoordelijken van Volksgezondheid was dat het kabinet van Landbouw eigenlijk vooràl beducht was voor de economische (en politieke) gevolgen van een algemene blokkeringsmaatregel.

*Het kabinet Colla delegeert het probleem aan het IVK...*
Op dezelfde woensdag 28 april waarop Landbouw zijn strategie bepaalt, komt de waarschuwingsnota van dr. André Destickere aan op het kabinet van Volksgezondheid. Zijn baas op het Instituut voor Veterinaire Keuring, Decoster, en dierenarts Léon Moor krijgen een kopie gefaxt.

De fax aan het kabinet komt terecht bij dr. Marc Cornelis, de verbindingsman tussen het kabinet Colla en het IVK. De gang van zaken onder minister Colla is dat alle kabinetsleden een grote autonomie hebben en op tijd en stond wel de essentie van hun dossiers aan hem en aan de kabinetschef rapporteren. Cornelis neemt dus het dioxinedossier in handen en contacteert het IVK. Hij zal het de komende dagen en weken samen met dr. Moor van het IVK opvolgen.

*Frederik Wittock*, die op het kabinet instaat voor de contacten met de AEWI, de Algemene Eetwareninspectie, ziet de nota Destickere ook en reageert verontrust. Maar hij krijgt te horen dat dit een zaak is van het IVK. Toch faxt hij onmiddellijk een kopie naar de Eetwareninspectie en hij schrijft er bovenaan op: 'Dringende fax aan *Christine Vinckx*'. Vinckx is bij de Eetwareninspectie immers belast met de controle op 'contaminanten', vervuilende stoffen in de voeding. Maar helaas, de 'wet van de tegenslag' – als het fout kàn gaan, dan zàl het fout gaan – slaat toe: Vinckx is net voor een week met een opdracht naar Portugal. Een collega van haar krijgt de nota, maar hoort intussen ook dat het IVK het dossier naar zich toetrekt en schrijft dat bij op het voorblad: 'Opgelet: dit voorval is een zaak van IVK (dr. Smeets van IVK contacteren, hij ontving ook een dossier)'. Als Vinckx een week later terugkomt, vindt ze in de stapels op haar bureau onderandere de nota Destickere. Maar aangezien het een zaak is van het IVK, en omdat ze bij een vluchtige blik in de nota merkt dat het probleem al dateert van 19 januari, besluit ze te wachten tot ze eventueel nog iets hoort van het IVK en legt de nota opzij. Want, zo is haar redenering: de Eetwareninspectie is binnen de voedselketen pas bevoegd vanaf de verwerkende industrie en de detailhandel of horeca. Eerst moeten dus Landbouw en IVK uitzoeken waar er eventueel besmet voedsel tot in dat échelon zijn beland.

De Eetwareninspectie blijft daardoor nog een maand buiten beeld in het dioxineverhaal. Nochtans is dat niet uitsluitend te wijten aan deze communicatiestoornis. Want later blijkt dat ook *Albert d'Adesky*, adjunct-leidend ambtenaar bij het IVK én baas van de AEWI wel degelijk is ingelicht over het dioxinedossier van in het begin. Maar, door zijn cumul bij het IVK, en het feit dat hij vooral de 'representatieve' missies in het buitenland naar zich toetrekt – zeg maar, niet veel op de AEWI te zien is – geeft hij niks door aan zijn ondergeschikten op de Eetwareninspectie. En voor de volledigheid: ook mevrouw *Houins* werkt op de Eetwareninspectie, de echtgenote van Gilbert Houins, topambtenaar bij DG 4. Zij verneemt van hem dat er een probleem is met dioxines in veevoeder en in kippen, maar ook zij kaart dit blijkbaar niet aan op haar eigen dienst.

*… en ook het IVK pakt de zaken niet te groots aan*
Op donderdag 29 april komt op het Instituut voor Veterinaire Keuring de *'Cel gevogelte'* bijeen onder voorzitterschap van dr. Léon Moor. Samen met dr. Cornelis beslist hij dat minister Colla zo snel mogelijk zijn collega Pinxten over de kwestie moet aanschrijven. Voor wat de aanpak van het probleem betreft, beslissen ze dat mogelijk besmette voorraden moeten opgespoord worden door de *'Cel residuen'*, want dat waren de keurders die ervaring hadden met hormonencontroles én zij konden overal opereren, onafhankelijk van de plaatselijke keurkringen.

Met andere woorden, op dat ogenblik nemen Moor en Cornelis de cruciale beslissing om én *de keurkringhoofden erbuiten* te laten én de vele honderden dierenartsen die deeltijds als keurder werken in de slachthuizen. Vooral de keurkringhoofden uitsluiten, is erg betwistbaar. Zij konden alleszins de opsporing van besmette voorraden versnellen én beter helpen voorkomen dat er eventueel nog besmette dieren werden geslacht. Maar was het misschien omdat ze er dan ook Destickere moesten bij betrekken, keurkringhoofd van Zuid-West-Vlaanderen? Zowat iedereen op het IVK die van de zaak afwist, was er immers niet over te spreken dat Destickere zo laat gewaarschuwd had. En blijkbaar boterde het ook niet zo best met sommige andere keurkringhoofden en was Moor bevreesd dat zij meer open kaart zouden willen spelen. Daartegenover was de *hormonenequipe*, zoals de 'Cel residuen' in de wandelgangen heette, doordrongen van die discretieplicht...

Ook de DMO's, de Dierenartsen Met Opdracht, bleven erbuiten: dat zijn de vele honderden dierenartsen die naast hun privé-praktijk ook keuringswerk doen in de slachthuizen. Hier was de redenering vooral dat de zaak meteen zou uitlekken als je er honderden mensen bij betrok. Mensen die ook 'geen echte ambtenaren' waren, dierenartsen die veel dichter bij de belangenverdediging van de sector, de boeren stonden.

Dat klopt wel in zekere zin. Maar toch is het zo dat bijvoorbeeld dierenartsen die in de pluimveesector werkzaam zijn, sowieso geen keurwerk mogen doen in pluimveeslachthuizen, kwestie van niet in de verleiding of onder de verdenking te komen van eigen klanten minder streng te keuren.

Veel van deze dierenartsen en zeker ook de keurkringhoofden reageerden eind mei geschokt over het feit dat ze niet ingelicht waren. Mogelijk hadden ze dan meer gericht kunnen uitkijken naar bepaalde symptomen bij de slachtkippen.

In dat verband is het belangrijk om weten dat kippenslachthuizen meestal enorme hoeveelheden dieren per week slachten. Bij één van de grootste, Van-O-Bel, dat deels eigendom is van veevoederfabriek Huys, werden er toen 750000 kippen per week geslacht.

De afgevaardigd bestuurder van dit slachthuis en zijn hygiënist-dierenarts getuigden voor de Parlementaire Onderzoekscommissie dat er nooit iets verdacht was opgemerkt aan de kippen, ook niet aan die uit de besmette filière Huys. Veertig procent van alle kippen die daar geslacht werden, kwamen trouwens van kippenkwekers die hun voeder bij Huys haalden. Maar er was dus niks aan te zien. En ook in de sanitaire registers van àndere slachthuizen heeft het IVK geen meldingen van abnormale gegevens gevonden in de periode februari-maart-april.

Daarbij gaven de betrokkenen van Van-O-Bel wel toe dat er eigenlijk maar 10 minuten verloopt tussen het afladen van de kippen in het slachthuis en het slachten. Op de begeleidingsdocumenten moet vermeld staan hoeveel sterfte er tijdens de opkweek in de betrokken stallen is geweest, maar in feite wordt op die documenten alleen nagegaan hoeveel kippen er uiteindelijk geleverd zijn. De rest is routine. Vaak is de keurder zelf niet bij de slachtlijn tijdens het slachten, en doet hij zijn administratie ondertussen.

Een vaststelling die bij waarnemers de bedenking ontlokte dat je dus eigenlijk beter aan de inpaksters in die kippenslachthuizen zou vragen of ze in die periode niks verdacht hebben gezien aan de kippen.

In elk geval vond de verslaggever van de Dioxinecommissie, Peter Vanhoutte van Agalev, in de registerverslagen wel terug dat er nà het uitlekken van het dioxineprobleem veel méér afkeuringen waren in de pluimveeslachthuizen. 'Misschien was men toen wat kritischer of voorzichtiger geworden?', vroeg hij aan de kaderleden van Van-O-Bel. 'Neen', antwoordden die, 'ons is dat nooit opgevallen, maar 't zal wel te maken hebben met het feit dat juni en juli warmere maanden zijn en dan gaan er méér kippen dood tijdens het transport.'

### De maand mei: pingpongspel

Terug naar onze chronologie. Op *29 april* worden ook de twee ministers, Karel Pinxten en Marcel Colla, elk door hun diensten ingelicht. Hoe gedetailleerd is niet helemaal duidelijk, maar in elk geval krijgt Pinxten wel enkele dagen later, rond 5 mei, een samenvattende nota van zijn adviseur Dochy.

Marcel Colla krijgt van Cornelis ook het IVK-voorstel op zijn tafel om een (scherpe) brief te sturen aan Landbouw met een vraag om uitleg. Op *30 april* gaat al een kopie van die brief naar de diensten DG 4 en DG 5 van Landbouw. De eigenlijke brief bereikt Pinxten op *4 mei* en die antwoordt de dag erop dat er al een aantal bewarende maatregelen zijn genomen door zijn diensten en hij voegt er fijntjes aan toe dat Destickere (van Volksgezondheid) 'mijn veterinaire diensten op geen enkel moment over deze problematiek heeft geïnformeerd.'

Dit antwoord van Pinxten komt aan bij Colla op maandag *10 mei*. En uiteindelijk, op *11 mei* zitten de verantwoordelijken van de twee ministeries voor het eerst samen aan tafel om hun aanpak van het dioxineprobleem op elkaar af te stemmen.

Ondertussen hebben de buitendiensten van DG 4 bij Landbouw al informatie ingewonnen bij de Nederlandse autoriteiten over de mogelijke besmetting van 'technische vetten' bij Nederlandse vetleveranciers van Verkest. Dat er ook omgekeerd, besmet vet van Verkest naar Nederland is gegaan via Rendac, wordt door ir. Vandersanden pas op *11 mei* gemeld aan *Nederland*. Niet dat het Nederlandse ministerie van Landbouw veel doet met die informatie. Het bleek dat hun diensten eigenlijk al op *29 april* officieus waren gewaarschuwd door het Ri.K.I.L.T.-lab, maar ook zij wachten in feite de hele maand mei af. Er zullen ook in Nederland pas blokkeringsmaatregelen volgen nà het perslek en de commotie op Europees vlak.

Idem in *Frankrijk*. Daar is er rechtstreeks vanuit Verkest vet geleverd aan het Noord-Franse veevoederbedrijf Versele-Alimex. Dat wordt door Vandersanden op *3 mei* gesignaleerd in een fax aan zijn Franse evenknie. Maar – het moet gezegd – erg verontrustend van toon is die fax niet: 'er is geen risico geweest voor de volksgezondheid', schrijft Vandersanden, en de zaak dateert eigenlijk al van 19 januari.

Ook de Fransen zullen dus pas gaan blokkeren als Europa zich met de zaken moeit. Wanneer het Belgisch gerecht, na zeer lang aandringen, inzage krijgt in de resultaten van een onderzoek bij de betrokken veevoederfabrikant, Versele-Alimex, dan blijken die negatief. Dus, ofwel hebben de Fransen niet goed gezocht naar sporen bijvoorbeeld in de 'fond de cuve', ofwel was Versele-Alimex tegen dan allang getipt door het moederbedrijf in België en waren alle sporen grondig verwijderd. In elk geval heeft het bedrijf wel zwaar geleden onder de dioxinecrisis, want het had veevoeder geleverd aan een grote groep kippenbedrijven in Noord-Frankrijk, samen goed voor zo'n 80 miljoen kippen. En, die leverden op hun beurt eieren aan een groot Frans pastamerk, Lustucru. Op slag, bij het bekend worden van de besmetting, heeft dat merk zijn contract met de hele keten van kippenbedrijven opgezegd.

Vandersanden zal later fors aangepakt worden omdat hij wél een fax heeft gestuurd naar de Franse en Nederlandse diensten van Landbouw, maar *verzuimd* heeft *Europa te verwittigen*. En dat zal ons land nog zuur opbreken, zo blijkt begin juni als de hele Belgische voedselexport verlamd raakt door strenge Europese uitvoerbeperkingen.

Heeft Vandersanden bewust geen fax naar Europa gestuurd, omwille van weerom die 'discretie'? Nochtans laat het kabinet van Landbouw uitschijnen dat hij daartoe wel een opdracht had gekregen. Of speelde het pingpongspel weer mee? Want zijn Dienst van de Grondstoffen kon Europa waarschuwen, maar dat kon eventueel ook gebeuren via de Veterinaire Diensten van Landbouw of via Volksgezondheid, met name de Eetwareninspectie. Maar die waren dan weer nog niet echt gealarmeerd.

Later is daarover een hele controverse ontstaan en zelfs juridisch getouwtrek met Europa. Moest er eerst zekerheid zijn van de besmetting op basis van officiële stalen of eiste het voorzorgsprincipe dat er minstens een signalering van het probleem moest zijn, in afwachting van verder onderzoek?

*Langzaam maar zeker komt de machine op gang*
Op *10 mei* gaan ir. Vandersanden en zijn collega Cobbaert van DG 4 naar het Ri.K.I.L.T. in Wageningen om er meer details te krijgen over de eerste dioxineanalyse en te polsen naar mogelijke vervolgonderzoeken. Wim Traag meldt

hen dat er naast vetzuren van dierlijke vetten en plantaardige vetten ook 0,5 % minerale olie is teruggevonden. Cobbaert vraagt daarop: 'Kan dat PCB's geven? Waarop Traag antwoordt: 'Neen.'

Cobbaert en zijn collega's inspecteurs hadden in literatuur gevonden dat bepaalde thermische oliën besmet konden zijn met PCB's, die op hun beurt konden vervuild zijn met dioxines en furanen. Cobbaert zat dus op dat ogenblik al zeer dicht bij de scheikundige verklaring voor de dioxines. Maar over de echte bron was het nog gissen. Eén van de hypothesen was dat de vervuiling afkomstig was uit een lekke opwarmingsspiraal in één bepaalde tank van Verkest. In het verleden werden zo'n opwarmingsspiralen wel eens gevuld met PCB-olie, maar dat was al lang verboden.

De onderzoekers van het Nederlandse lab zullen later, op eigen houtje, verder in de richting van PCB's gaan zoeken en zelfs de stalen van De Brabander daarop testen zonder de Belgen te verwittigen.

DG 5, *de veterinaire dienst* van Landbouw *bepaalt* op *10 mei* uiteindelijk ook de eigen *koers*. Er wordt besloten om als meest verdacht te beschouwen: alle pluimveebedrijven die voer kregen van De Brabander en Huys (alleen die twee hebben toegegeven dat er problemen zijn geweest...) en dus moeten die voorlopig onder beslag worden gelegd. Voor de bedrijven die niet in de rapporten van Destickere vermeld staan, moeten er algemene principes worden uitgewerkt. Ook bij varkensbedrijven die verdacht voeder kregen worden er tien monsters genomen en die gaan ook naar het Ri.K.I.L.T. Maar voor blokkeringen daar wordt er gewacht op de onderzoeksresultaten. Die zullen uiteindelijk nog tot de eerste week van juni uitblijven...

De redenering is hier officieel dat varkens toch langer leven en dat er dus niet zo'n haast was om te blokkeren. Maar uiteraard speelde ook en vooral mee dat Landbouw geen slapende honden wou wakker maken en zeker de varkenssector voorlopig niet wou gaan 'lastigvallen'.

Dat is ook het parool op de eerste overlegronde tussen Landbouw en Volksgezondheid op *11 mei*. Daar wordt ook nog eens duidelijk gemaakt dat het IVK de lijsten zal krijgen van de besmette bedrijven zodat er dan selectief kan worden opgetreden. Want de hele sector platleggen is niemands bedoeling. Achteraf zullen beide administraties en ministers proberen duidelijk te maken dat dit toen, met de dan beschikbare informatie, de enig mogelijke aanpak was.

Want stel dat zowel de pluimveesector als de varkenshouderij volledig zouden zijn geblokkeerd in afwachting van de officiële testresultaten, en dan zou bijvoorbeeld gebleken zijn dat die negatief waren, 'dan hadden we nu een Parlementaire Onderzoekscommissie gehad die het ondoordachte optreden van de overheid op de korrel nam' (dixit Colla).

Toch is het op zijn minst een nalatigheid te noemen dat niemand van de topmensen op Landbouw of Volksgezondheid onmiddellijk het initiatief heeft genomen om én *wetenschappelijk advies* te vragen over de dioxineuitslag van het Ri.K.I.L.T. én onmiddellijk *op grote schaal stalen* te laten nemen. Het laatste punt bleek cruciaal in de latere discussie met Europa. België beschikte over veel te weinig analyseresultaten, zodat er geen enkele garantie kon worden gegeven hoe klein of hoe groot de besmetting was.

Het eerste punt, vragen om wetenschappelijk advies, had veel sneller kunnen aan het licht brengen dat de bron van de vervuiling lag bij transforma-torolie, op basis van PCB's. Want de universiteiten en zelfs eigen onderzoeksin-stituten gelieerd met Landbouw of Volksgezondheid telden scheikundigen en toxicologen in hun kring die onmiddellijk aan het analyseprofiel konden zien dat dit een dioxinebesmetting was waarin verdacht veel furanen zaten, en dat was voor mensen met ervaring een duidelijke vingerwijzing (zie volgend hoofdstuk). Maar dr. Moor van het IVK verontschuldigde zich later voor de Parlementaire Onderzoekscommissie hiervoor: het ging allemaal te snel, er was geen tijd om een beroep te doen op wetenschappers van buitenuit. Boven-dien, en dat zal wel de hoofdreden zijn geweest, was het Landbouw die zich bezighield met de opsporing van de bron. Dit ontlokte bij sommige Commis-sieleden de reactie dat er misschien toch wel enkele mensen op Volksgezond-heid met Internet kunnen werken: als je met een zoekfunctie naar informatie surft over 'chicken and dioxins' dan kom je al aardig dicht in de buurt.

Ter verontschuldiging van de veelgeplaagde ambtenaren moet wel gezegd dat er op dat moment op verscheidene diensten hard is doorgewerkt aan het opstellen van inventarisatielijsten en het registreren van stocks. Maar een echt doorgedreven aanpak met een efficiënte centrale coördinatie is er eigenlijk pas gekomen nà het uitlekken van het dioxineprobleem, eind mei.

Ook werd er geen beroep meer gedaan op eventuele informatie die veearts-keurder Destickere misschien nog had. Die was daarover zelf ook verwonderd en gepikeerd. Toen hij op *12 mei* op het IVK was voor een *maandelijkse werk-vergadering* met de keurkringhoofden, sprak hij dr. Moor aan in de gang en vroeg hoe het nu stond met het dioxinedossier: 'We zijn ermee bezig,' repli-ceerde die. En dat was het.

Tijdens diezelfde vergadering werd er trouwens een forse beperking van de cumulmogelijkheden goedgekeurd voor IVK-ambtenaren, en dat zou Desti-ckere uiteindelijk veel méér dwarszitten op dat moment. Ook al was zijn naam niet uitdrukkelijk genoemd – de andere keurkringhoofden wisten immers ook niets af van het dioxinedossier en de rol die Destickere daarin gespeeld had –, hij voelde zich 'gepakt'.

Bij de diensten van Landbouw werd intussen ook doorgewerkt om de dioxine-vervuiling in kaart te brengen, maar ook daar was de doorstroming en efficiën-tie op het hoofdbestuur niet optimaal. De facto werden de eerste lijsten van besmette bedrijven pas op *17 mei* overgemaakt aan het IVK. Dan pas konden de keurders van de 'Cel residuen' nagaan of er dieren uit die bedrijven geslacht waren én of er eventueel nog vlees van in de voorraden zat. Die eerste lijst bevatte vier pluimveebedrijven en vier varkensbedrijven. Dan volgde er om de andere dag een aanvullende of een vervangende lijst. Uiteindelijk bleek op *26 mei,* toevallig net voor de zaak uitlekte, dat er ineens 48 pluimveebedrijven verdacht waren en 5 varkensbedrijven. Later zouden die aantallen pijlsnel aan-groeien tot verscheidene honderden.

En – zeer belangrijk voor de consument – pas op 31 mei blijkt Landbouw erachter te zijn gekomen dat er ook besmet voer is gegeven aan leghennen, die eeteieren leggen.

Dan is het hek allang van de dam want op *26 mei* is tijdens een nieuwe overleg-vergadering tussen Landbouw en Volksgezondheid meegedeeld dat nu ook de 'officiële stalen' positief zijn bevonden in het Ri.K.I.L.T.-lab. In het vet van de onderzochte kippen is 750 pg ITEQ/g vet gevonden, in broedeieren zaten gehaltes van 260 en van 700 pg ITEQ/g vet. Vergeleken met de gezondheids-norm voor melk van 5 pg ITEQ/g vet zijn dit enorme overschrijdingen.

Ook zeer belangrijk was dat dit stalen waren van moederdieren en broedei-eren die niét uit het klantenbestand van veevoederfabrikant De Brabander in Roeselare kwamen, maar van veevoeders Huys in Brugge en van veevoeders Debrabandere uit Wingene.

Daarmee blijkt nu ook voor de 'ongelovige Thomassen' duidelijk dat het niet alleen een probleem van De Brabander in Roeselare is, en niet alleen een probleem van moederdieren, maar ook van de volgende generaties...

Wat velen gehoopt hadden, namelijk 'dat het allemaal zo erg niet was geweest en dat het ergste allang voorbij was', blijkt nu zwart op wit niet te klop-pen.

*Eind mei: het dioxineprobleem wordt een dioxinecrisis*
Het aantal te blokkeren pluimveebedrijven is volgens de berekeningen van dat moment al opgelopen tot 350, op een totaal van 3000. En Landbouw beslist

om ook alle àndere veebedrijven, dus ook varkens- en runderboerderijen, te blokkeren die voeder hebben gekregen in de verdachte periode van De Brabander en van Huys. Er wordt afgesproken met het IVK dat zij verdergaan met het opsporen en blokkeren van verdacht vlees, terwijl Landbouw, dat traditioneel de zuivelsector controleert, zal nagaan of en waar er mogelijk besmette eieren zijn.

Toch blijft op dat moment de houding tegenover 'de buitenwereld' nog erg dubbelzinnig. Vanthemsche heeft het na de overlegvergadering van *26 mei* kort even met Mark Cornelis van het kabinet Colla over het al of niet uitbrengen van de zaak. Volgens hun verklaring achteraf in de Dioxinecommissie hadden ze toen al een ontwerptekst voor een persbericht. Diezelfde dag meldt Vanthemsche aan zijn eigen minister Pinxten: *'Deze zaak neemt een vrij hoge vlucht. Het aantal geblokkeerde bedrijven neemt toe... Vroeg of laat zal een informatie naar buiten nodig zijn. Maandag (de 31ste) lijkt mij een goed moment. In bijlage voeg ik een tekst. Volksgezondheid is akkoord met deze tekst.'*

Het is niet bekend of en hoe Pinxten op dit bericht van zijn kabinetschef heeft gereageerd. Hij was in die periode – net als Colla en de meeste regeringsleden – campagne aan het voeren voor de verkiezingen die nog maar 18 dagen verwijderd waren.

Toevallig komt op die *26ste mei* ook de *Commissie van Advies* van het IVK bijeen, een raadgevend orgaan waarin vooral de 'vleessectoren' vertegenwoordigd zijn, dus diegenen die door het IVK gekeurd worden en die ook de meeste fondsen leveren voor de werking van het Instituut. Want het zijn de sectoren die de controles betalen met heffingen. Maar ook de consumenten hebben vertegenwoordigers in deze Commissie. Het gaat de hele vergadering lang eigenlijk vooral over een eventuele aanpassing van de tarieven. Maar dan, helemaal op het eind, zegt dr. Léon Moor, die de vergadering voorzit iets in de aard van '*à propos*... hebben jullie eigenlijk veel reserves in de koelhuizen om eventueel stocks op te slaan?' Waarop hij 'en passant' vertelt dat er wel eens een ernstig probleem zou kunnen zijn met dioxinebesmetting via het veevoeder en dat er dus misschien extra opslagruimte zal nodig zijn om vlees te bewaren in afwachting van analyses. De gesprekken vallen wat stil, en uiteindelijk is het alleen de vertegenwoordiger van de Bond van Grote en Jonge Gezinnen, een gepensioneerde ambtenaar van de Farmaceutische Inspectie, die alert genoeg is om op de zaak door te gaan. Hij vraagt uitleg aan dr. Moor over de aard en de omvang van de dioxinebesmetting, en iedereen gaat uiteindelijk naar huis met een nogal ongemakkelijk gevoel en het besef dat dit wel ernstig is...

Op donderdag 27 mei komt het dossier in de pers terecht. Op dat moment zijn een vijftiental bedrijven effectief geblokkeerd. Op papier zijn het er iets meer dan twintig.

Het eerste perscommuniqué, heel kort en met als titel 'Contaminatie van veevoeder met dioxine' wordt door Landbouw in de namiddag verspreid. 's Anderendaags volgt, onder dezelfde titel, een iets uitgebreidere versie. In de eerste mondelinge verklaringen wordt wel toegegeven dat er ook kippen en eieren besmet zijn.

Vanuit Volksgezondheid gaat er al een eerste bericht naar de Europese Commissie.

Op vrijdag **28 mei,** rond de middag, organiseert Colla dan op zijn kabinet een spoedvergadering met onder andere Piet Vanthemsche van het kabinet van Landbouw, mét de eigen Eetwareninspectie (die al boos is gebeld door de Europese diensten omdat België hen niets heeft laten weten...) en met verscheidene IVK-mensen, onder wie ook keurder Destickere. De hele historiek wordt nog eens geschetst door Vanthemsche, aangevuld door Cornelis. Daarbij wordt nog eens extra onderstreept dat er pas twee dagen eerder officiële resultaten zijn binnengelopen. Hun basisboodschap is dat de toestand eigenlijk onder controle is, want dat de meeste bedrijven die mogelijk besmet zijn door Landbouw geblokkeerd zijn: 'We hebben het ergste vermoedelijk achter de rug en de meest gecontamineerde kippeneieren zijn vermoedelijk thans niet meer in de handel.' (dit wil eigenlijk zeggen, allang opgegeten).

Colla wil niet de indruk geven dat hij de zaak minimaliseert, noch tegenover de bevolking, noch tegenover Europa, dat al heel boos heeft gereageerd. Bovendien zijn enkele grote distributieketens al spontaan begonnen met uit te kijken naar alternatieve bevoorrading voor kippen en eieren uit het buitenland en ze hebben op veel plaatsen al de Belgische producten uit de rekken gehaald. Daarom vraagt Colla, in het kader van een persbericht dat moet worden opgesteld, aan de aanwezigen of het in de gegeven omstandigheden niet beter is meteen het advies te geven dat het best is om voorlopig alle Belgische kippen en eieren niet meer in de handel te brengen, in afwachting van meer duidelijkheid. Piet Vanthemsche antwoordt daarop dat dit 'een politieke beslissing is'. En zo gebeurt.

Nadien gaan de ambtenaren van de Eetwareninspectie tekst en uitleg geven aan hun Europese collega's en ze versturen ook de eerste officiële boodschap via het *Rapid Alert System*, het waarschuwingssysteem tussen Europese lidstaten over mogelijke problemen met voedingswaren.

Van dan af komt er een stroomversnelling op gang. Op 31 mei-1 juni komt ook de varkenssector erbij en Europa eist een tijdlang ook beperkende maatregelen voor de rundvee- en melksector. Er volgen weken en maanden van blokkeringen, slachtverbod, bemonstering, vernietigingsoperaties, onderhandelingen over schadevergoedingen.

Uiteindelijk zal de toestand pas in het voorjaar van 2000 weer min of meer genormaliseerd zijn.

## Wie is de dader?

De schade door de dioxinecrisis loopt in de miljarden: de ramingen houden het momenteel bij een totaal van 60 miljard Belgische frank (1,5 miljard EURO), waarvan 35 miljard frank indirecte economische verliezen en 25 miljard frank rechtstreekse kosten voor de overheid (analyses, vernietiging, enz.).

En dat alles voor een paar emmertjes *askarel.*

Sinds het uitlekken van het dioxineprobleem is het Parket van Gent gestart met een gerechtelijk onderzoek naar de verantwoordelijken voor al dit onheil.

Maar in de aanklacht tegen de vetsmelters *Verkest* zal het in essentie niet gaan over de dioxinevervuiling. Zij zullen juridisch enkel kunnen aangeklaagd worden wegens fraude met koopwaar, valsheid in geschrifte en enkele kleinere milieuovertredingen. Het feit dat er een miljardenschade is ontstaan door vervuiling in het vet dat zíj geleverd hebben, is een zaak voor de diverse betrokken verzekeringsmaatschappijen.

Het vetophaalbedrijf *Fogra*, dat voor rekening van Verkest de vervuilde vetten leverde, beweert in elk geval dat zij niet verplicht waren om de vetten die ze recycleerden te controleren op PCB's. 'Dat is de verantwoordelijkheid van diegene die ze daarna eventueel in veevoeders mengt.' Het wordt dus beslist een vette kluif voor de advocatenbureaus die met dit juridisch kluwen bezig zijn.

Maar dan blijft nog altijd de vraag: wie is de schuldige?  Wie vermengde PCB-olie in frituurvetten?

Het is al een krachttoer dat de inspecteurs van Landbouw en de speurders van de Gentse BOB, zoveel maanden na de vervuiling, het spoor hebben kunnen reconstrueren tot bij Fogra en zelfs verder. Al zal er wellicht altijd discussie blijven over de intentie van de menger: was het een stommiteit, onwetendheid? Of was het een bewuste fraude om 'geld te slaan' uit de gevaarlijke transformatorolie (in plaats van er duur voor te moeten betalen, als ze volgens de regels vernietigd wordt).

Meestal is het in zo'n gevallen een combinatie van de twee. Zo is er een tijdlang gedacht dat de bron van de vervuiling moest gezocht worden bij elektricien Roland Pellus in Bertrix. Die man was eerder veroordeeld door de rechtbank van Neufchâteau omdat hij jarenlang bij de afbraak van transformatoren en aanverwante gevaarlijke toestellen de PCB-houdende oliën niet recycleerde zoals het hoorde. Hij goot ze simpelweg in een beek bij hem in de buurt. Het gevolg is dat er nu PCB's worden teruggevonden tot in de waterzuiveringssystemen en in het hele stroomgebied tussen Bertrix en Wiltz (in het Groothertogdom Luxemburg).

Pellus werd daarom aanvankelijk door de Waalse milieudienst getipt aan het gerecht als mogelijke verdachte. Maar de hypothese dat Pellus dit keer askarel zou hebben gedumpt in een containerpark, waar Fogra het dan mee zou hebben opgehaald met de frituurvetten, bleek niet te kloppen.

Toch werd er uitgebreid onderzoek gedaan in die containerparken en naar verluidt vielen de onderzoekers daarbij van de éne verbazing in de andere: op de meeste plaatsen waar Fogra de vetten ophaalde, werd zeer weinig aandacht besteed aan het strikt gescheiden houden van frituurvetten en oude motorolie. Het personeel was niet geïnformeerd over het belang daarvan en de registers zaten vol leemtes en onduidelijkheden. Het feit dat de directie van Idélux, de intercommunale voor afvalverwerking in de provincie Luxemburg, bovendien formeel verbod had gegeven aan het personeel om zelfs maar te praten met de speurders (sic), spreekt op zich al boekdelen over de mentaliteit.

Uiteindelijk zal op het proces moeten blijken hoe groot de verantwoordelijkheid is van de allereerste bron, de menger. Technisch zou er in elk geval tot en met die bron hetzelfde type PCB-olie zijn teruggevonden: Aroclor 1260 van Monsanto.

Maar welke juridische schuld zal zo iemand kunnen worden aangewreven? Schuldige nalatigheid, milieuovertreding, bedrog?

Welke straf staat er op zoiets? Opdraaien voor de kosten? Of pek en veren?

# Deel 3

## Hoofdstuk 5

# *Dioxines of PCB's?*

Eén van de hoofdredenen die altijd zijn aangehaald voor de zeer late reactie van alle eerste betrokkenen bij de crisis, is het feit dat de diagnose 'dioxine' door specialisten onwaarschijnlijk werd geacht. Het kon niet. En ook toen sommigen, na de eerste positieve testresultaten op dioxine, opperden dat de dioxines misschien een nevenvervuiling waren en dat er eigenlijk vooral sprake was van een PCB-ramp, reageerden velen met ongeloof. Nochtans waren er al eerder en elders gelijkaardige rampen geweest. Alleen was dit meestal lang geleden of ver weg.

### Dioxine: 'Ondenkbaar!'

Dioxine is eigenlijk een verzamelnaam en het is in wezen géén bedoelde scheikundige verbinding, maar een afval- of nevenproduct. Dioxines ontstaan onder andere bij verbranding van organisch materiaal en kunnen dus wel van nature aanwezig zijn in ons milieu, bijvoorbeeld als gevolg van bosbranden.

De belangrijkste bron van dioxines is de verbranding of verhitting van anorganisch en organisch materiaal in aanwezigheid van chloor. Dat gebeurt in afvalverbrandingsovens, in de zware metaalindustrie en ook in verbrandingsmotoren.

Er ontstaan ook dioxines bij de productie van chloorhoudende chemicaliën, zoals pesticiden en houtverduurzamingsmiddelen uit de groep van de chloorfenolen en de chloorfenoxyazijnzuren, en bij verhitting van polychloorbifenylen (PCB's).

Dioxine is berucht geworden in de jaren zestig en zeventig door twee 'besmettinggevallen' die veel weerklank kregen in de media en waarrond nog altijd wetenschappelijk onderzoek wordt gedaan: *Agent Orange* en *Seveso*.

In de periode 1965-1969, in volle Vietnamese oorlog, voerden Amerikaanse troepen *Operation Ranch Hand* uit. Vliegtuigen en helikopters sproeiden massaal het ontbladeringsmiddel Agent Orange uit boven de bossen rond de

Mekongdelta. Het was vooral de bedoeling om de schuilplaatsen van de Viet-kong-rebellen zichtbaar te maken en hen af te snijden van bevoorrading door de lokale bevolking. Na verloop van tijd werden er ook manschappen ingezet die het herbicide rondsproeiden vanop jeeps, vrachtwagens en boten. Ze gingen zelfs te voet met een rugsproeier.

Agent Orange was een fifty-fifty mengsel van twee herbiciden: 2,4,5-T (2,4,5 trichlorofenoxyazijnzuur) en 2,4-D (2,4 dichlorofenoxyazijnzuur). Het was een mengsel waarin een hoge dosis dioxine als vervuiling bijzat. Naar schatting werden er in Vietnam meer dan vijftig miljoen liter gebruikt, waardoor er tussen 125 en 150 kilogram dioxine in het milieu is terechtgekomen.

In de loop van de jaren zeventig groeide de bezorgdheid en de discussie over de gezondheidseffecten voor de Vietnamese bevolking en voor de Amerikaanse oorlogsveteranen. De basisherbiciden van Agent Orange werden in de Verenigde Staten verboden, hoewel er in de commerciële mengsels véél minder dioxine zat. Uiteindelijk werden er ook schadevergoedingen betaald, al viel het zeer moeilijk om wetenschappelijk een rechtstreeks verband aan te tonen tussen de dioxine en het groter aantal kankergevallen en het groter aantal geboorteafwijkingen.

Pas na een jarenlang debat maakte een panel van de National Academy of Sciences in opdracht van het Amerikaanse Congres een uitgebreid overzicht van alle wetenschappelijke bewijsvoering. In hun rapport van 1993 stelden ze dat er voldoende wetenschappelijke bewijzen waren om blootstelling aan dioxinehoudende herbiciden in verband te brengen met drie soorten kanker: zachte weefselkanker (soft tissue sarcoma), non-Hodgkin's lymfoom en de Ziekte van Hodgkin (twee vormen van lymfeklierkanker).

Een ander berucht geval waarbij dioxines vrijkwamen, was de ramp met de ICMESA-fabriek in het Noord-Italiaanse Seveso in 1976, waar gechloreerde fenolen werden geproduceerd als basis voor de aanmaak van herbicide.

Op zaterdagmiddag 10 juli 1976, net voor sluitingstijd, liep er iets mis in een reactorvat met deze basisproducten. Er ontstond een oververhitting, waarbij er extra veel dioxines werden gevormd en een veiligheidsklep klapte open. Een chemische wolk vervuild met dioxines werd kilometers in het rond geblazen. De ramp was bijzonder ernstig omdat het vooral om 2,3,7,8 TCDD ging, de meest toxische van alle dioxines. De schattingen over de verspreide hoeveelheid lopen uiteen van een paar gram tot 34 kilogram. Het ging niet om even veel dioxine als in Vietnam, maar de besmetting was geconcentreerd op een relatief kleine oppervlakte. De dioxine trof Seveso en omgeving: in totaal elf gemeenten met driehonderdduizend inwoners. Achteraf bleek wel dat er een verschillen in de besmetting waren volgens de windrichting en de afstand tot de fabriek. Uiteindelijk werd gerekend met ongeveer 35.000 mensen die in contact waren gekomen met de dioxineneerslag.

Het eerste duidelijk zichtbare effect van de ramp was het feit dat veel vogels en kleine huisdieren stierven. Maar ook de mensen bleven niet gespaard. Veel kinderen die net op dat moment buiten speelden, kregen *chlooracne*: zwaar ontstoken puisten over het hele lichaam. Dat is een typisch effect bij mensen die in ongelukken rechtstreeks in contact komen met dioxine. In de kleine zone vlakbij ICMESA, waar de concentratie het grootst was, had één op twee kinderen tussen drie en veertig jaar achteraf last van chlooracne.

Er waren ook tal van andere symptomen, die echter door de hectische toestand na de crisis slecht werden geregistreerd. Gelukkig werd toen wel besloten om ook de lange termijn op te volgen. Die epidemiologische studies, onderzoeken die de bevolking en hun gezondheid in kaart brengen, gaven de eerste jaren geen duidelijk bewijs dat er meer mensen kanker kregen of aan kanker stierven. Seveso werd dan ook jarenlang gebruikt als het omgekeerde bewijs voor de stelling dat dioxines géén verhoogd kankerrisico geven.

Nog in 1984, acht jaar na de ramp, luidde een officiële conclusie 'dat de gevolgen op korte termijn beperkt waren gebleven tot chlooracne'.

Nu er meer dan twintig jaar verlopen zijn, begint het beeld zich te wijzigen. Wat opvalt is dat vooral zeldzame kankervormen toenemen en dat ook zeer typische ziektebeelden, zoals suikerziekte bij vrouwen, meer voorkomen.

Maar dat was Seveso, een ongeluk in een scheikundige fabriek, waarbij er abnormale hoeveelheden dioxine in de lucht waren geblazen.

Dioxinevervuiling is doorgaans een kwestie van *sluipende* luchtvervuiling, afkomstig van verbrandingsgassen, die neerslaan en daardoor bij mens en dier terechtkomen.

En als je dat weet, is dioxine inderdaad niet zo'n voor de hand liggend vervuilingsprobleem bij kippen...

De associatie van koeien met dioxine is evidenter. Als ze grazen in een gebied rond een vervuilende verbrandingsoven bijvoorbeeld, dan vind je dioxines in hun melk. Dat probleem is genoegzaam gekend. In België wordt er precies daarom aan *dioxinemonitoring* van de melk gedaan, een systematische controle via steekproeven.

Maar specialisten zagen niet goed hoe kippen, die in hokken zaten en die maar een korte levensloop hadden, zóveel dioxines uit luchtvervuiling binnenkregen dat ze er ziek van werden. Tenzij het inderdaad via hun voeder kwam. Al was ook dàt niet echt evident.

Nochtans was er heel recent nog, in 1998, dioxine ontdekt in veevoeder en dat had voor een stille crisis gezorgd in de Europese én Belgische melkveesector.

Via Rotterdam waren grote hoeveelheden **Braziliaanse citruspulp**, overschot van uitgeperste citrusvruchten, aangevoerd en over heel Europa verspreid als veevoeder. Maar in de pulp was een kalkproduct toegevoegd om de zuurtegraad te regelen, een toevoeging die vervuild was met dioxines. Pech voor ons nationaal imago, maar ook toén al zaten 'de Belgen' er weer voor iets tussen. De kalk in de fameuze citruspulp was geleverd door de Braziliaanse vestiging van het Belgisch chemiebedrijf Solvay...

Vermeldenswaard is dat de dioxine bij ons (nog) niet was ontdekt in de melk, maar wel aan het licht kwam bij melkcontroles in Duitsland. En de Duitsers deden er meer dan drie maanden over om de 'schuldige' grondstof terug te vinden. Pas dan sloegen ze alarm en werd ook in de andere Europese lidstaten de Braziliaanse pulp overal in beslag genomen.

In België was er op dat ogenblik ongeveer 10 000 ton vervuilde pulp verspreid over 42 mengvoederfabrieken. Het gros daarvan kon redelijk snel worden geblokkeerd en de hele zaak is vrijwel rimpelloos verlopen, afgezien van het feit dat er na de inbeslagname van de vervuilde citruspulp toch ongeveer 2000 ton zou verdwenen zijn in niet opgehelderde omstandigheden.

Evenmin is het echt duidelijk of er vóór de ontdekking van de dioxine in Duitsland ook bij ons al vervuilde citruspulp is opgegeten door koeien. Als dat het geval was, bleef dat vermoedelijk beperkt én werd de vervuiling verdund in de totale melkplas, want in de steekproeven van Landbouw zijn er geen aanwijzingen gevonden.

Hoe dan ook, voor veevoederspecialisten kon er in het geval van de kippen zeker geen citruspulp in het spel zijn, want dat kregen kippen niet.

Als er dan op gewezen werd dat de dioxines misschien in het voeder waren terechtgekomen via het gebruikte *vet*, dan werd ook dat weinig waarschijnlijk geacht, vooral door professoren en voederdeskundigen die de vettensector niet door en door kennen. Algemeen werd aangenomen – en dat was ook tot *mei 1999* de wettelijke regel – dat kippen *dierlijk* vet kregen, *afgesmolten van slachtafval*. Weliswaar zit er in die dierlijke vetten wel enige 'achtergrondvervuiling' aan dioxines – 'u en ik hebben ze ook in onze vetlaag zitten' – maar dàt kon nooit een dergelijk effect op die kippen hebben.

Die redenering klopte voor zover de kippen nog 'zuiver' dierlijk vet kregen. In feite werd er al sinds halfweg de jaren negentig steeds meer bijgemengd met goedkopere, gebruikte frituurvetten. En in sommige gevallen werd er zelfs honderd procent gerecycleerd frituurvet gebruikt. In principe kon je volgens sommigen zelfs niet van fraude spreken, want als het geen plantaardige frituurolie was, maar vooral ossenwit, een typisch Belgisch frituurvet, dan had je het toch ook over 'dierlijk vet'.

Of het een bewuste misleiding was van de kant van de vetsmelters, of een praktijk in afspraak met bepaalde veevoederbedrijven, zal wel nooit duidelijk worden, maar in elk geval verdedigden en verdedigen velen in de sector van de voeders ook nà de dioxinecrisis nog het gebruik van oude frituurvetten in kippenvoer. Het zou zelfs onmisbaar zijn omdat de kippen dan zélf steviger vet produceren. Al geven de meesten nu wel toe dat frituurvetten afkomstig uit containerparken, of van andere dubieuze oorsprong, eigenlijk niet thuishoren in veevoeder.

In elk geval was mijn allerprilste reactie toen ik hoorde dat de crisis was binnengeslopen via gerecycleerde frituurvetten, er één van simpele leek: 'Als afgedankte frituurvetten niet meer geschikt zijn voor menselijke consumptie, is het dan logisch dat ze wél nog in de voedselketen mogen via het voeder?' Een redenering die steevast een meewarige reactie uitlokt. Je logica wordt meteen op zijn kop gezet: 'Als die vetten nog net goed genoeg waren om een laatste keer frieten mee te bakken, hoe kunnen die dan te slecht zijn om nog in het voeder te gaan!' Ik geef het toe: ik ben maar een simpele leek.

Maar, terug naar de 'ondenkbare' vervuiling.

## PCB's: Passé

De andere hypothese die ook op ongeloof stuitte en die achteraf maar al te waar bleek, was de hypothese van vervuiling met PCB's of polychloorbifenylen.

PCB's worden al sinds 1929 geproduceerd voor allerlei toepassingen in de industrie. Het zijn scheikundige verbindingen rond een bifenylmolecule waarbij één of meer waterstofatomen door chloor zijn vervangen. De hoeveelheid chloor bepaalt de stabiliteit van de verbinding, de vloeibaarheid en de toepassingsmogelijkheden.

PCB's zijn onder andere goed vetoplosbaar, ze zijn slecht geleidend voor elektriciteit, niet bijtend en onontvlambaar. Al die eigenschappen maakten PCB's uitermate geschikt als isolatievloeistof, maar ook als koelvloeistof, als hydraulische olie, enzovoort.

Het Amerikaanse chemiebedrijf Monsanto werd er groot mee en verkocht verschillende PCB-mengsels onder de typenaam 'Aroclor', gevolgd door een nummer dat verwees naar de specifieke samenstelling en toepassingsmogelijkheden. Ook 'Askarel' is zo'n commerciële merknaam die, vooral in het Frans, een synoniem is geworden voor PCB- of transformatorolie in het algemeen.

Die oliën werden het meest gebruikt in transformatoren en condensatoren en op wereldschaal zijn er honderdduizenden tonnen PCB's geproduceerd. Volgens sommige bronnen is bijna de helft daarvan via industrieel afval in het milieu terechtgekomen. Anderen houden het bij enkele procenten. Maar het is een feit dat er nu een wereldwijde 'achtergrondvervuiling' is met PCB's.

Een nogal ironische illustratie hiervan is de ontdekking van onderzoekers die een onbesmette bevolkingsgroep zochten, die moest dienen als controlegroep om te vergelijken met bewoners van industrieel vervuilde gebieden. Ze kwamen uit bij een Canadese Inuïtgemeenschap in het Hoge Noorden, ver van alle industrie en westerse beschaving. Tot hun verstomming bleken die Inuït ongekend hoge PCB- en dioxinegehaltes te hebben, vergelijkbaar met arbeiders die zwaar besmet waren bij een industrieel ongeluk. De oorzaak lag in hun voeding: Inuït leven vooral van vis en zeedieren. Bovendien leven ze in het noorden en uit onderzoek is gebleken dat PCB's en andere 'POP's' (Persistant Organic Pollutants, moeilijk afbreekbare, organische vervuilende stoffen, zoals ook DDT) zich voor 95% verspreiden via de atmosfeer en door wind en neerslag uiteindelijk massaal terechtkomen in het noordelijk arctisch gebied. Daar is geen herverdamping mogelijk door de lage temperaturen. Maar omdat dergelijke stoffen scheikundig zeer stabiel zijn en niet of nauwelijks oplossen in water, ontstaat er bioaccumulatie: vetoplosbare producten zoeken namelijk zo snel mogelijk een vet milieu op, in dit geval kleine waterorganismen, plankton, visjes die forageren in slib. Die worden dan weer opgegeten door grotere vissen en uiteindelijk accumuleren de scheikundige stoffen bij de soorten die aan de top van een voedselketen staan. Die bio-accumulatie is werkelijk nefast: een vervuiling van een paar nanogram in water kan zo tot 10 miljoen keer worden aangerijkt in de dieren boven aan de voedselpiramide.

Dolfijnen en zeehonden bijvoorbeeld hebben doorgaans zeer hoge PCB-waarden in hun vet en melk. Maar ook visetende vogels en... mensen. We ontsnappen er niet aan, nergens meer ter wereld, al blijkt dat vooral bevolkingsgroepen die zeer veel vis eten, hogere PCB-waarden (en DDT, DDE enzovoort) in hun bloed en vetlagen hebben.

Dit fenomeen van 'migratie' of wereldwijde verspreiding van vetoplosbare chemicaliën leidde ertoe dat er eind van de jaren zeventig alarm werd geslagen. Er waren intussen ook studies gedaan bij omwonenden van de zwaar vervuilde Grote Meren in Noord-Amerika. PCB's mochten voortaan alleen nog in gesloten systemen gebruikt worden.

Maar omdat de vervuiling alsmaar verder oprukte, werden PCB's uiteindelijk systematisch verlaten voor veiliger producten.

In 1991 kwam er op Europees vlak een totaal verbod op de verdere verhande-
ling en commercialisering van PCB's: bestaande installaties met PCB-oliën
mochten wel nog blijven functioneren tot 2004, maar dan moest het definitief
gedaan zijn.

En dààr wringt het schoentje: al wie oude transformatoren of condensatoren vervangt door nieuwe, zit met een recyclageprobleem. Om PCB-oliën op
een veilige manier te vernietigen, moet je  een beroep doen op een erkend
bedrijf en dat kost geld.

Een industriële transformator bevat snel 100 liter of meer PCB-olie en de
veilige vernietiging daarvan kan enkel via gespecialiseerde installaties. De kosten voor het opruimen kunnen hoog oplopen en het hoeft dus niet te verbazen
dat er mensen zijn die proberen om er op een goedkopere manier van af te
raken.

### In de afgedraaide olie

Je kan de transformatorolie bijvoorbeeld van de hand doen als *gebruikte smeer-
olie*: als iemand het in zijn hoofd haalt om daarmee te gaan stoken, krijg je pure
gifneerslag in de omgeving. Onrealistisch scenario? Jammer genoeg niet.
'Dankzij' de dioxinecrisis werden bij tests op 15 september 1999 zeer hoge PCB-
residuen gevonden in het vlees van een rund, afkomstig uit het Waalse
Evegnée, vlakbij Soumagne. De herkomst van de vervuiling leek een mysterie
want de analyseresultaten weken sterk af van de intussen goed gekende PCB-
patronen van de 'Verkest-Fogra'-bron. Het rund behoorde tot een stal van
honderd dieren bij boer Hubert Otten, die graasden op een weide onder de
rook van asfaltbedrijf 'Magnée Enrobés'. De fingerprint van de PCB's in vlees
en melk van de koeien kwam overeen met de fingerprint in de brandstoftanks
van de fabriek: die stookte namelijk met recuperatieoliën, geleverd door een
bedrijf mét vergunning. Het ging wel degelijk om afgedraaide olie vermengd
met transformatorolie. 'We hebben nu het voorzorgsprincipe aangenomen,'
bevestigde nadien de directeur van de asfaltfabriek, die door de Waalse milieu-
politie was gedwongen om zijn olietanks leeg te maken. 'We gebruiken nu
stookolie.' Een oplossing die, zo voegde hij eraan toe, economisch niet zo gunstig was, gezien de enorm gestegen petroleumprijzen. 'Die PCB-neerslag is vermoedelijk van bij ons afkomstig. Maar je moet weten dat dit een probleem is
dat eigen is aan alle asfaltfabrieken. Helaas, wij zijn de enigen die zo dicht bij
een boer gelegen zijn.' (Le Soir, 19-20 februari 2000).

Dit incident heeft nauwelijks aandacht gekregen, misschien omdat er een zeker verzadigingspunt was bereikt voor dit soort nieuws. Toch illustreert het bijzonder treffend dat PCB's zeker niet 'out' zijn. Het is trouwens al even typerend dat de burgemeester van Soumagne, de PS-er Charles Janssens, éénmaal de oorzaak gekend was, al snel de gemoederen probeerde te bedaren door te poneren 'dat het allemaal zo erg niet was'. Charles Janssens was op dat moment ook voorzitter van de Parlementaire Onderzoekscommissie naar de dioxinecrisis.

Maar terug naar ons PCB-verhaal en de onwaarschijnlijkheid dat transformatorolie rechtstreeks in de voedselketen kon belanden. Het idee dat iemand dit soort uiterst gevaarlijk afval zou meegeven bij de ophaling van oude frituurvetten, leek ondenkbaar. Transformatorolie die terechtkomt in veevoeder, dat was iets van vroegere tijden. De gevaren van PCB's waren onderhand toch voldoende gekend? Ooit zijn daarmee wel ongelukken gebeurd, en in theorie kan askarel of transformatorolie wel verward worden met recyclageoliën, want het gaat inderdaad om een olieachtige substantie. Maar toch, dat waren incidenten in het Verre Oosten en in de Verenigde Staten én het laatste dateerde al uit de jaren zeventig.'.

Het incident dat het vaakst wordt aangehaald in de literatuur is het *Yusho*-ongeluk in 1968 in Japan. Yusho betekent zoveel als 'huidziekte van de olie'. Méér dan 30 000 mensen, vooral in het westelijk deel van Japan (Kyushu), werden ziek door het eten van voedsel dat bereid was met vervuilde rijstolie. Bij de fabrikant van de rijstolie, Kanemi Soko C°, was door een lek in een verwarmingscircuit een grote hoeveelheid PCB-olie in de rijstolie vermengd geraakt. Daardoor kregen de slachtoffers rechtstreeks een massale dosis binnen, véél meer dan wat er in de Belgische dioxinecrisis tot bij de gemiddelde consument is geraakt.

De symptomen waren onder andere zware huiduitslag, verkleuring van lippen en nagels, gewrichtszwellingen, abnormale menstruatie, een hoog aantal miskramen en doodgeborenen en verdachte huidverkleuringen bij baby's. Acht jaar later, in 1976, had de Japanse overheid officieel 1 614 slachtoffers geregistreerd, waaronder 51 doden. Tot in de jaren tachtig werden nog bijkomende gevallen opgetekend.

Het merkwaardige aan dit incident is dat de vervuiling ergens in februari gebeurde en dat gedurende de hele lente en zomer overal in West-Japan mensen gezondheidsproblemen kregen. Parallel waren er al eind februari twee miljoen kippen ziek geworden nadat ze een besmet Kanemi-bijproduct in hun voeder hadden gekregen. Een half miljoen kippen ging dood, maar niemand ontdekte de oorzaak en niemand waarschuwde voor een mogelijk effect op de Volksgezondheid.

Pas in oktober liet een zieke een onderzoek doen op de rijstolie, omdat hij meende dat daarin de bron van alle ellende zat. In november werd dan eindelijk ontdekt dat een enorm hoge dosis PCB's de oorzaak was. Tegelijk werd ook de link gelegd met de kippensterfte.

Het Yusho-incident was zo erg dat het internationaal in de annalen kwam. Maar het bleef een ongeluk: 'het ondenkbare' was gebeurd.

Desondanks gebeurde elf jaar later, in 1979, vrijwel identiek hetzelfde in Taiwan. Daar heette het het *Yu Cheng*-incident. In de Verenigde Staten is er een gelijkaardige PCB-besmetting geweest, maar dan via een omweg in veevoeder. Daar waren duizenden ton vismeel verontreinigd door een lek in een koelsysteem. De zaak kwam pas aan het licht toen het fameuze vismeel werd gevoederd aan kippen, want die bleken erg gevoelig. Intussen waren er wel al massale hoeveelheden kippen en eieren besmet.

Het waren dit soort ongelukken én de vaststelling dat PCB's wereldwijd verspreid waren, die ervoor gezorgd hebben dat PCB's stilaan geweerd werden. Maar paradoxaal genoeg is daardoor stilaan ook de controle erop beginnen te verslappen. PCB's waren verboden, *out*. Occasioneel, voor de continuïteit van de statistieken, werden er van overheidswege nog steekproeven gedaan. Maar het was geen stelselmatige routine. Ook de meeste privé-labs waren bij het uitbreken van de Belgische dioxinecrisis eigenlijk helemaal niet vertrouwd met PCB's, laat staan dat ze analyses op PCB's konden uitvoeren.

Dat zou snel veranderen, al blijkt er tot op vandaag nog altijd een probleem met de precisie van de gebruikte analysemethoden, maar dat is een andere discussie.

## De pest of de cholera?

In de eerste dagen van juni en later ook in de Parlementaire Onderzoekscommissie is nogal wat gedebatteerd over de vraag of het nu een dioxinecrisis of een PCB-crisis was. In feite was het zowel een PCB-crisis als een dioxinecrisis.

De term 'dioxine' is voor het eerst gesuggereerd in de periode tussen begin en midden maart, toen ir. Van Ginderachter van veevoederfabriek De Brabander te rade ging bij zijn vriend veearts Deschuytere. In enkele naslagwerken, 'Diseases of Poultry' en het Nederlandse 'Handboek van de Broeierij', stond dioxinevergiftiging in het voeder als mogelijkheid beschreven, met vermelding van exact dezelfde ziekteverschijnselen die toen te zien waren in de kippenkwekerijen. Bovendien bevestigde het gerenommeerde Nederlandse

Ri.K.I.L.T.-laboratorium de hypothese: er zaten inderdaad dioxines in het kippenvoer en in de kippen. De waarden lagen zelfs uitzonderlijk hoog.

Pas toen de zaak in de openbaarheid kwam, gingen verscheidene wetenschappers opperen dat het eigenlijk wel eens om een PCB-vervuiling kon gaan, een vervuiling met polychloorbifenylen, waarbij als neveneffect door opwarming ook dioxines en furanen waren gevormd.

De vraag is natuurlijk of het – voor de volksgezondheid – veel verschil uitmaakte: PCB's of dioxines?

Volgens nogal wat politici en beleidsverantwoordelijken zeer zeker wél, want zij zijn overtuigd dat de term 'dioxine' voor onnodige paniek heeft gezorgd bij de bevolking.

De term PCB's zou volgens hen nooit zoveel onrust hebben veroorzaakt: dioxine was een fetisjwoord, een soort vloek die ons land en onze economie onnodig veel schade heeft toegebracht. 'Had men het van in het begin niet over dioxines maar over PCB's gehad, dan zou de omvang van de crisis nooit zo groot zijn geweest,' zo meenden enkele liberale en christen-democratische leden van de Parlementaire Onderzoekscommissie.

Het is natuurlijk juist dat dioxine een zeer negatieve bijklank heeft gekregen in de discussie over de verbrandingsovens. Maar dat er met PCB's zogenaamd minder reden tot ongerustheid was, valt sterk te betwijfelen.

Om te beginnen zijn er PCB's die qua toxische activiteit eigenlijk bij de dioxines worden gerekend. Professor dr. Jan Willems van de Hoge Gezondheidsraad legde daarom met handen en voeten uit aan de geachte leden van de Parlementaire Onderzoekscommissie, dat je wel degelijk over een 'dioxineproblematiek' moet spreken. Maar niet iedereen leek die uitleg te hebben meegepikt.

Ik geef grif toe dat de scheikundige en toxicologische kant van de discussie voor de leek niet eenvoudig is. Toch volgt hier voor de geïnteresseerde lezer een poging tot samenvatting:
De hele discussie gaat over groepen moleculen die behoren tot drie grote families van polychloorverbindingen (vandaar de PC in elke afkorting).

Er is de familie van de *dibenzo-p-dioxinen, PCDD's*, waarvan er 75 congeneren of verschillende samenstellingen bestaan. Allemaal bevatten ze 2 zuurstofatomen.

De meest toxische verbinding van die familie is het fameuze 2,3,7,8-TCDD, tetrachlorodibenzoparadioxine of het zogenaamde Seveso-dioxine.

Daarnaast is er de nauw verwante familie van de *dibenzofuranen*, de *PCDF's*, met telkens 1 zuurstofatoom, waarvan er 136 varianten bestaan.

En tenslotte bestaat ook de familie van de *bifenylen*, de *PCB's*, zonder zuurstofatoom, met 209 congeneren.

In elk van die drie families zijn er congeneren die zéér toxisch zijn en andere waarvan je pakweg een tienduizendvoud nodig hebt om dezelfde 'giftigheidsgraad' te bereiken.

In de groep van de PCDD's heb je 7 congeneren die als zeer gevaarlijk worden beschouwd en bij de furanen of PCDF's zijn dat er 10. Die 17 gevaarlijke verbindingen van dioxines en furanen worden de 'klassieke dioxines' genoemd. Daarnaast zijn er nog 13 PCB-verbindingen die zich gedragen als dioxines, zij het minder krachtig. Je hebt er méér van nodig om hetzelfde effect te krijgen, maar meestal komen PCB's ook in veel grotere hoeveelheden voor dan dioxines.

In totaal kan je dus spreken van 30 scheikundige verbindingen met een dioxineactiviteit.

Of je deze crisis nu een dioxine- of een PCB-crisis wil noemen, doet dus niet echt ter zake: het gaat in dit geval om een mengeling van stoffen uit de drie families, die een dioxinewerking hebben. Of zoals dr. Willems het uitlegde voor de Parlementaire Onderzoekscommissie: 'Men behandelt deze producten als groep omdat hun potentiële toxiciteit (het mogelijke gevaar) gelijkaardig is.'

Dioxines en stoffen met een dioxineactiviteit gaan namelijk op een heel specifieke manier verstorend werken op het niveau van de menselijke of dierlijke cel.

Daarnaast hebben diegenen die zeggen dat PCB's een andere werking hebben dan dioxines, ook gedeeltelijk gelijk. Want er zijn inderdaad congeneren die géén dioxineachtige effecten vertonen, wat niet betekent dat ze onschadelijk zijn: sommige congeneren zijn bewezen neurotoxisch. Dat betekent dat ze verstorend werken op het zenuwstelsel.

Maar daarover meer in het volgende hoofdstuk.

Concreet voor de vervuiling in het 'Verkestvet': bij de analyses is gebleken dat de scheikundige fingerprint of analysegrafiek overeenkwam met 'Aroclor 1260' van Monsanto, een transformatorolie dus, op basis van PCB's.

Maar er zaten ook 'klassieke dioxines' bij (voor meer dan 90% furanen en een kleine hoeveelheid PCDD-dioxines), die wellicht ontstaan zijn door de opwarming van de Aroclor, eerst in de transformator en later ook nog in de warme vettanks van Fogra en Verkest.

Als je van dat mengsel het gezondheidsrisico wil berekenen, dan moet je de risicofactor van elk van de congeneren in beschouwing nemen. En dat wordt gedaan door de relatieve toxiciteit van elk van die stoffen te vergelijken met de meest toxische. Dat is het zogenaamde referentiedioxine 2,3,7,8-TCDD, of Seveso-dioxine, dat de waarde 1 krijgt. De andere dioxines en dioxineachtige stoffen krijgen dan een toxiciteitsfactor die kleiner is. Dat kan gaan van 10 tot 1000 (en meer) keer kleiner. Daarover bestaan internationale afspraken. Bij een mengsel kan je dan de hoeveelheid van elke stof die je aantreft, vermenigvuldigen met die toxiciteitsfactor en dan de sommen van die toxiciteitsequivalenten bij elkaar tellen. Dan krijg je een I-TEQ-waarde of een Internationaal ToxiciteitsEQuivalent, meestal kortweg TEQ.

Dit equivalent is enkel richtinggevend, het maakt dat je een idee hebt van de ernst van de vervuiling, want er zitten veel onzekerheden in deze berekeningsmethode. Over sommige congeneren bijvoorbeeld is weinig geweten en van andere wordt de toxiciteit soms herberekend als gevolg van nieuwe onderzoeken.

Bovendien, zo waarschuwt dr. Willems, is er een probleem bij situaties van vervuiling zoals de Belgische dioxinecrisis: dit is een PCB-vervuiling mét dioxines en furanen, maar dikwijls wordt er bij het berekenen van de toxiciteit alleen rekening gehouden met de TEQ TCDD-som van 7 dioxines en 10 furanen. De toxiciteit van dioxineachtige PCB's wordt dan niet meegeteld. Omgekeerd, als het gaat over de toxiciteit van PCB's, gaat het vaak enkel over de niet-dioxineachtige PCB's die een ànder soort toxiciteit hebben. Met andere woorden: een deel van het risico, dat van de dioxineachtige PCB's, wordt vaak niet meegerekend en dus wordt de vervuiling eigenlijk onderschat.

In de Aroclor 1260 fingerprint is bijvoorbeeld weinig 2,3,7,8-TCDD gevonden, maar dat zegt op zich niets over de totale toxiciteit.

## Een moeizame ontdekking

De discussie of het in wezen een PCB-vervuiling of een dioxinevervuiling was, lijkt op het eerste gezicht futiel voor de consument die geen van beide stoffen in zijn eten wil. Maar om de oorzaak te zoeken en om de vervuiling in de toekomst te voorkomen had en heeft deze vraag uiteraard wél belang. Bovendien was het een zeer acuut debat bij het uitlekken van de crisis, omdat dan ineens de eis kwam van consumenten, klanten, afnemers en de Europese Unie om een duidelijk onderscheid te maken tussen vervuild en veilig voedsel.

Een PCB-analyse kan desnoods in enkele uren gebeuren en is goedkoop, terwijl een dioxineanalyse weken duurt en meer dan het zevenvoudige kost (toen 7000 BEF/ 173 EURO voor een PCB-analyse, tegen 50 000 BEF/1240 EURO voor een dioxineanalyse – ondertussen zijn de prijzen gemiddeld bijna gehalveerd).

Als je dus met zekerheid kon aantonen dat het om een PCB-vervuiling ging, en niks anders, dan was het voldoende om de veel goedkopere en snellere analysetesten op PCB's uit te voeren in plaats van de dure en omslachtige dioxine-analyses. En dan kon veel voedsel sneller veilig worden verklaard voor de uitvoer en voor de binnenlandse markt (in die volgorde).

De vraag in Europese veterinaire kringen was dan ook: 'Kan je ervan uitgaan dat er géén dioxines in het voedsel zitten, als je geen PCB's vindt?'. 'Ja, in dit geval wél,' luidde de stelling van de Belgische vertegenwoordigers in het Permanent Europees Veterinair Comité.

Je kan inderdaad dioxines vinden in dieren zonder dat ze in hun voeder PCB's hebben gehad, bijvoorbeeld de dioxines in de melk bij vee dat dicht in de buurt van industriële verbrandingsbronnen graast. 'Maar als we het daarover willen hebben, dan moeten àlle Europese lidstaten dioxines gaan controleren in hun veestapel.'

De stelling was dus dat deze vervuiling in België een punctuele, éénmalige vervuiling was met transformatorolie in vet bestemd voor veevoeder. En dié stelling is uiteindelijk aanvaard door de andere lidstaten.

Daarbij heeft toen zeker het feit meegespeeld dat het Gentse parket een zelfde chemische *fingerprint* van de vervuiling had teruggevonden bij Fogra, de Waalse leverancier van recyclagevetten aan Verkest. Dat versterkte de hypothese dat een 'incidentele' vermenging van frituurvetten met PCB- of transformatorolie de oorzaak was van alle ellende.

In elk geval is er wel verwarring geweest. En de traagheid waarmee de PCB-hypothese is ontdekt, werd achteraf ook weer omschreven als 'één van die jammerlijke tegenslagen, waarvan er zoveel zijn geweest in deze crisis'.

Sommige attente waarnemers hadden nochtans al van bij het begin gemerkt dat er ook PCB's in het spel moesten zijn. Zo hadden de onderzoekers van het landbouwlab in Tervuren, toen ze de eerste vetstalen uit de tanks van Verkest onderzochten op pesticiden (organochloorverbindingen), al opgemerkt dat er aan het eind van de gas-chromatogram een eigenaardige piek zat. Dat wees op een verontreiniging met PCB's.

Landbouwingenieur *Albert Vandersanden*, de baas van het Rijkslaboratorium in Tervuren, wist dit later met enige fierheid te melden in de Dioxinecommissie: 'Op 4 mei vonden mijn diensten semi-kwantitatief 400ppb (nano-gram per gram).' Maar 'omdat dit een lichte verontreiniging was', heeft hij met die informatie verder niets gedaan. Waarnemers beweren dat de goede man op dat ogenblik overigens ook niet echt wist wat PCB's waren. Semi-kwantitatief betekent trouwens: 'een ruwe schatting', in het Engels ook wel eens omschre-ven als: 'my guess is as good as yours'.

Belangrijk bij de beoordeling van die 400 ppb was dat die vetstalen uit de tanks van Verkest genomen waren op 24 maart, dus ruim twee maanden nà de vervuiling: de PCB-sporen waren dus toen al sterk verdund. Het had zeker een alarmbelletje kunnen doen rinkelen bij ir. Vandersanden.

Merkwaardig is dat ook onderzoeker Wim Traag van het Nederlandse Ri.K.I.L.T.-lab, enkele dagen na de eerste dioxine-uitslag, eind april, aan de firma Debrabandere meldde dat er vermoedelijk ook PCB's in het spel waren. Jan Van Ginderachter van de veevoederfabriek meldde dit op zijn beurt mon-deling aan het kabinet van Landbouw. Maar die informatie blijkt 'ergens' tus-sen de plooien gevallen. Ze is in elk geval nergens op papier vermeld.

Ook *Christine Vinckx* van de eetwareninspectie die, nà het lek, op 28 mei de nota Destickere aan Colla wat grondiger doornam, dacht aan gelijkenissen met het Yusho-incident en aan een mogelijke PCB-bron. Ze signaleerde dit op 30 mei op het kabinet Colla, tijdens een gemeenschappelijke vergadering van Landbouw en Volksgezondheid. Maar ook daar werd er niet op ingegaan. De diensten van Landbouw hadden op dat ogenblik nog altijd het monopolie als het ging over de technische kant van de vervuiling.

Maar ondertussen hadden twee 'buitenstaanders' de kat de bel aangebon-den in de pers. Al de eerste dagen na het perslek legden professor Paul Sche-pens, toxicoloog aan de Antwerpse UIA en professor Pat Sandra, scheikundige aan de universiteit van Gent, er in kranteninterviews de nadruk op dat dit een typisch geval moest zijn van vervuiling met PCB's, wellicht door oude transfor-matorolie. En ze hamerden erop dat er dus zéér veel geld en tijd had kunnen bespaard worden indien er met gewone PCB-testen was gewerkt in plaats van met de omslachtige dioxineanalyses.

Uiteindelijk zou de Belgische overheid pas een week later, in het weekend van 5 en 6 juni, de PCB-thesis als de officiële stelling naar voren schuiven bij de Europese Commissie.

## Kaoliniet en bentoniet

Tot slot nog dit: door deze dioxinecrisis via het vet, is er ook nog een ànder dioxineprobleem in veevoeder ontdekt, namelijk dat van vervuilde *kaoliniet-klei*.

Kaoliniet is een zeer fijne kleisoort die wordt gebruikt als drager of anti-klontermiddel in veevoeder. Zo'n drager zorgt voor een zeer gelijkmatige verdeling van de vitaminen- en mineralenmengsels die aan het voeder worden toegevoegd. Die mengsels of 'premixen' worden door gespecialiseerde bedrijven gemaakt en er wordt vaak klei voor ingevoerd vanuit Duitsland.

Naar aanleiding van de crisis in België waren verscheidene landen strenger gaan controleren op dioxineresidu's en de Oostenrijkers kwamen zo een lichtere besmetting op het spoor, uit een totaal andere bron. Oorzaak was de kaolinietklei afkomstig uit twee bepaalde groeven in Duitsland. De precieze herkomst van de vervuiling daar is nog niet achterhaald. Vroeger gedumpt industrieel afval is één mogelijkheid, maar het is ook niet uitgesloten dat het om een geologische vervuiling gaat van bijvoorbeeld vulkanische oorsprong. In elk geval is sindsdien in heel Europa alarm geslagen over dit soort kaoliniet.

Dit was trouwens nog zo'n 'ondenkbaar' probleem. Wie denkt er nu aan klei, als vervuilende factor? Maar wat wil het toeval. In september 1996 al vond het US. E.P.A. (Environmental Protection Agency, het Amerikaanse Milieubeschermingsagentschap) verhoogde dioxinewaarden in kippenstalen. Doorgedreven onderzoek leidde in juli 1997 tot een chicken-and-egg-ban voor meer dan 350 kippen- en eierboeren, vooral in Arkansas en Texas, maar ook bedrijven in North Carolina, Indiana en California werden getroffen. Zelfs een groot aantal 'catfishfarmers', viskwekers in Mississipi, kreeg een verkoopverbod. Ze mochten pas weer gaan leveren als ze konden aantonen dat er in hun producten minder dan 1ppt dioxine zat (1 part per trillion = 1 biljoenste van een gram of 1 picogram per gram).

De oorzaak van alle ellende was ook daar een kleisoort, gebruikt tegen het klonteren van mengvoeder. Alleen ging het ginds om *bentonietklei*, afkomstig uit een kleigroeve in Sledge, Mississipi. Ook daar was de vervuilingsbron onbekend.

Misschien een aanleiding voor professionals uit de veevoedersector om wat meer informatie uit te wisselen over de grenzen heen? Want het lijkt erop dat ook de Amerikanen hun problemen liever binnenskamers hielden. Dit geval staat wél uitvoerig beschreven op een website van Amerikaanse ecologisten.

# HOOFDSTUK 6

## *De gezondheidsdiscussie*

'Ik heb nooit opgehouden met kiekens en àlles te eten wat er toen op de markt was,' snoof ex-premier Jean-Luc Dehaene met een uitdagend glimlachje toen hij in de Parlementaire Onderzoekscommissie om zijn mening werd gevraagd over het gezondheidsrisico van de dioxinecrisis. Dehaene had zich tijdens de laatste dagen van de verkiezingscampagne ook uitgebreid laten filmen en foto-graferen tijdens een barbecuefeestje mét kip. Het deed me onvermijdelijk den-ken aan die Britse minister van Landbouw die, om de dollekoeiencrisis te bezweren, zijn kleindochtertje voor het oog van de camera's een hamburger met *real British beef* liet eten: de 'persoonlijke act' als bewijs dat er eigenlijk totaal niets aan de hand is, dat het allemaal nonsens is.

Ook de destijds opgestapte ministers Pinxten en Colla vonden in de commis-sie dat ze het slachtoffer waren geweest van een totaal onverantwoorde overre-actie. Ei zo na namen ze de term massahysterie in de mond, maar dat was mis-schien nét wat te scherp gesteld tegenover de kiezer. In elk geval had de pers zich weer eens laten gaan. De boodschapper had de boodschap opgeblazen, verkeerd vertaald, volledig buiten proportie gebracht. Niet dat zijzelf de zaak wilden minimaliseren, zeker niet, maar zelfs wetenschappers waren voor de commissie komen zeggen dat het allemaal zo erg niet was.

En daar hadden ze natuurlijk wel een punt, al waren er ook wetenschappers die wél vonden dat we ons zorgen moesten maken. Tijdens de eerste hoorzit-tingen van de Dioxinecommissie ontstond er fors wat opschudding over de tegenstrijdige verklaringen van de opgeroepen wetenschappers. Alle weten-schappers die hun oordeel gaven over de dioxinecrisis waren het erover eens dat dit soort vervuiling niet door de beugel kon, maar in hun eindconclusies stonden sommigen wel diametraal tegenover elkaar.

De enen stelden dat het om veel te lage doses gaat om voor de mens een aanwijsbaar effect te hebben. De anderen berekenden dat er een reële kans bestaat op extra kankergevallen en ze wezen ook op andere, minder bekende gezondheidsrisico's.

## Je valt er niet van dood

Als journalist heb ik al zeer vaak te midden van een dergelijk debat gezeten, telkens als het ging over ongewenste residuen in onze voeding of andere vormen van milieuvervuiling. Eind jaren zeventig, begin jaren tachtig, bleken er grote hoeveelheden *lindaan* in de Belgische melk te zitten, een zeer giftige chloorverbinding. Vooral Ardense boeren hadden ontdekt dat een populair houtbehandelingsproduct op basis van lindaan een probaat anti-schurftmiddel voor hun koeien was. Het was goedkoop en lag binnen handbereik, een doe-het-zelf-middel. Als de dieren 's winters lang op stal bleven, kregen ze soms zware schurftplekken en huidparasieten en dan gingen ze minder melk geven. Wat lindaan op hun rug inwrijven en het schurftprobleem was weg. Alleen kwam er na verloop van tijd een ander probleem aan het licht, want lindaan is vetoplosbaar en dringt goed door de huid. Het kwam in grote concentraties in de melk terecht. 'Gelukkig' gaat alle melk in de melkerij in één grote plas en raken de residuen wat verdund. Maar het was in die periode beslist geen aanrader om bij de betrokken boeren melk-met-het-kannetje te halen of 'echte artisanale' boter.

Korte tijd later, in het voorjaar van 1984, doken er dan weer plots *aflatoxines* op in de melk. Aflatoxine is een uiterst kankerverwekkend schimmelgif dat onder andere van nature voorkomt in vochtig geoogste en slecht bewaarde noten en specerijen. Vooral pindanoten en pistachenoten zijn erom berucht. Om die reden verbood minister Colla trouwens terecht een tijdlang de verkoop van besmette Iraanse pistaches.

Aanvankelijk was het een raadsel hoe die aflatoxines in melk konden zitten. Uiteindelijk bleek dat de aflatoxines afkomstig waren van pindaschroot, afval van oliegeperste pinda's of *arachides*. Dat afval werd in die periode massaal gevoederd aan de koeien omdat de prijs van pindaschroot op de wereldmarkt toevallig zeer gunstig was.

De zaak werd zoveel mogelijk in stilte afgehandeld, 'want in de melk wordt dat toch verdund.' Maar ondanks die 'discretie' lekte het probleem uit en – toeval of niet? – sindsdien is er een continue controle op aflatoxinebesmetting ingevoerd, zowel op de grondstoffen die kunnen besmet zijn, als op de melk.

In feite is de discussie over 'nodeloos alarm of terechte waarschuwing' nooit opgehouden. Eind 1999 nog meldde het blad *Testaankoop* dat verbruikersorganisaties in vijf Europese landen te grote hoeveelheden *bisfenol A* hadden gevonden in voedingsmiddelen. Bisfenol A is een toevoeging in de binnenbekleding van conserven. Er zijn discussies over het al of niet kankerverwekkende aspect van deze stof, maar het was een feit dat in tal van conserven de internationale norm ruim overschreden werd.

Deze drie voorbeelden gaan over totaal verschillende residuproblemen. Je zou er nog veel andere kunnen aan toevoegen: hormonen, antibiotica, chloormequat, enzovoort. Opvallend is dat de eerste vraag in dergelijke probleemsituaties telkens luidt: 'Zijn er gevallen van mensen die eraan zijn dood gegaan?'

Een vraag die al het antwoord suggereert: 'Neen toch!'.

Inderdaad: 'Je valt er niet ter plekke van dood'.

Maar gezond is anders.

Dat geldt ook voor deze dioxinecrisis. Of het nu om kankerrisico gaat, of om uitgestelde effecten op de vruchtbaarheid of om de gezondheid van de volgende generatie, meestal is een rechtstreeks oorzakelijk verband bitter moeilijk te bewijzen. Dat neemt niet weg dat, als er risico's zijn, je die mag en moet blootleggen.

Al te makkelijk word je dan in het kamp van de doemdenkers geduwd, de kankeraars. In de dioxinecrisis werd er zelfs gesproken van 'immorele paniekzaaierij'. De Britse oud-journalist – nu 'voedselveiligheidsadviseur' – *Richard North* heeft er zelfs een nieuwe term voor bedacht. Mensen of groepen die zich specialiseren in het aanzwengelen van voedselcrisissen noemt hij 'pushers'. Hij kwam daarover een lezing geven voor Leuvense studenten in het kader van de Leerstoel Boerenbond en ik vermoed dat ik helemaal in zijn theorietje pas.

Je moet uiteraard geen nodeloze onrust zaaien, maar mensen hebben recht op informatie en ze hebben er recht op dat de overheid en de industrie het voorzorgsprincipe hanteren.

*In de gezondheidsdiscussie zijn er twee centrale vragen. Ten eerste: zijn dioxines en PCB's écht wel zo schadelijk of gevaarlijk? Ten tweede: hebben wij via onze voeding in de bewuste periode écht een risico gelopen voor onze gezondheid?*

**Laten we beginnen met de discussie over de schadelijkheid.**

De wetenschap geeft geen simpel, éénduidig antwoord, want er zijn nog veel ongekende elementen in de precieze werking van dioxines en PCB's. Maar iedereen is het er wel over eens dat dit stoffen zijn die schadelijk zijn voor de gezondheid. Alleen lopen de meningen soms fel uiteen over welke schadelijke effecten er optreden en bij welke dosissen.

Voor dit hoofdstuk ben ik te rade gegaan bij tal van wetenschappers in eigen land, maar ook in het buitenland. Het aantal wetenschappelijke publicaties over dit onderwerp is niet meer te tellen en uiteindelijk zie je door de bomen het bos niet meer in deze dioxinediscussie. Een aantal wetenschappers in Vlaanderen en Wallonië, in Nederland, Groot-Brittannië en Italië heeft me op weg gezet en me de meest recente overzichtsstudies en bronnen aangewezen.

Belangrijke bronnen zijn onder andere geweest: de publicaties van EPA, Environmental Protection Agency, het Amerikaanse overheidsorgaan voor milieubescherming; de publicaties van het ATSDR, (US) Agency for Toxic Substances and Disease Registry, het Amerikaanse overheidsagentschap dat toxische stoffen en ziekten in kaart brengt; de 'Discussion Paper on Dioxins' van de Codex Alimentarius Commission, een gezamenlijk initiatief van de Wereldvoedsel- en Landbouworganisatie en de Wereldgezondheidsorganisatie van de Verenigde Naties; verscheidene artikels in wetenschappelijke bladen, onder andere *Nature* (UK), *Chemische feitelijkheden* (NL), *het Ingenieursblad* (B). Interessant voor het debat zijn de gespecialiseerde websites van Friends of The Earth en Greenpeace International en van hun tegenstanders: de 'Chlorofielen', werknemers van Solvay die lobbyen voor de chloorindustrie. Een zeer recent en goed onderbouwd overzicht van het wetenschappelijk onderzoek naar de effecten van dioxines is tenslotte het 'Technical Support Document' bij het 'American People's Dioxin Report', dat dateert van november 1999. Maar er zijn ook nog tal van belangrijke en recente overzichtsartikels gepubliceerd of in voorbereiding in eigen land, onder andere van de Hoge Gezondheidsraad en de Koninklijke Academie voor Geneeskunde van België en van wetenschappers aan de diverse universiteiten.

Samenvattend kan je stellen dat dioxines en PCB's invloed kunnen hebben op het ontstaan van kanker en invloed kunnen hebben op andere processen, zoals vermindering van de vruchtbaarheid en het ontstaan van afwijkingen bij ongeboren kinderen. Ze worden er ook van verdacht een verstorende invloed te hebben op het immuunsysteem.

De mate waarin dit gebeurt, de risicoberekening, is afhankelijk van heel veel factoren. Maar globaal kan je wel stellen dat het schade-effect bij ongeboren en heel jonge kinderen groter is dan bij volwassenen en dat er soms uitgestelde effecten zijn in de volgende generatie.

Tenslotte is het bij de discussie over de risico's van dioxines en PCB's ook belangrijk te weten dat dit geen louter academische discussie is. Het maatschappelijk en economisch gewicht van het etiket 'schadelijk voor de gezondheid' zorgt meestal zeer snel voor een politieke vertaling. Dat is zo in de Verenigde Staten en dat bleek ook in ons land toen er verschillende experts werden gehoord in de Dioxinecommissie. De meest conservatieve politici in het gezelschap zochten duidelijk steun bij die wetenschappelijke stellingen die het best aansloten bij hun eigen minimalistische visie op de dioxinecrisis: 'Het was allemaal zo erg niet, nietwaar professor?'

Ter illustratie geef ik aan het einde van dit hoofdstuk dan ook een samenvatting van die discussie 'onder professoren'.

## Kankeraars?

De meest klassieke gezondheidsdiscussie draait rond kanker.

Kanker is inderdaad een fetisj-woord. Iedereen kent wel iemand in zijn omgeving met één of andere vorm van kanker. Maar bijna altijd is het heel moeilijk om een verband aan te tonen met een 'ziekmakende factor'. Tegenwoordig nemen de meeste mensen aan dat àls een verstokte kettingroker longkanker krijgt, dat het één iets met het ander te maken heeft. Of 'dat het roken er alleszins geen goed aan gedaan heeft.

Maar met uitzondering van heel specifieke kankers, zoals bijvoorbeeld mesothelioom of asbestkanker, is het vrijwel onmogelijk om bij een individuele patiënt aan te tonen dat hij of zij ziek is geworden door contact met een welbepaalde vervuiling.

Voor de invloed van dioxines en PCB's is dat niet anders: een rechtstreeks oorzakelijk verband met kanker bij een bepaald individu is zeer moeilijk aan te tonen. Kanker is trouwens meestal het resultaat van een samenspel van verschillende factoren – erfelijke gevoeligheid, leefgewoonten, toxische stoffen – en het is een proces dat jaren kan duren eer het merkbaar wordt.

Toch kan je stellen dat dioxines én PCB's er algemeen van verdacht worden kankerverwekkend te zijn, of op zijn minst kankerbevorderend.

Het gevaarlijkste dioxine, het Seveso-congeneer 2,3,7,8-TCDD, is door het IARC geclassificeerd in de groep A1, *kankerverwekkende stoffen voor mensen*. Het IARC is het Internationaal Kankerresearch Agentschap, een afdeling van de Wereldgezondheidsorganisatie.

De andere dioxines, furanen en PCB's worden ingedeeld in categorie B2: *vermoedelijk kankerverwekkend voor mensen*.

Bij proefdieren veroorzaakt TCDD verschillende soorten kankers, waaronder tumoren in lever en nieren en ook de zogenaamde 'soft tissue sarcoma's': kankers die onder andere spieren, vetweefsel en zenuwen aantasten. Er is wel een verschil in gevoeligheid volgens de soort proefdieren. Ook bij mensen kan TCDD op langere termijn tumoren veroorzaken, maar daar wordt wel meestal aangenomen dat er een verband is met de grootte van de blootstelling.

TCDD werkt verstorend op het niveau van de cel en het is dàt proces dat tot kanker kan leiden.

Het Technical Support Document van het American People's Dioxin Report geeft een goede uitleg van dat verstoringsproces op celniveau en omdat dit de kern raakt van de huidige gezondheidsdiscussies, geef ik die uitleg hier in vrije vertaling weer (maar wie dit te technisch vindt, kan wat nu volgt, rustig overslaan):

*'Dioxine werkt in op het functioneren van de genen die verantwoordelijk zijn voor de aanmaak van specifieke proteïnen of eiwitten: ze verstoren als het ware het in- en uitschakelen van de genen. Vrijwel elke cel in het menselijk lichaam bevat dezelfde genetische informatie in haar chromosomen. Die chromosomen zijn DNA-strengen in de kern van de cel, en de genen zijn afzonderlijke stukjes van dit DNA. Chromosomen bij mensen bevatten meer dan 100 000 genen, en die genen bevatten de richtlijnen om eiwitten aan te maken. Eiwitten doen het lichaam functioneren. Niet alleen vormen ze de eigenlijke structuur van het lichaam, ze vormen ook enzymen, hormonen, antilichamen en een heleboel andere lichaamseigen stoffen die ervoor zorgen dat het lichaam werkt zoals het dat doet. Aangezien verschillende cellen elk specifieke functies hebben, gebruiken ze maar enkele van hun volledig gamma aan genen om die functies te vervullen. In feite houdt elke cel de meeste van haar genen uitgeschakeld. Bijvoorbeeld, als een embryo volledig ontwikkeld is, moeten de genen die de groei controleren, worden uitgeschakeld, en de genen die speciale celfuncties regelen, moeten worden ingeschakeld. Als dit zorgvuldig geprogrammeerd schema verstoord wordt, kunnen geboorteafwijkingen optreden of ontwikkelingsstoringen.*

*Dioxine tast dit proces aan waarbij een cel 'weet' wanneer ze genen in- of uitschakelt. Van sommige genen weten we hoe dioxine ze inschakelt, maar van andere weten we dat niet.*

*In normale omstandigheden werken genen zeer snel: ze lokken een reeks acties uit die de normale celfunctie bepalen en schakelen dan weer uit. Als er dioxine in het spel is, dan is de boodschap verschillend en het normale proces dat bepaalt hoe de cel functioneert, wordt gewijzigd: een genfunctie kan ofwel geblokkeerd raken, of kan op een ongewenste manier doorgaan met werken, zoals het geval is bij het ontstaan van kanker.*

*Het typische aan dioxine en aan alle stoffen met een dioxineachtige activiteit, is dat ze heel makkelijk binnendringen in een cel en zich daar binden aan een oplosbaar proteïne, de fameuze Arylhydrocarbon-receptor of AhR.*

*Alle gewervelden, ook de mens, hebben in hun cellen zo'n Ah-receptor. Dioxine die zich daaraan bindt, vormt een complex dat kan gaan inspelen op andere proteïnen. Eén van die proteïnen of eiwitten is 'Arnt', dat helpt het AhR-dioxine-com-*

*plex te verhuizen naar de celkern. Eenmaal in die celkern, verbindt het complex zich met het* DNA *en dat leidt tot veranderingen in de genwerking.*

*Veel genen kunnen in- of uitgeschakeld worden door dit dioxinecomplex en sommigen daarvan zijn essentieel bepalend voor een normale celgroei.*

*Verscheidene proteïnen die een rol spelen in het bindingsproces kunnen het dioxine-AhR-Arnt-complex veranderen en op hun beurt proteïnen aanmaken die invloed hebben op het hormoonmetabolisme en op groeifactoren die veel biochemische en fysiologische processen bepalen, onder andere de voortplanting en het immuunsysteem.*

*Dit complex kan ook genetische wijzigingen veroorzaken die leiden tot celvermenigvuldiging, een toenemend risico op mutaties, of kanker (Okey, 1994; Rowlands,1997).*

*Daarbij komt nog dat de zogenaamde 'Arnt' en andere verwante proteïnen elk verschillende genen inschakelen. Dit kan gedeeltelijk een verklaring zijn voor de waaier aan effecten van dioxine op verschillende weefsels. Bovendien worden de Arnt en de andere betrokken proteïnes gedefinieerd door genen die verschillen van individu tot individu. Dat kan dan misschien verklaren waarom ook de gevoeligheid voor dioxine erg individueel lijkt te variëren. Sommige mensen krijgen van dioxine zware huiduitslag, bij anderen gaat dioxine het imuunsysteem onderdrukken, bij nog anderen verandert het de hormonenniveaus en bij sommigen doet het al die dingen tegelijk.'*

Tot daar deze wat 'mysterieuze chemie' van dioxines in de menselijke cel. Maar hoe zit het met de werking van PCB's?

Voor een goed begrip wil ik eraan herinneren dat onder de verzamelnaam 'dioxines' ook een aantal PCB-congeneren vallen met een *dioxineachtige werking*, namelijk juist dié 13 congeneren die ook gaan binden met de Ah-receptor.

Maar er zijn ook niet-dioxine-achtige PCB's, die *neurotoxische* effecten hebben: ze ontregelen de werking van het zenuwstelsel. Dit gebeurt via twee of drie àndere mechanismen waarover nog maar heel weinig wetenschappelijke zekerheid bestaat. Vooral omdat PCB's in telkens wisselende mengsels voorkomen.

PCB's zitten vaak ook samen met andere scheikundige verbindingen. Daardoor is niet altijd duidelijk waaraan de effecten bij slachtoffers van PCB-vervuiling toe te schrijven zijn.

Wisselwerking met andere scheikundige stoffen is trouwens ook typisch voor dioxine. Het kan zowel stimulerend als remmend werken op andere kanker-verwekkende stoffen. Zo kan dioxine in sommige cellen blijkbaar enzymen aan het werk zetten die het kankerverwekkende 1-nitropyreen uit diesel onschadelijk maken (Silvers e.a., 1997). Maar in vele gevallen zal er een syner-getische, een versterkende, werking ontstaan met andere kankerverwekkende stoffen.

Blootstelling aan dioxine is dus des te gevaarlijker naarmate je ook de invloed ondergaat van andere en vooral mutagene of erfelijkheidsveranderen-de kankerverwekkers. Bijvoorbeeld als je een zware roker bent of als je werkt met gevaarlijke oplosmiddelen.

Er zijn zeer veel onderzoeken gedaan naar het effect van dioxines en PCB's op dieren, maar veel belangrijke, recente kennis komt van studies bij mensen die per ongeluk met hoge dosissen in contact kwamen.

Bij de omwonenden van Seveso die in 1976 zijn blootgesteld aan hoge dosissen TCDD in de lucht, is na 20 jaar vooral een toename van zeldzame kan-kers vastgesteld. Net als bij Viëtnamese en Amerikaanse slachtoffers van Agent Orange in de jaren '70.

Professor Pier Alberto Bertazzi en zijn collega's aan de Universiteit van Mi-laan volgen al sinds '76 de bevolking van Seveso. Hun recentste bevindingen zijn onder andere op 19 november 1999 voorgesteld voor de Koninklijke Aca-demie voor Geneeskunde in Brussel.

Globaal is er een toename van kankers van lymfeklieren en bloedvormende organen, zoals de Ziekte van Hodgkin, non-Hodgkin lymfoom, leukemie en multiple myeloma, een vorm van beendermergkanker. Er is ook een toename van longkanker en rectumkanker bij mannen en van tumoren in lever en gal bij vrouwen.

Statistisch is nu pas het aantal kankergevallen tot 1996 verwerkt, dat is twintig jaar na de ramp. Daarom verwachten de onderzoekers dat de stijgende trend de eerstvolgende jaren nog zal doorzetten.

In elk geval kan je op basis van de gegevens van Bertazzi en zijn team niet meer beweren 'dat Seveso het wetenschappelijk bewijs levert dat dioxines géén kanker veroorzaken'.

In absolute cijfers gaat het in Seveso wel om relatief weinig kankergevallen en dat bewijst volgens de 'minimalisten' dat de Seveso-ramp al bij al is meege-vallen en dat het gevaar van dioxine erg overdreven is. Maar volgens de onder-zoekers op het terrein is de link met dioxine juist duidelijker omdat er precies meer zeldzame kankers opduiken. Bovendien nemen de gevolgen duidelijker vorm aan naarmate de tijd verstrijkt.

Bertazzi stipt wel aan dat zijn waarnemingen geen uitsluitsel geven over de grootte van het kankerrisico bij *lage* hoeveelheden dioxines.

Op de studiedag voor de Koninklijke Academie in Brussel in november '99 kwam ook de Duitse onderzoeker Flesh-Janys van Heidelberg German Cancer Research Center verslag uitbrengen over een studie bij een groep Duitse arbeiders van een herbicidefabriek van BASF in Hamburg.

De arbeiders waren in 1953 bij een ongeluk blootgesteld aan hoge dosissen dioxine. Vrijwel alle slachtoffers kregen chlooracne, maar die symptomen verdwenen na verloop van tijd. In 1989 is er dan een 'retrospectieve' studie gestart: van de ongeveer 1 200 arbeiders die bij het ongeluk aanwezig waren, is ruim een vijfde opnieuw onderzocht. Het bleek dat er een significant hogere sterfte was bij de getroffen arbeiders: 20% meer dan bij de gemiddelde Duitse bevolking. Het ging om bijna alle soorten kanker en er was een duidelijk verband: hoe meer dioxine en hoe langer de besmetting had geduurd, des te groter was het risico van kankersterfte. Toch bleek er ook al bij lage doses een verhoogd kankerrisico.

In de Verenigde Staten is de relatie met kanker duidelijk vastgesteld in de zogenaamde NIOSH-cohort: een groep van 5172 arbeiders die, over een periode van twintig jaar, in twaalf verschillende Amerikaanse chemiebedrijven met dioxine in contact waren geweest. Ze werden opgespoord door het National Institute of Occupational Safety and Health (Nationaal Instituut voor Beroepsveiligheid en -gezondheid). Onderzoek op deze groep stelde vast dat mannen die meer dan één jaar waren blootgesteld aan dioxine 50% meer kans hadden op maagkanker, longkanker, non-Hodgkin's lymfoma, ziekte van Hodgkin en kanker van zachte en bindweefsels. Het groter aantal longkankers kon niet verklaard worden door roken, want andere sterfte die verband houdt met roken, nam niet toe (Fingerhut, 1991). Uit voortgezet onderzoek bleek dat blootgestelde arbeiders gemiddeld meer risico liepen dan niet blootgestelde arbeiders, dat het risico toenam naarmate de besmetting groter was geweest en dat er een meer specifiek risico was voor kankers van de luchtwegen en voor multiple myeloma, beendermergkanker, maar niet voor non-Hodgkin's lymfoma (Steenland, 1999).

Het belang van deze studies ligt vooral daarin dat het gaat om mensen waarbij de blootstelling al minstens twintig jaar geleden is gebeurd. Veel onderzoeken die destijds géén verband konden aantonen tussen dioxine en kanker, blijken vaak al enkele jaren na de dioxinebesmetting te zijn afgesloten.

Een wereldwijde studie van het IARC, het Internationaal Agentschap voor

Kankeronderzoek in Lyon, bundelde de resultaten van onderzoek op 36 arbeidersgroepen in 12 landen. Het ging om een totaal van bijna 22 000 mannen en vrouwen die in de periode 1939-1992 fenoxyherbiciden of chlorofenolen produceerden of sproeiden, en die daardoor met dioxine in aanraking kwamen.

In 1991 werd een eerste, voorlopig rapport gepubliceerd dat betrekking had op 18 000 arbeiders, onder wie 1 500 vrouwen uit tien Europese landen. Ondanks problemen met de juiste omschrijving van de blootstelling en de duur van de opvolging, vond de studie een toename van de sterfte door verschillende types van kanker. Er was onder andere sprake van longkanker en zachte weefselskanker. Bij vrouwen stelde men een toename van borstkanker vast (Saracci, 1991).

Ondertussen is die eerste overzichtsstudie aangevuld met arbeidersgroepen uit de Verenigde Staten en Duitsland en omvatten de resultaten gegevens van vrijwel alle studies die ooit zijn uitgevoerd op arbeiders die fenoxyherbiciden produceerden.

Het risico voor alle types van kanker nam toe, naarmate er meer tijd was verlopen sinds de eerste blootstelling aan herbiciden waarin dioxines zaten. Nierkanker was daarbij één van de kankers die een merkbaar grotere sterfte veroorzaakte (Kogevinas, 1997).

Over het verband tussen PCB's en kanker is minder bekend, omdat het onderzoek naar de niet-dioxineachtige werkingsmechanismen van PCB's nog niet zo ver staat. Maar dierproeven en onderzoek van mensen die per ongeluk zijn blootgesteld, wijzen wél op cancerogeniteit. Daarom staan PCB's bij de Wereldgezondheidsorganisatie ook geclassificeerd als *vermoedelijk kankerverwekkend* voor mensen.

Bij ongeveer 1 900 onderzochte slachtoffers van de rijstolievergiftiging in Japan, het Yusho-incident in 1968, bleek dat leverkanker duidelijk toenam en dat ook het aantal gevallen van longkanker bij mannen was gestegen (Kuratsune, 1988). Bij het Yu Cheng-incident op Taiwan in 1979 gebeurde er een gelijkaardige besmetting van ongeveer 2000 mensen, maar daarover zijn geen onderzoeksgegevens in verband met een eventuele kankertoename bekend.

In vergelijking met de PCB-vergiftiging in België via vervuild vet in veevoeder moet wel duidelijk worden gesteld dat de hoeveelheden die de mensen binnenkregen in Japan en Taiwan tot 1 000 keer hoger lagen.

## Luchtwegen, hart en hormonen

Mensen die door ongelukken of beroepshalve in contact zijn geweest met hoge doses dioxines of PCB's hebben doorgaans een grotere *kanker*risico, maar er zijn ook andere problemen.

De inwoners van Seveso lijden bijvoorbeeld ook meer aan *chronische ademhalingsstoornissen*. Vooral bij vrouwen was dit duidelijk. Ook waren er meer chronische *hartproblemen (ischemic heartdisease)*, al namen die mettertijd af. Volgens Bertazzi en zijn team is het daarom moeilijk uit te maken of de hartproblemen een effect zijn van de dioxinebesmetting of het gevolg zijn van de zeer zware stress die de ramp veroorzaakt heeft bij de omwonenden.

De Duitse arbeiders die bij herbicidenproductie besmet waren, bleken ook een groter risico te lopen op hartproblemen naarmate ze aan hogere dosissen dioxines en furanen waren blootgesteld (Flesch-Janys, 1995).

Bij dierproeven is aangetoond dat *hoge* dosissen dioxine de hartspier en de hartkleppen beschadigen. Dat was niet alleen het geval bij ratten en muizen maar ook bij vogels. Hartletsel was trouwens ook één van de vastgestelde symptomen bij de dode kuikens die werden onderzocht in de Belgische dioxinecrisis.

Maar het terrein waarop vooral de laatste jaren zeer veel bijkomend onderzoek is gebeurd, is dat van de *hormoonverstorende werking* van dioxines en PCB's: concreet gaat het dan om daling van de *vruchtbaarheid*, verstoring van het natuurlijk *afweersysteem*, afwijkingen in de *volgende generatie* en *vertraging in de ontwikkeling bij kinderen*. Zo'n hormoonverstoring kan trouwens ook een rol spelen in het ontstaan van *kanker*.

Vooral de vaststelling dat die effecten ook bij *lagere* dosissen kunnen ontstaan, heeft de laatste jaren tot een hele reeks bijkomende onderzoeken geleid. En de bevindingen zijn niet echt geruststellend.

## Hormonale stoorzenders

De vaststelling dat scheikundige stoffen het menselijk hormoonstelsel kunnen beïnvloeden, is zeker niet nieuw. Al in de jaren vijftig werden er studies aan gewijd. Maar pas in de tweede helft van de jaren zestig groeide het besef dat dit voor de volksgezondheid problemen kon geven.

De Amerikaanse *Rachel Carson* beschreef in 1963 de effecten van scheikundige vervuiling op onvruchtbaarheid bij vogels en dieren en waarschuwde als één van de eersten ook voor de gevolgen voor de mens. Haar boek 'Silent Spring', 'Dode lente', gaf voor velen in de jaren zestig en zeventig de eerste aanzet tot milieu-engagement.

In 1996 zorgde het boek 'Our Stolen Future' in de Verenigde Staten voor een vergelijkbaar effect. Het was een gemeenschappelijke publicatie van zoöloge *Theo Colborn*, journaliste *Dianne Dumanoski* en ecoloog *John Peterson Myers*. In hun boek nemen ze de draad van Carson weer op en geven ze een overzicht van de studies die sindsdien zijn gedaan naar de invloed van chemicaliën op dier en mens. Eén van hun belangrijkste stellingen daarbij is dat het grootste risico bij scheikundige vervuiling niet kanker is – iets wat decennialang wel een automatische associatie was bij het begrip 'toxische stoffen' – maar dat het gevaar eigenlijk vooral schuilt in allerlei effecten op vruchtbaarheid, op de ontwikkeling van de volgende generatie en op het immuunsysteem. Het boek lokte een verbeten reactie uit van de chemische industrie. Maar sindsdien zijn er in de tweede helft van de jaren negentig nog belangrijke onderzoeksresultaten bijgekomen op het terrein van de 'hormonale verstoorders', vaak uit onverdachte Amerikaanse overheidshoek.

Er bestaan veel termen voor scheikundige verbindingen met een hormonale invloed. Omdat het vaak gaat over een verstoring van het evenwicht in oestrogenen of vrouwelijke hormonen, wordt er gesproken over *environmental estrogens* of *xenoestrogens*: milieu- of lichaamsvreemde oestrogenen. Een algemenere term is hormonale imitatorstoffen of -verstoorders.

Het hormonale (of endocriene) systeem controleert veel cruciale lichaamsprocessen, zoals seksuele kenmerken en de ontwikkeling van de hersenen. Scheikundige stoffen kunnen dit hormonaal systeem ontregelen door een waaier van mechanismen, maar heel belangrijk daarbij is het ogenblik waarop de verstoring plaatsvindt. Vooral de ontwikkelingsfase is een zeer gevoelige periode: d.w.z. dat vooral kort voor en na de geboorte de hormonale verstoring een sterk effect hebben.

Voor volwassenen wordt aangenomen dat het effect van hormoonimiterende stoffen van voorbijgaande aard is. Het gaat niet om een verandering van genetisch materiaal, wel om een tijdelijke verstoring van lichaamsprocessen.

Het kan wel problematisch worden als de vervuilingsniveaus constant hoog blijven, en daarom is het belangrijk te weten dat het probleem van hormonale verstoring zich niet louter beperkt tot dioxines en PCB's. Ook andere chloorverbindingen hebben dit effect, met als beruchtste voorbeeld, DDT, het populairste insecticide sinds de Tweede Wereldoorlog, en DDE, het afbraakproduct ervan.

Maar er worden nog belangrijke scheikundige groepen verdacht van hormoonimiterend te werken: de *ftalaten* die gebruikt worden in de aanmaak van plastics (onder andere als weekmaker in PVC); de *alkylfenolen* die veel gebruikt worden in detergenten; *bisfenol A*, dat gebruikt wordt als ingrediënt in lakstoffen voor tandverzorging en in binnenbekleding van conserven; *broomhoudende brandvertragers* die gebruikt worden in textiel en plastics. En dat zijn maar enkele groepen.

Er zijn momenteel 16,5 miljoen chemische verbindingen van menselijke makelij op onze planeet en daarvan zijn er ongeveer 100 000 die in ons leefmilieu aanwezig zijn en waarmee we in contact komen. Het is dus niet eenvoudig om daaruit precies die dioxineeffecten te isoleren. Of om de invloed van één hormonale stoorzender apart te bestuderen. Want er zijn zoveel verschillende soorten effecten en die kunnen elkaar zowel versterken als afzwakken.

De chemische industrie grijpt dat laatste argument ook aan om de invloed van chemische vervuiling op het menselijk hormoonsysteem te relativeren. Er bestaan bijvoorbeeld ook krachtige fytoestrogenen, plantaardige hormoonimitators, die bij een eenzijdig dieet invloed kunnen hebben op het hormoonsysteem. Met name rond soja is nogal wat te doen, omdat dit soms als vervangmiddel voor koemelk wordt gegeven aan kinderen.

De meeste onderzoekers komen wel tot de conclusie dat hormoonverstorende vervuiling best zo laag mogelijk wordt gehouden, precies om het totale niveau en de mogelijke effecten zoveel mogelijk te beperken. En dat geldt bij uitstek voor synthetische stoffen die *extra krachtig* inwerken, die in ons lichaam *opstapelen* en die heel *moeilijk afbreken*, zoals dioxines en PCB's.

Het waren vooral de onderzoekers die zich bezighouden met **vruchtbaarheidsproblemen** die het eerst tot de vaststelling kwamen dat scheikundige stoffen in ons milieu een hormoonimiterende werking hebben. Ze merkten dat, naarmate de gehalten van die verstorende stoffen bij de onderzochte personen hoger waren, mensen meer vruchtbaarheidsproblemen hadden. Vooral het verminderen van de *spermakwaliteit* bij mannen en de toename van *endometriose* of woekering van het weefsel in de baarmoeder bij vrouwen werden in verband gebracht met deze vervuiling.

Om te beginnen is er het verband tussen dioxinevervuiling en *sperma*.

Er zijn de laatste decennia ontelbare onderzoeken gebeurd om te controleren of er nu al of niet sprake is van een daling van het aantal zaadcellen bij mannen. Verscheidene studies vonden een duidelijke daling (Carlsen e.a., 1992; Irvine, 1994; Auger, 1995). Maar er klonken ook tegenstemmen van wetenschappers die dit in hun onderzoeken niet bevestigd vonden (Paulsen, 1996). Of er was kritiek op de gebruikte methode. Carlsen bijvoorbeeld analyseerde en bundelde 61 onderzoeken uit de periode 1938 tot 1991 die wezen op een dalende zaadkwaliteit bij mannen, maar sommigen beweerden dat Carlsen's statistische technieken niet klopten (Fisch, 1996). Een nieuwe analyse van de oorspronkelijke gegevens met behulp van verscheidene statistische methoden, leverde dan weer wel bevestiging op van de oorspronkelijke stelling, maar gaf wel aan dat er vooral verminderde zaadkwaliteit was in de Verenigde Staten en in Europa en niet in niet-westerse landen (Swann,1997).

Ook in eigen land woedt de discussie al vele jaren.

Het feit dat veel meer koppels tegenwoordig een beroep doen op fertiliteitcentra om hun kinderwens te realiseren, wijst op grotere vruchtbaarheidsproblemen. Al zijn er natuurlijk veel factoren die een rol spelen: mensen wachten veel langer om aan kinderen te beginnen en dan is de natuurlijke vruchtbaarheid sowieso al kleiner en – niet onbelangrijk – het ongeduld wordt ook groter en fertiliteitcentra zijn makkelijker bereikbaar dan vroeger.

Desondanks tonen onderzoeken bij de Vlaamse mannen aan dat er ook iets aan de hand is met de kwaliteit van het gemiddelde sperma. Onder andere de Gentse fertiliteitspecialist dr. Frank Comhaire stelde sinds de jaren zeventig een opvallende daling vast van hoeveelheid en de kwaliteit van de zaadcellen bij mannen. Die achteruitgang lijkt recent wel te zijn vertraagd en critici menen dat er ook veel vragen zijn omtrent de gebruikte methodes. Vaak worden spermaonderzoeken vergeleken met onderzoek uit periodes waarin er verschillende tel- en onderzoeksmethoden gebruikt werden. Nu bijvoorbeeld kan je met moderne middelen wellicht meer afwijkingen zien aan zaadcellen, terwijl die afwijkingen er vroeger ook al waren, maar niet ontdekt werden.

Toch wordt algemeen aangenomen dat er een feitelijke achteruitgang is in de spermakwaliteit bij Westerse mannen. En wat vooral verontrust, is dat die achteruitgang groter is naarmate de onderzochte mannen jonger zijn (Lancet, 1995). Gemiddeld is de achteruitgang ook groter bij mannen uit een geïndustrialiseerd gebied (Bujan et al., 1996) maar het fenomeen doet zich plaatselijk ook voor in Derde Wereldlanden waar lokaal veel DDT en aanverwante pesticiden zijn gebruikt.

Parallel aan het probleem van de dalende spermakwaliteit zien dokters in hun praktijk enkele specifieke, verwante problemen vaker opduiken dan vroeger, zoals *het niet-indalen van de teelballen* bij jongetjes en *teelbalkanker*. Dat is en blijft weliswaar nog altijd een zeldzame kanker, maar de toename is zeker niet te wijten aan de vergrijzing van de bevolking, want het is een ziekte die op jonge leeftijd voorkomt. In Denemarken is er een verdrievoudiging vastgesteld van het aantal gevallen sinds de oorlog en elders is de trend dezelfde.

Bovendien wordt teelbalkanker in verband gebracht met problemen tijdens de ontwikkelingsfase van de geslachtsorganen van het embryo in de baarmoeder, problemen waarbij hormoonimiterende scheikundige stoffen vermoedelijk een rol spelen (Skakkebaek et al., 1998).

In dat verband besteedden de auteurs van 'Our Stolen Future' veel aandacht aan dierproeven die de invloed van dioxine op de *vruchtbaarheid van de volgende generatie* probeerden te meten.

Ze beschrijven hoe Richard Peterson en Robert Moore van de University of Wisconsin in 1990 vaststelden dat zelfs *lage* dosissen dioxine de toekomstige vruchtbaarheid van embryo's kunnen aantasten. 'Just a single hit', één minieme dosis op een kritiek moment, was bij drachtige rattenmoeders voldoende om de fertiliteit aan te tasten van hun mannelijke jongen, vond Peterson.

Het E.P.A., het Amerikaanse Environmental Protection Agency, liet de studie overdoen en vond een vergelijkbaar effect bij vrouwelijke rattenjongen waarvan de drachtige moeder een *lage* dosis dioxine had gekregen.

Het méést merkwaardige in de studies die daarna nog volgden aan de University of Wisconsin bij Peterson en Moore, is dat er weinig effect te merken was aan het voortplantingssysteem van *volwassen* dieren: je moest ze bijna een dodelijk hoge dosis geven, eer je daarin veranderingen zag optreden. Maar bij de tweede generatie, bij de jonge ratten die aan een zeer lage dosis waren blootgesteld in de buik van hun moeder of via de moedermelk, bleek dat ze later tot veertig procent minder zaadcellen produceerden dan normaal.

Uiteraard moet je opletten met dit soort conclusies uit dierenproeven omdat je die niet automatisch kan toepassen op mensen. Ook tussen diersoorten onderling zijn er soorten die erg gevoelig reageren op dioxines en andere die er veeleer ongevoelig voor lijken.

De mens hoort volgens sommigen eerder bij die laatste categorie en zou dus weinig onmiddellijke gevolgen vertonen.

Maar ook daar zijn dan weer dierenproeven die zorgen baren. Earl Grey, een toxicoloog gespecialiseerd in voortplantingsprocessen, deed de test over met hamsters in een studie voor E.P.A. in het Research Triangle Park in North Carolina. Een volwassen hamster is vrijwel ongevoelig voor een rechtstreekse vergiftiging door dioxine, maar desondanks bleek hij even gevoelig voor *prenatale* blootstelling als andere diersoorten.

Bovendien – om op de rattenproeven terug te komen – de ratten uit de tweede generatie bleken wél met vlag en wimpel te slagen als het erop aankwam om voor nageslacht te zorgen en dat is nu toevallig het criterium bij uitstek dat de industrie toepast om nieuwe scheikundige verbindingen te testen op veiligheid. De als embryo blootgestelde diertjes waren allemaal in staat om wijfjes te bevruchten en voor een normaal aantal nakomelingen te zorgen. Maar dat had dan weer te maken, aldus Robert Moore, met het feit dat ratten bijzonder sterke fokkers zijn, die tien keer méér sperma produceren dan ze echt nodig hebben om zich voort te planten. Testen wezen uit dat een toxische stof 99% van het sperma van een rat kan uitschakelen en toch geen effect heeft op zijn voortplantingsvermogen.

Mensen daarentegen zijn erg inefficiënte 'fokkers', die ernaar neigen om nauwelijks genoeg sperma te produceren voor een succesvolle bevruchting. Volgens Moore is de spermasituatie bij veel individuele mannen al kantje-boordje zelfs zonder dat er hormonale stoorzenders in het spel zijn.

Als de bewering van Moore klopt, en als de spermatellingen blijven dalen bij de mannelijke medemens, dan ziet het er niet zo goed uit voor onze soort.

Onderzoekers aarzelen weliswaar om op basis van dierproeven de mogelijke gevolgen voor de mens te voorspellen, maar sinds ontdekt is dat het mechanisme van binding van dioxine aan de Ah-receptor niet alleen bij dieren maar ook bij de mens bestaat, wordt de kans op vergelijkbare effecten veel hoger ingeschat.

Ook de vaststelling dat het toedienen van TCDD-dioxine bij vrouwelijke resus-aapjes rechtstreeks *endometriose* deed ontstaan (Rier,1993), sterkte onderzoekers in hun overtuiging dat er een verband was tussen de dioxinevervuiling en de toename van deze ziekte bij vrouwen. *Endometriose* is een relatief onbekende *vrouwenziekte,* maar in de Verenigde Staten en Canada alleen al hebben meer dan vijf miljoen vrouwen ermee te maken. Ook in ons land is het een zeer veel voorkomende vrouwenziekte. Wellicht wordt het groeiend aantal gevallen deels beïnvloed door een betere opsporing en meer preventief onderzoek, maar toch lijkt er ook een reële stijging te zijn.

Endometriose komt vooral voor bij jonge vrouwen en veroorzaakt een wildgroei van het beschermend weefsel aan de binnenzijde van de baarmoeder. Daardoor gaat dit weefsel woekeren op organen erbuiten. Als zo bijvoorbeeld de eileiders ingekapseld raken, kan endometriose tot onvruchtbaarheid leiden. De ziekte veroorzaakt vaak pijn en kan op termijn ook leiden tot het moeten wegnemen van de baarmoeder.

Er is al jaren een debat aan de gang over de oorzaak van endometriose en meer en meer wordt deze ziekte in verband gebracht met de verstoring van het hormonaal- en het immuunsysteem door dioxineachtige stoffen (Zeyneloglu e.a., 1997).

Duitse wetenschappers stelden dan weer vast dat vrouwen met endometriose hogere gehaltes PCB's in hun bloed hadden. In Israël vonden onderzoekers het-zelfde verband met dioxines (Mayani,1997).

Het National Institute of Environmental Health Sciences in de VS is om die reden een reeks studies gestart om bij vrouwen met endometriose het gehalte in het bloed te meten van dioxines, furanen en PCB's.

Ook in eigen land hebben onder andere onderzoekers van de universiteiten van Leuven en van Antwerpen een verband gelegd tussen het hoge aantal endometriosegevallen in België en de belangrijke vervuilingsgraad met dioxi-nes (Koninckx e.a., 1994). Aan de UCL onderzoekt professor Donnez het voor-komen van endometriose bij jonge vrouwen die tijdens hun tienerjaren in een omgeving woonden met een sterke dioxinevervuiling.

Andere onderzoeken hebben dan weer een verstoring vastgesteld van de *sekse-ratio*, de verhouding *meisjes/jongens* in geboortecijfers. De laatste twintig tot veertig jaar zijn er bijvoorbeeld in Denemarken, Nederland, Zweden, Duits-land, Noorwegen, Finland, Canada en de VS minder jongetjes geboren dan normaal kon verwacht worden.

In Seveso is – weliswaar in een heel kleine groep – een fenomeen vastgesteld dat de hypothese versterkt dat hier een verband is met hormonale stoorzen-ders: bij negen koppels die de hoogste gehaltes dioxine in hun bloed hadden, werden in de eerste acht jaren na de ramp twaalf dochters en geen enkele zoon geboren (Mocarelli, 1996).

Ook bij dieren, onder andere schildpadden in het Apopka-meer in Florida, is een dergelijk fenomeen vastgesteld onder invloed van hormoonverstorende chemische vervuiling (Guillette, 1992).

Het zijn trouwens niet alleen de vruchtbaarheidsspecialisten die zich zorgen maken over hormonale stoorzenders in ons milieu.

In Seveso, waar er een grote blootstelling was aan TCDD, is er duidelijk meer diabetes mellitus of *suikerziekte* bij vrouwen en het is bij hen ook een belangrijke doodsoorzaak.

Het verband tussen dioxine en suikerziekte ligt in het feit dat dioxine inter-fereert, verstorend werkt, op het hormoon insuline. Daardoor verandert de glucosetolerantie en dat leidt tot diabetes.

Die vaststelling gebeurde eerder al in een onderzoek bij een beperkte groep van 55 arbeiders, die tien jaar na hun blootstelling onderzocht werden. Het bleek dat de helft (1 op 2) diabeticus was of op zijn minst een abnormale glu-cosetolerantie had, wat een voorloper is van suikerziekte (Pazderova-Vejlup-kova, 1981). Die cijfers veroorzaakten een fel oplaaiende discussie en er werden tal van nieuwe onderzoeken gestart.

Ook de Amerikaanse chemiearbeiders die waren blootgesteld aan dioxine, de zogenaamde NIOSH Cohort, werden onderzocht op hormonale storingen. De arbeiders hadden lagere testosteronniveaus en hogere waarden aan vrouwelijke hormonen, wat leidde tot een verminderd aantal zaadcellen (Egeland, 1994). Ook waren er meer diabetici bij naarmate de dioxinewaarden in hun bloed hoger lagen (Sweeney, 1992).

Ook bij Vietnamveteranen, die in contact waren geweest met dioxine via het ontbladeringsmiddel Agent Orange, werd het voorkomen van suikerziekte onderzocht en ook bij hen bleek dat zij 2,5 keer méér risico liepen op diabetes dan de gewone Amerikaan van hun leeftijd.

Vooral in de Verenigde Staten, waar het debat over de hormoonimiterende effecten van scheikundige stoffen al veel langer woedt, wordt gezocht naar de invloed op het *immuunsysteem* en naar de invloed op de *hersenontwikkeling* en het *zenuwstelsel* van embryo's.

Bij dat laatste wordt dan onder meer gezocht naar mogelijke verklaringen voor bepaalde gedragsproblemen, zoals *hyperactiviteit* en *concentratiestoornissen* bij kinderen.

Uiteraard gaat het daarbij zo mogelijk om nog veel moeilijker te ontrafelen processen.

Toch zijn er al verscheidene onderzoeken uitgevoerd naar de specifieke invloed van PCB's op de neurologische ontwikkeling in de baarmoeder en in het vroegste stadium na de geboorte.

Vooral de invloed op de *schildklier* is cruciaal. Want schildklierhormoon is bepalend voor de ontwikkeling en 'programmering' van de hersenen. Het wordt algemeen erkend dat een ernstige storing van de schildklier tijdens de zwangerschap een zware mentale achterstand kan veroorzaken bij de baby, maar het is veel moeilijker te meten wat een lichte verstoring teweegbrengt.

Toch blijkt dat zeer lage dosissen PCB's en dioxines – dosissen onder het niveau dat algemeen als toxisch wordt beschouwd – storend kunnen werken op de schildklierfunctie van moeder en kind en dit kan bijgevolg van invloed zijn op de neurologische ontwikkeling (Porterfield, Medical College of Georgia, 1994). PCB's doen, wellicht ook via de Ah-receptor, een daling ontstaan van thyroxine, het schildklierhormoon (Van Birgelen, 1995).

Parallel is er ook de vaststelling dat dioxines en PCB's effecten hebben op de volgende generatie. Al kunnen er bij dioxines en PCB's geen echt 'mutagene' effecten of wijzigingen in het erfelijk materiaal worden aangetoond, wél zijn er bij dioxines duidelijk *teratogene* effecten, dat wil zeggen niet-overerfbare *afwijkingen bij ongeboren kinderen.*

In Vietnam worden nu nog altijd kinderen geboren met afwijkingen, waarvan wordt vermoed dat die teruggaan op de zware dioxinebesmetting van de jaren zestig en zeventig door Agent Orange. Bij kinderen van Noord-Vietnamese vaders die tijdens de oorlog in het dioxinebesmette Zuid-Vietnam vochten, werden er in 29 op 1000 geboorten afwijkingen vastgesteld, tegenover 6 op 1000 bij kinderen van veteranen die niet in het zuiden hadden gevochten (Hatch, 1984). Bij een zeer ruime studie van Noord-Vietnamese veteranen waarbij 121 000 zwangerschappen werden onderzocht, bleek er een duidelijke toename van het aantal miskramen, maar slechts een zwakke verhoging van het aantal geboorteafwijkingen (Hatch, 1984; Constable, 1985).

In de Verenigde Staten signaleerden de Centers for Disease Control (Centra voor Ziektecontrole) een hoger aantal gevallen spina bifida (open rug), hazenlip en gespleten gehemelte, waterhoofd en kinderkankers bij kinderen van Vietnamveteranen (Erickson, 1984). Een American Legion-onderzoek toonde een groter aantal miskramen aan bij foetussen waarvan de vader in Vietnam had gevochten (Stellman, 1988). Maar de gegevens uit veteranenstudies zijn meestal beperkt omdat er weinig geweten is over de dioxineniveaus op het ogenblik van de bevruchting en omdat het vaak om een beperkt aantal onderzochte personen gaat.

In Taiwan zijn onderzoeken uitgevoerd op de kinderen van moeders die zwanger waren tijdens de Yu-Cheng-besmetting met PCB's in rijstolie. Vooral bij moeders die chlooracne hadden na het ongeluk en die dus vermoedelijk een hoge dosis hadden gekregen, waren er veel problemen: er was een hogere sterfte bij de baby's dan normaal, vooral bij diegene die een donkerverkleurde huid hadden, een typisch symptoom van dioxinevergiftiging. Veel kinderen hadden abnormale vinger- en teennagels, oogvliesontsteking, tanden bij de geboorte en andere tandafwijkingen. (Kuratsune, 1989; Chen, 1992). Onderzoeken bij kinderen die waren blootgesteld aan de Yusho- en Yu-Cheng-rijstolie-ongelukken toonden ook aan dat ze vaak last hadden van ontwikkelingsachterstand, spraakproblemen, gedragsstoornissen en verzwakte intelligentie (Rogan,1988; Hsu, 1994; Masuda, 1994). De Yusho-kinderen hadden een laag geboortegewicht en een vertraagde groei (Masuda,1994) en bij de Yu-Cheng kinderen werden veel oorproblemen ontdekt, vooral middenoorinfecties en toenemende doofheid (Chao, 1997). Hun verminderde weerstand veroorzaakte ook meer bronchitis dan normaal en jongens hadden in hun adolescentie vaak een minder volgroeide penis (Guo, 1993).

In Nederland zijn heel recent onderzoeken uitgevoerd naar de effecten van dioxines en PCB's op zuigelingen en kleuters. Daarvoor werd uitgegaan *van niveau's van gemiddelde vervuiling* met dioxines en PCB's zoals die in Nederland 'normaal' voorkomen in industriële gebieden en die werden vergeleken met een controlegroep met lagere vervuilingsgehalten.

Vooral de motorische en neurologische ontwikkeling en het gedrag van de kinderen werden nagegaan en het bleek, onder andere uit een studie van Lanting (1998), dat baby's die in de moederbuik waren blootgesteld aan dioxines en PCB's in Nederland het eerste anderhalf jaar een *ontwikkelingsachterstand* vertoonden. Dat effect was wel niet meer te zien op 42 maanden (drieëneen-half jarige leeftijd).

Er bleken ook meer teruggetrokken en depressieve kinderen te zijn bij de blootgestelde groep, een waarneming die ook in Japan en Taiwan werd gedaan bij kinderen van de rijstolieslachtoffers.

Kinderen die na hun geboorte blootstonden aan de typische dagelijkse doses dioxine en PCB's in Nederland, hadden veranderingen in de schildklier-hormonen op de leeftijd van 3 maanden en bleken ook een vertraagde motori-sche ontwikkeling te hebben op de leeftijd van 7 maanden. Ook daar was er een verminderde weerstand merkbaar met meer middenoorontstekingen en vaker windpokken dan normaal. Op de leeftijd van 42 maanden werd er ook een toename vastgesteld van hyperactief gedrag en kinderen hadden last om hun aandacht lang bij iets te houden.

Het onderdrukkend effect van dioxines op het *immuunsysteem* wordt in zeer veel studies beschreven, maar in feite is er nog maar heel weinig bekend over de manier waarop dit mechanisme werkt.

In hogere dosissen en bij chronische blootstelling bleken dioxines in dier-proeven een verschrompelend effect te hebben op de *thymusklier*, dat is een klier die achter het borstbeen ligt (de zwezerik bij kalveren) en die een belang-rijke rol speelt bij de vroege ontwikkeling van het immuunsysteem bij kinde-ren.

Linda Birnbaum, onderzoeksdirecteur bij het Health Effects Laboratory van het US E.P.A. in North Carolina, noemt dioxine een zeer krachtige immuunonderdrukkende stof. Maar het kan ook het immuunsysteem zoda-nig 'opjutten' dat het overgevoelig wordt, zodat er *autoimmuniteit* ontstaat (afweer tegen eigen lichaamsfuncties) en *allergieën*. Veel hangt af van het groei-stadium van het dier en de diersoort. Birnbaum beschreef ook de immuunpro-blemen bij een Inuït-bevolkingsgroep in Quebec: de kinderen van die eskimo-gemeenschap, die hoge dioxinegehalten in hun lichaamsvet hebben, hebben zeer veel last van infecties aan de luchtwegen en de oren, maar erg opvallend is ook dat inentingen bij hen steeds minder effect hebben. Vaccinaties beschermen niet voldoende bij deze kinderen omdat hun natuurlijk afweervermogen is beschadigd. Volgens Birnbaum is er bij dieren ook geen drempel gevonden voor de immunotoxische respons op dioxine: er is dus geen 'veilige dosis' van dioxines waaronder het immuunsysteem niét wordt aangetast (Birnbaum, 1993).

Er zijn op dat terrein nog altijd zeer veel onzekerheden over de werking bij mensen. Wel is er een verband vastgesteld tussen de hormoonverstorende werking van dioxine en veranderingen in het immuunsysteem (Grassman e.a., 1998). Zo bestaat er ook een vermoeden dat daardoor allergieën kunnen ontstaan.

In de studies over endometriose (zie hoger) zou er niet alleen invloed uitgaan van de oestrogene werking van dioxine, maar zou er ook een immuunonderdrukkend effect meespelen (Zeyneloglu e.a., 1997).

De slachtoffers van de rijstolievergiftigingen in Japan en Taiwan hadden ook veel meer last van infecties, vermoeidheid en hoofdpijn, als gevolg van de aantasting van hun immuunsysteem. Dat systeem wordt gecontroleerd door een constante wisselwerking tussen stimulerende cellen, de T-helpercellen of TH, en de afremmende cellen, de T-suppressorcellen of TS. Een relatief overwicht van de TS-cellen, als gevolg van de PCB-vervuiling, veroorzaakte een onderdrukking van de afweer bij deze mensen (Copius Peereboom e.a., 1986; Dean e.a., 1992 ; Francis, 1994).

Wat de discussie over *veilige dosis* of drempeldosis betreft, nog dit: recente Amerikaanse studies (Renner, 1998; Sheehan e.a., 1999), waarschuwen dat 'additivity and synergism', het versterkend en samenwerkend effect van hormoonverstorende stoffen, zoals dioxines en andere chemicaliën, kan leiden tot het verdwijnen van het begrip 'veilige dosis'. Door de aanwezigheid van andere verstorende stoffen is een kleine toevoeging, een uiterst minieme hoeveelheid mogelijk voldoende om een effect te doen ontstaan.

De *Codex Alimentarius Commission* stelt in een discussietekst over dioxines van maart 1999 dat: *'The more recent epidemiological and toxicological data, in particular with neurodevelopmental and endocrinological effects show that dioxins and dioxin-like PCB's, have a broader impact on health problems than previously assumed.'*

Vrij vertaald: 'Het recent bevolkings- en toxicologisch onderzoek, vooral naar de effecten op de ontwikkeling van het zenuwstelsel en het hormonaal systeem, toont aan dat dioxines en dioxineachtige PCB's een grotere invloed hebben op gezondheidsproblemen dan vroeger werd aangenomen.'

De Codex Alimentarius Commissie is een onverdachte bron. Het is een orgaan met wetenschappers en ambtenaren uit alle VN-lidstaten, dat werkt onder de koepel van de Voedsel- en Landbouworganisatie van de Verenigde Naties en van de Wereldgezondheidsorganisatie. De commissie houdt zich vooral bezig met het afspreken van normen voor de beveiliging van de voedsel-ketens.

## Minimalisten versus maximalisten

In het debat over de effecten van dioxines en van vervuilende scheikundige stoffen in het algemeen, wordt er soms gesproken over 'believers' en 'non-believers'. Maar het gaat niet over 'geloof'. Het gaat erom hoe je de aangetoon-de risico's inschat.

En daar komen de belangen om de hoek kijken.

In de Verenigde Staten zijn er in de praktijk twee kampen gegroeid die ook stilaan zijn opgesplitst volgens de heersende politieke scheidingslijnen.

Aan de ene kant heb je diegenen die vrezen voor ernstige gezondheidspro-blemen door industriële vervuiling. Zij gaan samenwerken met de ecologische beweging en leunen meestal ook nauw aan bij de Democratische Partij.

Aan de andere kant heb je diegenen die in dit alles een complot zien om de vrije markt te fnuiken, de conservatieven die de handen in elkaar slaan met de moral majority-beweging en de Republikeinsgezinden.

Een duidelijke illustratie van die politisering vind je op de websites van 'chlorofielen' op Internet die in de tegenaanval gaan tegen *'Our Stolen Future'*, het referentieboek van de ecologische beweging in de VS. Niet toevallig is het voorwoord bij dat boek over 'hormonale stoorzenders' geschreven door Democratisch politicus Al Gore en ondertekende hij het vanuit zijn functie van Amerikaans vice-president. Evenmin toevallig is dat het boek wordt verketterd door tegenstanders uit industriële en rechts-conservatieve lobby-kringen: dat gaat van ridiculiseren of bagatelliseren met soms heel dubieuze, pseudo-wetenschappelijke argumenten tot ronduit verdacht maken met insi-nuaties over de bankrekening van de auteurs.

Ook tijdens het Amerikaanse kippenschandaal in 1997 (via dioxinevervuil-de bentonietklei in veevoeder) bleek die scherpe politisering: de Chemical Manufacturers Association en de Chlorine Chemistry Council, twee bedrijfs-verenigingen uit de chemie, verklaarden toen openlijk *'...that the dangers of dioxin have been greatly exaggerated to suit the political purposes of environmental zealots who are really just interested in promoting Big Government.* 'Vrij vertaald: 'de gevaren van dioxine werden zwaar overdreven met politieke bedoelingen door groene scherpslijpers die er enkel op uit waren om alles en iedereen door de regering en de bureaucratie te laten controleren.'

Dat er ook bij ons een politisering van het debat tussen de wetenschappers dreigt, viel al te merken in de Parlementaire Onderzoekscommissie. Het 'wetenschappelijk debat' dat daar gevoerd werd, was eigenlijk zeer leerrijk, al was het om te zien welke politici allianties vormden met welke wetenschappers.

## Onder professoren

De discussie in de Dioxinecommissie werd geopend door Professor Alfred Bernard van de UCL, een toxicoloog. Hij zette meteen de toon door te zeggen dat er 'veel valse ideeën over dioxines de ronde doen'.

Bernard gaf wel toe dat hijzelf in het begin wat gepanikeerd had toen hij hoorde van de zaak: er waren buitensporige concentraties gevonden, 'du jamais vu', nooit gezien!

Maar voorts was het al bij al 'niet gevaarlijk geweest omdat het maar over een korte periode ging. Dioxine wordt buiten alle proporties gediaboliseerd.'

Het IARC, het Internationaal Agentschap voor Kankeronderzoek, heeft het Seveso-dioxine, 2,3,7,8-TCDD, weliswaar ingedeeld in categorie 1, kankerverwekkend voor mensen. Maar, stelt Bernard, het feit dat het IARC er vijf tot zes jaar heeft over gedaan om die beslissing te nemen, wijst erop dat het zeker niet om een onomstotelijk gegeven gaat.

'Dioxines zijn geen rechtstreekse verwekkers van kanker, ze kunnen wel het kankerverwekkend effect van andere fenomenen versterken. Dit is vooral zo voor het Seveso-dioxine,' aldus Bernard, 'maar dat TCDD kwam heel weinig – praktisch niet – voor in het lijstje van de gevonden dioxines.'

Waarop Bernard, later bijgetreden door zijn UCL-collega professor Roberfroid, beklemtoonde dat de media de zaak dus veel te erg hadden voorgesteld door te verwijzen naar de giframp in Seveso of zelfs naar de gevolgen van de ontbladering met het dioxinebevattende Agent Orange in de Vietnamoorlog.

Toch ging Bernard zelf herhaaldelijk vergelijken met Seveso en Viëtnam. Meer nog, hij gaf zelfs toe dat de Belgische dioxinecrisis toch niet niks was geweest, want hoewel er in Seveso en Viëtnam veel méér dioxines in het leefmilieu waren beland, hier in België waren ze rechtstreeks in de voeding terechtgekomen. En dat verklaarde waarom er hier in de getroffen dieren nooit geziene concentraties werden gevonden. Het ging om tien- tot honderdvouden in vergelijking tot de concentraties aan Agent Orange in Viëtnamese vis en kippen.

Maar geen paniek. Volgens zijn berekeningen moest je in de besmette periode in België tussen 30 en 40 vervuilde kippenporties en/of omeletten gegeten hebben om je 'body burden' – de lichaamsbelasting met dioxines die je al hebt uit het verleden – te verdubbelen. En dan moest je er nog vanuit gaan, dat die vervuilde kippen en eieren ook écht in het voedselcircuit waren terechtgekomen. Wat Bernard betwijfelde.

Al gaf de professor elders toe dat in deze dioxinecrisis 95% van de pluimveesector getroffen was. Maar daarover straks meer.

Zelfs als we dioxine hebben binnengekregen via deze crisis, zegt Bernard, dan is dat nog geen reden tot ongerustheid, want in de jaren tachtig waren die gehaltes dioxine en PCB's in onze lichaamsvetten veel hoger dan nu.

'We komen hiermee hoogstens terug op het niveau van mensen die leven in een land waar ze hoofdzakelijk vis eten. Zoals bijvoorbeeld in Korea en Japan. En wat die landen betreft: daar zijn studies gedaan over het langdurig effect van dioxineinname via vis, en die wijzen erop dat er een zeer zwak risico is voor zwangere vrouwen. Dat is geruststellend voor de mensen die per ongeluk van deze besmette voeding gegeten hebben.' Toch besloot Bernard vermanend: 'Dit gezegd zijnde, mag dit soort situaties geen jaren duren. Het is een goeie zaak dat het is ontdekt.'

Op de vraag van commissielid Martine Dardenne van Ecolo wat volgens hem de effecten zijn van lage dosissen, antwoordde Bernard dat die geen echte zorgen baren.

- 'Ook niet op hormonaal vlak?'

- 'Er zijn weinig aanwijzingen, ook niet bij industriële ongelukken zoals Seveso. We zijn bezorgd om dioxines en PCB's, omdat we die meten, maar er zijn honderden andere elementen in de lucht en in onze voeding. En het is daar dat er misschien storende invloeden op de hormonale processen spelen. Je moet je daarover niet buitensporig ongerust maken. Wel is het zo dat de Wereldgezondheidsraad de norm heeft verlaagd, precies om rekening te houden met die hormonale risico's, zelfs al zijn die heel subtiel.'

Wat je kan noemen: warm en koud tegelijk blazen.

Bernard werd nadien herhaaldelijk geciteerd door christen-democraten en vooral liberalen.

De volgende wetenschappers die kwamen getuigen voor de Parlementaire Dioxinecommissie waren iets terughoudender in hun stellingnamen. De UCL-farmacoloog, professor Marcel Roberfroid, zei onmiddellijk zelf dat hij geen expert in dioxines was en dat er – op dat moment – weinig kon gezegd worden over het gelopen risico, 'want we weten niet aan wat en aan welk niveau we zijn blootgesteld.'

Waarop sommigen zich begonnen af te vragen waarom deze eminente geleerde dan als expert was ontboden. Maar wellicht speelde het taalevenwicht ook ergens een rol.

In elk geval sloot Roberfroid zich in grote lijnen aan bij collega Bernard. 'De dioxinegehaltes waaraan we tegenwoordig blootstaan (uitgezonderd natuurlijk tijdens deze crisis) dalen elk jaar naar schatting met 5 tot 7 %, omdat de industriële uitstoot vermindert. De mens is in vergelijking met sommige proefdieren weinig gevoelig voor dioxines en dioxines worden dus volgens hem veel te veel gediaboliseerd. Deze crisis betekent waarschijnlijk een zeer zwak risico, want het gaat vooral om PCB's, furanen en slechts enkele dioxines, waaronder geen Seveso-dioxine'.

Maar elders gaf Roberfroid wel toe dat '80% van onze informatie over de effecten van dioxine is gebaseerd op studies van TCDD. Over de andere dioxineachtige stoffen hebben we heel weinig informatie. De meeste onderzoeksgegevens over PCB's bijvoorbeeld zijn al oud, maar, die wijzen wel in de richting van cancerogeniteit.' En: 'Het had wel nooit mogen gebeuren.' Warm en koud.

Ook het verhaal van dokter *Thaly Lakhanisky*, de Franstalige chef van de afdeling toxicologie van het Wetenschappelijk Instituut voor de Volksgezondheid Louis Pasteur, bracht weinig klaarheid. Ook zij was 'geen specialiste in dioxines' en zij kon geen oordeel geven over de ernst van de crisis want het probleem was 'zo ondoorzichtig en complex'.

Toen de technische expert van de commissie, *professor Van Hoof*, haar vroeg of ze op de hoogte was van het onderzoek in een andere afdeling van haar instituut waar al enkele jaren dierlijke producten worden gecontroleerd op PCB's, antwoordde ze letterlijk: 'Neen, want u zegt zelf dat het om een andere afdeling van het instituut gaat en wij werken in verschillende domeinen. Toxicologie gaat vooral over industriële stoffen en pesticiden. De afdeling levensmiddelen houdt zich bezig met levensmiddelen (sic). En feitelijk heb ik niet genoeg informatie om u te kunnen antwoorden.'

Waarop ze bedankt werd voor haar komst.

Van een technisch veel beter gehalte waren de uiteenzettingen van de verschillende scheikundige experts, al waagden die zich liever niet op het toxicologisch- of gezondheidsvlak.

*Rudy Van Cleuvenbergen* van de VITO (Vlaamse Instelling voor Technologisch Onderzoek), professor *Hubert De Brabander* van de Universiteit van Gent en zijn collega professor *Pat Sandra*, die niet als expert maar als getuige gehoord werd, bevestigden alledrie dat dit, in termen van besmetting, een 'zeer erge crisis' was. En dat het wel degelijk om een dioxineprobleem ging, zelfs al lag de oorzaak in een PCB-vervuiling.

Zij legden ook uit dat de grootte-eenheden waarmee gewerkt wordt, in scheikunde in het algemeen en in dioxineanalyses in het bijzonder, soms verwarrend werken en moeilijk te vatten zijn. Voor een leek lijkt een miljardste van een gram (een nanogram) of een biljoenste van een gram (een picogram) compleet verwaarloosbaar, of op zijn zachtst gezegd 'abstract'. Maar in de scheikunde en zéker in de toxicologie of farmacologie zijn dit werkeenheden.

Bij geneesmiddelen bijvoorbeeld gaat het meestal ook om uiterst geringe hoeveelheden werkzame stof, maar zelfs de miniemste hoeveelheid zal gemeden worden, als het om een stof gaat die schadelijk kan zijn tijdens de zwangerschap. Idem dito voor onderzoekers die moeten werken met dioxines of PCB's in laboratoriumomstandigheden. De voorzorgsmaatregelen die daar genomen worden, staan in schril contrast met de sussende toon die sommige wetenschappers in de publieke discussie aanslaan.

*Dr. Jan Willems*, lid van de Hoge Gezondheidsraad en medisch expert, gaf uitleg over de wetenschappelijke risicoberekening die werd gemaakt in de eerste dagen na het uitlekken van het dioxineprobleem. Want de politici, zowel in België als in Europa, vroegen naar een wetenschappelijk aanvaardbare norm om voedsel op te testen.

Een zeer technische discussie weerom, maar voor de geïnteresseerde lezer toch even een samenvatting:

'*Niet zozeer het kankerverwekkende effect van dioxines en dioxineachtige stoffen wordt genomen als uitgangspunt voor internationale risicoberekeningen en normen. Die worden vooral gebaseerd op congenitale afwijkingen, niet-erfelijke afwijkingen bij borelingen die zijn ontstaan in de moederbuik. Precies daarom heeft de Wereldgezondheidsorganisatie op basis van dierexperimenteel onderzoek voorgesteld om een TDI, Tolerated Daily Intake, toelaatbare dagelijkse inname, te aanvaarden van 1 tot 4 picogram TCDD per kilogram lichaamsgewicht per dag. TCDD staat dan voor TEQ-waarden, dus voor alle gelijkgestelde dioxineachtige stoffen.*

*Indien men bij benadering aanneemt dat men ongeveer 1 gram vet per kilogram lichaamsgewicht per dag inneemt – een vereenvoudigde berekening die werd gebruikt omwille van de hoogdringendheid van de crisisperiode – dan geeft dat een toelaatbare concentratie van 4 pg TEQ per gram vet.*

*Aangezien er tijdens de afhandeling van de Belgische dioxinecrisis voor gekozen is om enkel nog de PCB-hoeveelheden te meten, moest er een verhouding, een relatie worden berekend tussen die maximale grens van 4 picogram TCDD of dioxineachtige stoffen en de maximale grens voor PCB's.*

*Uiteindelijk is er op 14 juni een vergadering belegd door de Hoge Gezondheidsraad mét internationale experts en daar is – op basis van de beschikbare meetresultaten – de relatie bepaald op 50.000. Omgerekend betekende dit dat als we de grenswaarde van 4 picogram TCDD of dioxine-achtige stoffen vermenigvuldigen met 50.000 dat we dan uitkomen op die fameuze grens van 200 nanogram PCB per gram vet.*

*Alle producten die boven die grensconcentratie uitkwamen, mochten niet in de handel komen. En dat was internationaal gezien een zeer strenge norm: sommige landen hanteren 1000, de USA 3000, de Wereldgezondheidsorganisatie 500. Vandaar dat er ook vanuit economische hoek kritiek kwam op de gezondheidsexperts. Maar legde dr. Willems uit, dat had te maken met het feit dat er bij 'onze' PCB-besmetting het gevaar in de eerste plaats beruste op de aanwezige dioxines.*

Kortom, een zeer technisch en ingewikkeld debat dat de burger die voor zijn bord zit, weinig vooruithelpt.

Bij de professorendiscussie bleef onder andere Bernard erop hameren dat het risico erg relatief is als je één keer een piekvervuiling binnenkrijgt. Anderen maakten daarbij dan wel een absoluut voorbehoud voor zwangere vrouwen en heel jonge kinderen.

In elk geval was vrijwel iedereen het erover eens dat het risico groter is wanneer we continu, over een langere periode, PCB's en dioxines te verwerken krijgen.

En dan kan je gaan discussiëren of deze crisis nu een 'langere periode' was. Voor de meesten niet. Met uitzondering weer voor ongeboren kinderen en zuigelingen. Voor mensen met een al verzwakte immuniteit. En voor mensen uit de betrokken beroepssectoren (zeg maar kippen- en eventueel varkensboeren) die extra veel van de vervuilde producten zouden hebben opgegeten.

Over dat laatste punt zei dr. Willems voor de commissie: 'Hierbij heb ik al zeer veel tegengestelde reacties gekregen, ondermeer van boeren die stelden "dat toch geen enkele boer zijn eigen producten opeet, dat die er wel voor zorgt over een afzonderlijke kweek te beschikken." Dit weten wij niet, dit moeten wij nakijken.'

Tot slot was er *Luc Hens*, professor aan de eenheid Menselijke Ecologie van de Vrije Universiteit van Brussel. De man over wie de kranten nadien blokletterden dat hij krek het tegenovergestelde was komen beweren van zijn voorgangers. Zijn stijl was anders en zijn stellingnamen waren radicaler, maar zijn argumenten waren evenzeer wetenschappelijk onderbouwd.

Hens berekende op basis van Belgische en Nederlandse statistieken over voedingsgewoonten en over de vervuilingsgraad van voedingswaren dat – los van de dioxinecrisis – de gemiddelde Belg blootstaat aan een totaal van 180 à 200 picogram TEQ per dag (TEQ = Toxiciteitsequivalenten, toxische waarde van dioxines en dioxineachtige stoffen samen).

Daarvan komt 30% van de groep melk-boter-kaas, 20% komt van vlees en ook vis geeft een nogal belangrijke besmetting.

Belangrijk is ook te weten dat Belgische baby's die borstvoeding krijgen, in hun eerste levensmaanden 6 % binnenkrijgen van de totale dioxinedosis die ze gedurende hun héle leven zullen opnemen. Dat betekent niet dat we borstvoeding nu al moeten afraden, zegt Hens, want borstvoeding geeft een zeer belangrijke extra-immuniteit aan de kinderen. En alle onderzoeken geven aan dat de gezondheidsvoordelen nog altijd groter zijn dan de dioxine-effecten. Maar elke bijkomende dioxinevervuiling in onze voeding is er teveel aan. Crisissen zoals deze moeten dus te allen prijze voorkomen worden.

Hens was ook vrijwel de enige expert die de commissieleden uitleg gaf over de hormoonverstorende effecten van dioxines en PCB's: 'Die kunnen een aantal vruchtbaarheidsfuncties beïnvloeden. Maar ze beïnvloeden ook het ontstaan van kanker, bijvoorbeeld tumoren die de voortplantingsorganen aantasten. Bovendien zijn deze stoffen bekend omwille van hun invloed op het immuunsysteem en op het zenuwsysteem en via dit laatste op het gedrag en vooral op het gedrag van kinderen.'

Toen Hens daarop het probleem van de cancerogeniteit, het kankerverwekkend zijn, van dioxine aansneed, ontstond er een merkwaardige rel met PRL-commissielid *Robert Denis*.

Denis, de liberale burgemeester van Malmédy, zelf veearts, gewezen keurder bij het Instituut voor Veterinaire Keuring, én actief in de viskwekerij, had al eerder laten blijken dat hij tot het 'minimalistische kamp' behoorde. Tegenover Hens begon hij een geagiteerde discussie over de vraag of er voor dioxine een drempeldosis bestaat. Volgens Denis moet er een zekere dosis dioxine overschreden worden eer er een kankerverwekkend effect kan ontstaan. Maar volgens Hens is dat geen uitgemaakte zaak, integendeel: de Wereldgezondheidsorganisatie en het EPA, het Amerikaanse Agentschap voor de bescherming van het Leefmilieu, zeggen niét dat er een drempeldosis moet in rekening worden gebracht bij risicoschattingen. 'Zij gaan er dus van uit dat er geen bewezen *no-effect dosis* is.'

Denis werd zodanig geïrriteerd in de discussie dat hij er op een bepaald ogenblik zelfs mee dreigde Hens te zullen beschuldigen van meineed.

Om maar te illustreren dat het voor de toeschouwer en leek een weinig verheffend schouwspel was om te zien welke wendingen een 'academische' discussie kan aannemen.

Maar Hens liet zich niet echt uit zijn lood slaan en gaf zijn eindconclusies. Rekening houdend met de stand van het wetenschappelijk onderzoek, zoals hij die had uiteengezet, kwam hij op een schatting van 40 tot 4 000 extra kankers als gevolg van de Belgische dioxinecrisis: '40 doden staat voor een conservatieve houding in de wetenschappelijke literatuur, 4 000 voor een meer relaxe.'

'Is dat veel of is dat weinig? De waarheid ligt hoogstwaarschijnlijk in het midden, met name 100 tot 1 000. En het gaat om extra kankers over een periode van 75 jaar, waarin er 10 miljoen Belgen gaan sterven. Als men dat in percenten uitdrukt, is dat 0,0004% van het totaal aantal doden in die periode. Ik kan dus de mensen volgen die zeggen dat dit zeer weinig is en dat zij zich daarmee bijgevolg niet bezighouden. En dat men zich beter kan bezighouden met de kankerdoden als gevolg van sigaretten. Daarnaast betekenen 1 000 extra kankergevallen vier middelgrote ziekenhuizen vol mensen. Vindt u dat de moeite? Is dit erg of niet erg? Ik moet u daarop antwoorden dat ik dit niet weet. Wanneer iemand uit onze onmiddellijke omgeving, uit onze familie of vriendenkring dat slachtoffer is, dan krijgt dat een heel andere dimensie. Wat dit betreft kan ik u jammer genoeg niet helpen. Ik kan u wel zeggen wat voor mij de beste manier is om mijn huiswerk te maken.'

Hens vulde zijn conclusies verder aan. 'Deze dioxinecrisis zal ook effecten hebben op andere gezondheidsniveaus: aandoeningen van het zenuwstelsel, het immuunsysteem en de vruchtbaarheid. Alleen kan je daarover geen zinnige risicoberekening maken. Het enige wat je kan doen is onderzoek doen naar de blootstelling van de bevolking, voortgezet onderzoek doen naar het effect van lage dosissen dioxine en dioxineachtige stoffen, naar de effecten van PCB's en aan preventie doen, een voorzichtigheidsreflex ontwikkelen.'

'Deze discussie is niet uniek. Wij voeren dezelfde discussie in verband met pesticiden. Kijk naar de dioxine in de citruspulp. Er is een hele aantasting van de voedselketen waar wij het niet over hebben gehad. Er zijn de 'GGO's', genetisch gemodificeerde organismen in de voedselproductie. Ik heb contacten in de maatschappij. Ik hoor steeds meer uitgesproken vraag naar eerlijk voedsel, naar voedsel dat niet besmet is met dioxines. Of men daar nu kanker van krijgt of hoe het nu precies zit met de AhR-receptor is voor veel mensen van secundair belang.'

## Het gelopen risico

Tot daar de discussie over de schadelijkheid of het gevaar van dioxines en PCB's.

Maar dan blijft er nog de discussie over het reële risico dat van deze besmetting is uitgegaan. Hoeveel hebben we binnengekregen?

Als verontruste mensen vragen of zij een risico op kanker of ander onheil gelopen hebben met deze dioxinecrisis, dan kan je geen pasklaar antwoord geven. Het zal altijd een genuanceerd antwoord zijn. Sommigen zijn daarmee gerustgesteld, anderen niet.

Om te beginnen is er geen gemiddelde Belg. Je bent jong of oud, man of vrouw, je hebt al een verminderde weerstand of je hebt al een belaste voorgeschiedenis omdat je lang in een vervuilde industriële omgeving hebt gewoond of omdat je altijd gerookt hebt.

Vandaar dat sommigen vinden dat er wel degelijk sprake is van een extra risico voor de Belgische bevolking. Want statistisch zitten de Belgen en de Nederlanders al bij de koplopers in West-Europa wat dioxinegehaltes in moedermelk betreft. En aangezien moedermelk een goede 'barometer' is, kan je stellen dat er in onze streken al sprake was van een ernstige dioxinebelasting. Al wat daar bijkomt, is er eigenlijk teveel aan. Zeker voor onze kinderen.

Wat de *gemiddelde blootstelling* is geweest in deze dioxinecrisis, is intussen wel al 'voorlopig' berekend door een aantal wetenschappers. Maar die berekeningen hangen van zoveel ongekende factoren af, dat je eigenlijk ook daar geen echte zekerheden hebt.

Een troostvolle gedachte kan misschien zijn dat er vanaf pakweg begin juni niet zo heel veel vervuiling meer in onze voedselketen is terechtgekomen, omdat van dan af de 'verdachte' voedingswaren zijn geblokkeerd en omdat er dan ook gestart is met het testen op die PCB-grens. Al zijn daar twee fundamentele bedenkingen bij. Die controle was  redelijk sluitend voor de exportproducten maar niet voor de voeding voor de binnenlandse markt. Achteraf is gebleken dat veel geblokkeerd vlees, vooral varkensvlees, is ingevroren en later, zonder controle, toch stilletjes is verwerkt op de binnenlandse markt.

En de tweede bedenking is natuurlijk: als er vanaf juni veel minder risico was, aan wat zijn we dan in de maanden voordien blootgesteld?

Van officiële zijde is er in elk geval weinig meegedeeld over de blootstelling van de Belgische bevolking. Kabinetschef Vanthemsche van Landbouw gaf wel de eerste dag van het lek toe dat het aantal opgegeten besmette kippen en eieren in de honderdduizenden liep, maar verder is daar eigenlijk zeer weinig op doorgegaan.

In het septembernummer (16/9/99) van het internationaal wetenschappelijk tijdschrift *Nature* is wel in de rubriek 'Brief communications' (korte mededelingen) een merkwaardig artikel verschenen, met als titel *'Food contamination by PCBs and dioxins. An isolated episode in Belgium is unlikely to have affected public health'.* Voedselbesmetting door PCB's en dioxines: het lijkt onwaarschijnlijk dat een geïsoleerde periode in België de volksgezondheid heeft aangetast.

Het ingezonden stuk was ondertekend door drie wetenschappers van de franstalige UCL, onder andere toxicoloog, dr. Alfred Bernard, de man die ook voor de Dioxinecommissie kwam vertellen dat het al bij al niet zo erg was geweest, en drie ambtenaren, onder wie twee hoofdrolspelers bij de inspectie op de kwaliteit van de grondstoffen (DG4 van Landbouw), Geert Depoorter en Gilbert Houins.

De openingszinnen van dit artikel doen onwillekeurig vermoeden dat de auteurs 's lands economisch en politiek belang in het achterhoofd hadden: 'In februari 1999 brak een vergiftigingsepisode uit in verscheidene kippenboerderijen in België. De Belgische autoriteiten *namen onmiddellijk voorzorgsmaatregelen om de volksgezondheid te beschermen en voerden een grootschalig voedselcontroleprogramma uit.'*

Geen woord dus over de vier maanden die al verlopen waren op het ogenblik van die 'onmiddellijke' maatregelen. Velen die van dichtbij betrokken waren bij de crisis, wetenschappers, ambtenaren en ook mensen uit de privé-sector, waren geschokt toen ze deze verdraaide voorstelling van de feiten gedrukt zagen in een gerenommeerd tijdschrift als *Nature.* Maar blijkbaar kan dit als het om een 'korte mededeling' gaat.

In de rest van het artikel beschrijven de auteurs dan dat het vervuilingspatroon met PCDD en PCDF (dioxines en furanen) in de Belgische crisis 'virtueel identiek' was aan dat van het Yusho- of rijstolie-ongeluk in Japan in 1968. Waarna ze de wetenschappelijke argumentatie geven die aantoont dat PCB-tests voldoende zijn om het vervuilde voedsel op te sporen. Dan volgen er concrete cijfers over de blootstelling, gebaseerd op de officieel verzamelde PCB-metingen. Cijfers 'die bevestigen dat vooral gevogelte besmet was in deze crisis: met PCB-concentraties in eieren en kippenvlees die tot 250 keer de toegelaten drempel van 0.2 microgram per gram vet overschreden (= 50 microgram/ gram ipv. 200 nanogram/gram of nog anders gezegd: 50 ppm ipv. 200

ppb). Varkens waren ook besmet maar minder massaal dan de kippen, en met lagere gehaltes: daar overschreden de PCB-concentraties tot 75 keer het toegelaten niveau.'

'De rundvleessector daarentegen was gevrijwaard gebleven.'

De auteurs maken tenslotte een schatting van het gelopen risico voor de Belgische bevolking: 'Er zouden 30 tot 40 maaltijden van zwaar vervuilde kip of eieren (met dioxineniveaus van ongeveer 1000 picogram TEQ per gram vet) nodig zijn om de body burden, of de dosis die al in het lichaam opgestapeld is, te verdubbelen.'

'Zelfs in zo'n extreem geval zou de maximale belasting nog 100 keer lager zijn dan bij de slachtoffers van het Yusho-incident of bij de bewoners uit de ergst getroffen zone van Seveso. Het zou wel overeenkomen met een verdubbeling of verdrievoudiging van de gemiddelde PCB- en dioxinebelasting in de jaren tachtig of van mensen die regelmatig vervuilde vis- en schaaldieren eten.'

En daarmee moeten we het doen. Al word je niet echt wijzer van dit soort vergelijkingen. Want of er ook aan deze 'lagere dosissen' gezondheidseffecten vastzitten, daarover wordt niets gezegd. Het is volgens hen alleen 'zeer onwaarschijnlijk dat deze geïsoleerde episode van besmetting in België negatieve gezondheidseffecten zal hebben op de algemene populatie.'

In dat verband kom ik nog even terug op het cijfer van professor Bernard voor de Parlementaire Onderzoekscommissie: 95% van de kippensector was door de veevoedervervuiling getroffen. Dat cijfer is nooit officieel vrijgegeven, maar Bernard liet dit percentage terloops vallen tijdens zijn uiteenzetting voor de onderzoekscommissie. Vermoedelijk baseerde hij zich op de statistische gegevens van het ministerie van Landbouw over deze crisis, want professor Bernard is één van de weinige wetenschappers die toegang kreeg tot de gegevens van de dioxine- en PCB-databank. Later stond er in het eindrapport van de Dioxinecommissie een eigen 'herwerkte' tekst van de diverse professoren en daarin heeft Bernard het uiteindelijk over 80% van de kippensector die werd 'gecontamineerd' en 20% van de varkenssector.

Afgeronde cijfers, maar voor wat de kippen betreft nog altijd veel en veel hoger dan wat sommige beleidsverantwoordelijken citeerden in de commissie. Zo had Marcel Colla het over een 'relatief beperkte omvang van de crisis, want van al de geblokkeerde kippenbedrijven bleek achteraf maar 4,8%, afgerond 5%, besmet. En voor de varkensbedrijven ging het over ongeveer 3% van het totaal.' Dat waren wel cijfers, gebaseerd op wat er nog gevonden was bij staalnamen in de zomer, maanden na het begin van de vervuiling.

Maar als inderdaad 95 % van onze kippensector, of zelfs 'maar' 80 %, getroffen is door de vervuiling, dan betekent dat toch dat we minstens drie maanden lang een ernstige kans liepen om kippen en eieren te eten met onaanvaardbare hoeveelheden dioxines en PCB's erin.

Bernard zegt daarover in zijn achteraftekst dat het wellicht 'hooguit' gaat om twee miljoen leg- of braadkippen die zware vervuilingsgehaltes hadden van 1000 pg TEQ/g vet. 'Hooguit', 'au grand maximum', in vergelijking tot het totaal van 200 miljoen kippen dat jaarlijks in ons land geslacht wordt.

Bernard vindt het dus statistisch gezien heel onwaarschijnlijk dat iemand in die periode genoeg kippen zou hebben gegeten om zijn lichaamsbelasting te verdubbelen. Idem voor de varkens (maximum 25 000 varkens die 'voldoende' gecontamineerd waren om in 30 maaltijden iemands lichaamsgehalte aan PCB's te verdubbelen).

'Het extreme scenario kan zich hebben voorgedaan bij kwekers die uit hun eigen productie eten of nog bij personen die in één keer grote hoeveelheden gecontamineerde levensmiddelen hebben gekocht. En nog bij deze personen zouden alleen vrouwen die op het moment van de crisis zwanger waren een risico hebben gelopen.'

Ir. Geert Depoorter die de crisisdatabank coördineerde, gaf nochtans toe dat er bijvoorbeeld eind mei nog zeer zware vervuiling is teruggevonden: bij voeder in de grootte-orde van 500 000 pg TEQ/g vet, bij kippen tot 50 000 pg TEQ/g vet en bij eieren tot 10 000 pg TEQ/g vet. Daaruit kan je afleiden dat er in de ergste periode, februari-maart, wellicht hier en daar eieren moeten geweest zijn die tot 20 000 pg TEQ/g vet bevatten.

Het grapje bij sommige wetenschappers was dat je er als het ware een transformator mee had kunnen vullen.

'Toch waren dit uitzonderingen en hopelijk hebben er niet teveel mensen veel van die eieren gegeten.'

Laten we in dit verband even teruggaan naar de berekening die professor Hens van de VUB maakte voor de Dioxinecommissie. Hij becijferde dat de gemiddelde blootstelling aan dioxines in België – los van de dioxinecrisis – schommelt van 180 tot 200 picogram TEQ per dag. Dan kan je twee vragen stellen: is dat veel en in welke mate heeft deze crisis dit nu verergerd?

*De Wereldgezondheidsorganisatie heeft een Tolerable Daily Intake (TDI), aanvaardbare dagelijkse inname, berekend van 1 tot 4 picogram TEQ per kilogram lichaamsgewicht per dag (1 picogram = 1 biljoenste van een gram). Voor een volwassene van 70 kg komt dit overeen met een TDI van 70 tot 280 picogram TEQ per dag; voor een gemiddelde persoon van 60 kg (als je ook de jongeren en kinderen in dat gemiddelde lichaamsgewicht verrekent) zit je al aan 60 tot 240 picogram TEQ per dag.*

Met andere woorden, volgens de berekening van Hens zaten en zitten we, zelfs zonder deze dioxinecrisis, aan (of boven) het plafond dat de Wereldgezondheidsorganisatie aangeeft als de dagelijkse dosis die nog net aanvaardbaar is.

Op de studiedag van de Koninklijke Academie voor Geneeskunde van België op 19 november '99, drukte dr. Willems het voorzichtig maar toch duidelijk uit: op basis van een eerste, voorlopige analyse, was het waarschijnlijk *dat de totale body burden, dus de volledige belasting aan dioxines én PCB's samen, 'bij een gedeelte van de bevolking gestegen is boven de laagste waarden die bij dieren gezondheidseffecten teweeg brengen.'*

Met andere woorden, als er gezondheidseffecten zijn die bij proefdieren en mensen parallel lopen (en die zijn er hoogstwaarschijnlijk, onder andere bij de hormoonverstorende effecten), dan kan de *gemiddelde* blootstelling misschien nog meevallen, maar er kunnen ook *pechvogels* zijn die inderdaad effecten zullen ondergaan.

En het is moeilijk in te schatten of je daarbij bent. Iedereen die in die periode is blootgesteld aan deze vervuiling heeft zijn of haar eigen, specifieke portie gehad.

Je bent bijvoorbeeld een boreling of zuigeling die zijn eerste levensweken net in die kritieke periode heeft doorgebracht, en je liep dus méér risico, maar gelukkig: je moeder is een verstokte aanhangster van bioproducten-met-garantie of van de veganistische keuken (volledig vegetarisch, zonder gebruik van eieren of zuivel).

Of je bent daarentegen een verstokte vleeseter met een voorliefde voor paté, koninginnenhapje of Gentse waterzooi en je hebt nét in die weken ook dagelijks drie roereieren gegeten bij het ontbijt.

Verder zal je er het raden naar hebben of jij nu toevallig in die periode juist van die vervuilde kippen en eieren hebt gegeten of dat het er net waren uit een onbesmet circuit. Alhoewel, de kans is groot dat je 'prijs hebt gehad' aangezien 95 (of 80)% van de pluimveesector door de crisis getroffen is.

Al die factoren zullen dus een invloed hebben op de hoeveelheid moleculen dioxines, furanen en PCB's die je lichaam te verwerken kreeg in deze periode.

Bovendien reageert ieder individu anders op dit soort moleculen.

Je zou theoretisch een test kunnen doen met bijvoorbeeld *paté*: want de basisgrondstof van paté – vleespastei voor de Noorderburen – is meestal varkenslever. En uit residuonderzoek is gebleken dat in lever nóg meer dioxines opstapelen dan in vetlagen. Bijgevolg zou je een onderzoek kunnen doen bij 100 mensen die dagelijks in hun dieet bijvoorbeeld minstens 1 keer paté eten, in de veronderstelling dat je dan, tegenover een controlegroep van 100 vegetariërs, meer dioxines zou aantreffen in hun lichaamsvet.

Allicht zou dat wel het geval zijn, maar dan nog zou je bij die 100 patéliefhebbers niet kunnen stellen dat zij allemaal hetzelfde effect zullen ondervinden van dat hoger residugehalte.

Bij de burgers die zich zorgen maken over wat ze via hun bord binnenkregen, is dit voor de enen misschien een magere troost, voor de anderen een hoopvolle gedachte.

Anderzijds zal je maar pech hebben als je in één van die kwetsbare groepen zit, zoals baby's, mensen die herstellend zijn van kanker, mensen die aan allergieën lijden, moeders die zwanger waren, die borstvoeding gaven of nog willen geven in de toekomst.

Welke antwoord hebben de verantwoordelijke ambtenaren en politici voor die mensen? Tussen 18 maart, het eerste dioxinevermoeden, en 28 mei '99, het eerste advies om verdachte producten uit de rekken te halen, verliepen er zes weken.

'Ach, die paar weken extra blootstelling zullen het niet maken.'

Of : 'Hopen op het beste en u niet teveel zorgen maken.'

De klassieke dooddoeners hebben we in elk geval al gehoord: 'Komkom, er zijn ergere dingen' en 'er is nog niemand van dood gevallen.'

## De dioxinecrisis als gemiste onderzoekskans

Onmiddellijk na het uitlekken van de dioxinecrisis werden er bij artsenverenigingen en ziekenhuizen infolijnen geopend om verontruste mensen informatie te geven. Zo ook op de afdeling gynaecologie in het universitair ziekenhuis van Gent. Want de meeste vragen kwamen van zwangere vrouwen of vrouwen die borstvoeding gaven.

Daarop zijn de medewerkers van de vakgroep gynaecologie onmiddellijk aan wetenschappelijke literatuurstudie gaan doen om een evenwichtig advies te kunnen geven. Zo vonden ze dat de meeste studies bij kinderen weinig of geen ernstige effecten aantoonden van dioxinevervuiling via borstvoeding, maar dat er wel verontrustende vaststellingen waren over de invloeden *in utero,* bij ongeboren kinderen (zie hoger).

Het gevolg was dat de Gentse onderzoekers vrijwel onmiddellijk het idee opvatten om bij patiënten in het UZ stalen te verzamelen van navelstrengbloed en van moedermelk. Dat zijn twee elementen waarin je dioxines en PCB-gehalten kan meten en waarbij je kan vergelijken met de periode vóór de crisis. Over vervuiling van de moedermelk bestaat er statistisch materiaal en er zijn nog bloedmonsters van donoren ter beschikking van voor de crisis. Bovendien konden daarmee dan in een latere fase nog verschillende opvolgstudies worden opgezet, bijvoorbeeld specifiek gericht op dié zwangerschappen waarbij er problemen waren gerezen, of gericht op de kinderen waarbij in de onderzochte stalen hoge waarden waren gemeten, enzovoort. De juiste invulling van de opvolgonderzoeken kon later gebeuren, maar wat telde, was dat zonder tijdverlies zwangere en pas bevallen moeders moesten worden benaderd om mee te werken en dat er geld moest worden vrijgemaakt om de stalen in goede omstandigheden te bewaren.

Al in de eerste week na het uitlekken van de dioxinecrisis, ging professor Marleen Temmerman steun zoeken bij toenmalig Vlaams minister Wivina De Meester. Die beloofde een voorlopig budget van zes miljoen, maar het dossier kwam niet meer tijdig in orde voor de verkiezingen.

Een hele zomer lang werd het Gentse onderzoeksvoorstel, samen met een zestal andere projecten, op vergaderingen vooruitgeschoven. De totale som voor alle ingediende onderzoeken schommelde tussen 30 en maximum 45 miljoen BEF (maximaal 1,1 miljoen EURO). De Hoge Gezondheidsraad bemiddelde bij de federale en de Vlaamse regering, maar uiteindelijk kwam er geen geld op tafel.

In de diepvriezers van het Universitair Ziekenhuis van Gent zijn intussen al ongeveer 300 bloed- en moedermelkstalen opgeslagen, afkomstig van moeders die sinds eind mei bevallen zijn. Dit gebeurde op eigen kosten en op eigen initiatief van de afdeling, in de hoop dat er ooit geld zal komen om ze te onderzoeken.

'Blijkbaar worden er ook in de dioxineaffaire gemakkelijker miljarden gevonden voor de economische belangen dan enkele miljoenen voor wetenschappelijk gezondheidsonderzoek,' reageerde professor Temmerman van de afdeling gynaecologie van het UZ ontgoocheld in Het Laatste Nieuws van 4 februari 2000.

Bij het kabinet Aelvoet wordt daarop wat ontwijkend geantwoord: er is wel degelijk een opvolgingsonderzoek van de dioxinecrisis op stapel gezet en andere onderzoeken kunnen eventueel nadien nog volgen. Concreet is het compromis nu dat er eerst een nauwkeuriger raming moet gemaakt worden van de bijkomende dioxinebelasting door deze crisis. Het moet dus eerst wetenschappelijk blijken dat er een extra 'body burden' is ontstaan. Pas als dat kan aangetoond worden, kan een 'evaluatie worden gemaakt van de noodzaak om bijkomend onderzoek te doen naar de gelopen gezondheidsrisico's. Met andere woorden, dan kan er gepraat worden over geld voor dure dioxinetesten.

Voor dat beperkte officiële body burden-onderzoek zijn intussen al mensen aangeworven en kredieten uitgetrokken, maar het wordt vermoedelijk eind 2000 eer er resultaten zijn. Eerst moeten alle cijfers van de PCB-testen en andere metingen die door het ministerie van Landbouw zijn verzameld, bestudeerd worden en dan moet er ook nog een patroon van de bestaande voedingsgewoonten in België worden uitgetekend, om te kunnen berekenen wat er gemiddeld is geconsumeerd van mogelijk besmette voeding. Want over ons gemiddeld consumptiepatroon zijn er – typisch Belgisch – geen courant beschikbare statistieken.

Pas als dat hele theoretisch onderzoek is afgewerkt, kunnen er dan misschien risicogroepen worden afgebakend. Maar vooral dat laatste punt ligt gevoelig: in de huidige regering lijken vooral de liberalen erg bevreesd voor een psychologisch effect bij de bevolking, als er bijvoorbeeld medewerking zou gevraagd worden aan dergelijke onderzoeken. Het motto lijkt 'laat rust waar rust is.'

De kans is dus groot dat de Gentse stalen nog een tijd in de diepvriezer zullen blijven zitten.

Nochtans is er daarover binnen de regeringscoalitie Verhofstadt (én Dewael op Vlaams vlak) blijkbaar een zomer lang getouwtrek geweest. De hypothese van waarnemers is dat de twee groene ministers, Aelvoet en Vogels, die op federaal en Vlaams niveau op de betrokken sleutelposten zitten, dit gewoon niet hebben kunnen doordrukken.

Onder meer door verdeeldheid binnen de betrokken administraties en door gebrek aan ervaring én politiek gewicht tegenover de andere regeringspartijen.

Dit voorbeeld illustreert wel de dubbelzinnigheid van de politieke top tegenover het onderzoek naar de mogelijke gezondheidseffecten van deze dioxine-/PCB-crisis. Blijkbaar vinden vooral conservatieve politieke strekkingen dat dit geen prioriteit is. Integendeel, het lijkt er sterk op dat wetenschappelijke opvolging door sommigen bewust wordt afgeremd in een denktrant van 'wat niet weet, niet deert' en 'er is al genoeg onheil verkondigd naar aanleiding van de dioxinecrisis en het imago van België is al genoeg geschaad.' Je zou nochtans juist verwachten dat al diegenen die beweren dat de zaak zwaar overdreven is en die vinden dat de mensen nodeloos verontrust werden, de eersten zouden zijn om dit dan ook te laten aantonen met wetenschappelijke gegevens...

·Hoe dan ook, geld van de overheid of niet, ondertussen werken naar verluidt ook andere universiteiten – UIA, VUB – aan staalnamen van navelstrengbloed en moedermelk om de gevolgen van de crisis in kaart te brengen.

Om te eindigen met een 'positieve noot': voor de volwassen mannelijke bevolking is er een bemoedigende meting geweest door de onderzoeksgroep Fertiliteitstudies van de Universiteit van Gent. Een hele tijd voor en kort na de crisis zijn er spermacontroles gebeurd op – weliswaar verschillende – groepen Vlaamse mannen. En die resultaten waren alvast niet verontrustend: er werd geen enkel effect gezien op de spermahoeveelheid of -kwaliteit.

Maar bij die vaststelling past ook alweer de nodige voorzichtigheid. Het is niet omdat je een effect niet kan analyseren of aantonen, dat het er misschien niet is.

## Chemische hygiëne

Een zeer begaafd en gedreven specialist in dit land inzake kankerpreventie, dr. Nik Van Larebeke van de Universiteit van Gent, pleit al verscheidene jaren voor het invoeren van een fysisch-chemische hygiëne. Niet toevallig is hem in het verleden al eens het onderzoekswerk over kankerpreventie onmogelijk gemaakt onder druk van industriële lobbykringen. Maar tot nu toe heeft hij in eigen land weinig gehoor gevonden op beleidsvlak.

Fysisch-chemische hygiëne is een begrip dat internationaal nochtans allang op de agenda staat van iedereen die zich actief inzet voor kanker- en ziektepreventie.

Naar het voorbeeld van de algemene hygiënevoorschriften die in de negentiende eeuw een drastische vermindering gaven van infectieziekten, is een chemische hygiëne erop gericht om alle vervuilende scheikundige stoffen in ons leefmilieu zo beperkt mogelijk te houden.

*'In het bijzonder moet fysisch-chemische hygiëne erin bestaan de blootstelling aan radioactieve stralen, aan reactieve scheikundige stoffen (die dikwijls erfelijk materiaal beschadigen), aan hormoonverstorende stoffen en misschien ook aan intense niet-radioactieve elektromagnetische straling, zoveel mogelijk in te perken.'*

Bij elke nieuwe scheikundige verbinding die op de markt komt – en dat zijn er wereldwijd zo'n 1 000 per jaar – zou er een grondig voorafgaand onderzoek moeten gebeuren naar de effecten op de volksgezondheid. Elk product, of het nu gaat om pakweg een speciale folieverpakking voor kant-en-klaremaaltijden, om een superdetergent voor de keuken of om een coatinglak voor meubelen, telkens zou er moeten worden nagegaan of de scheikundige verbindingen die eraan te pas komen, niet kunnen overgaan of migreren naar de voeding, of via vervluchtiging kunnen worden ingeademd of op een andere manier vervuilend kunnen werken voor de mens. Zo ja, dan zou er moeten gestreefd worden naar een zo minimaal mogelijke belasting van de gezondheid en het leefmilieu. Maar ook de blootstelling aan een reeks producten en stoffen die allang op de markt en/of in het leefmilieu aanwezig zijn, moet dringend beperkt worden.

Als dat de uitgangshouding zou worden bij de industrie en de overheid, dan zouden we al een stap dichter in de buurt komen van een goede kanker- en ziektepreventie.

Uiteraard past een dioxinevervuiling zoals België er een heeft meegemaakt, ook niet in het kader van zo'n chemische hygiëne. Integendeel, het is bijna het toonbeeld van het tegendeel, een voorbeeld van 'chemische nonchalance'. Maar misschien kan er van deze crisis wel voldoende maatschappelijke druk uitgaan om het idee van chemische hygiëne ingang te doen vinden.

Niet alleen is het risico van een 'accidentele' zware PCB-vervuiling onder de aandacht gebracht, maar naar aanleiding van deze crisis zijn onderzoekers ook eens van dichterbij gaan kijken naar de al bestaande, continue vervuiling in onze voeding. Meestal wordt die continue aanwezigheid van PCB's en dioxines omschreven als 'achtergrondvervuiling', maar uit de eerste voorlopige onderzoeksgegevens lijkt de conclusie te zijn dat dit geen achtergrondprobleem meer kan genoemd worden. De PCB- en dioxinevervuiling ligt blijkbaar hoger dan gedacht en zit continu op een alarmerend hoog peil. En dat is een probleem dat eigenlijk politiek en maatschappelijk op de voorgrond moet komen.

Politici en technische beleidsmakers zouden minstens de les moeten trekken dat er een actief beleid nodig is om dit soort scheikundige vervuiling van onze voedselketen zo goed mogelijk te voorkomen. De aanbevelingen van de Parlementaire Onderzoekscommissie gaan op dat vlak in de goede richting en ook op papier klinken de beleidsintenties voor het nieuwe Federale Agentschap voor Voedselveiligheid veelbelovend.

Maar om in de praktijk verandering te zien, zal het principe van chemische hygiëne moeten worden opgenomen in de omschrijving van het 'voorzorgsprincipe'. En er zal een sanctie moeten worden voorzien voor wie dat principe aan zijn laars lapt, in de privé-sector én in de ambtenarij of politieke overheid.

# Deel 4

# Hoofdstuk 7

## De nazorg

Hoe zit het met de lessen uit deze dioxinecrisis? De Parlementaire Onderzoekscommissie heeft vaststellingen gedaan, verantwoordelijkheden uitgetekend en conclusies getrokken. Maar schieten we daar nu veel mee op? De meeste toeschouwers hebben het gevoel van niet.

Want in deze crisis is de besmetting aan de oppervlakte gekomen, maar misschien is zoiets vroeger ook al voorgevallen, zonder dat iemand het wist.

Welke garanties hebben we dan nu dat dit niet nog eens gebeurt?

### De Parlementaire Onderzoekscommissie

Op 3 maart 2000 is het verslag neergelegd van het 'Parlementair onderzoek naar de Belgische vlees-, zuivel- en eierproductie en naar de politieke verantwoordelijkheden in het licht van de zogenaamde dioxinecrisis'.

Een mondvol. Meestal werd er kortweg over de 'Dioxinecommissie' gesproken.

De commissie begon officieel haar werkzaamheden op 16 juli 1999. Alle betrokken overheidsdiensten moesten tijdens de zomermaanden chronologische verslagen opmaken over hun activiteiten tijdens de dioxinecrisis en vanaf 15 september 1999 tot 18 februari 2000 werden in totaal 108 getuigen gehoord. Daarna werd er vergaderd over de vaststellingen en conclusies, over de verantwoordelijkheden en tekortkomingen en over de aanbevelingen.

Het verslag is een dikke turf van ongeveer 450 bladzijden geworden, bijlagen inbegrepen. Bij de behandeling van dit rapport in de plenaire vergadering van de Kamer bleek de belangstelling teleurstellend klein. Zelfs de regering liet aanvankelijk verstek gaan en een boze kamervoorzitter moest de vergadering opschorten tot minister Gabriëls van Landbouw inderhaast was opgetrommeld. Later werd hij afgelost door zijn collega Aelvoet van Volksgezondheid en tegen het eind van de avond bleken zelfs niet eens meer alle commissieleden aanwezig.

De goedkeuring volgde op 16 maart en zoals verwacht werd het een stemming van meerderheid tegen minderheid: de liberalen, de socialisten en de groenen waren voor, de christen-democraten en de andere oppositiepartijen waren tegen of onthielden zich.

In feite illustreerde de atmosfeer op dat moment heel goed de indruk die bij zowat alle politieke partijen overheerst(e): laten we die dioxinecrisis nu alstublieft zo snel mogelijk achter ons laten. Dat was in feite ook al de teneur in brede politieke kring bij de 'rentrée' in het najaar van 1999. Zowat iedereen was de crisis beu. Maar ondertussen bleef het verhaal toch nog 'willens nillens' opduiken via de openbare zittingen van de Dioxinecommissie.

In die sfeer is het dan ook zeker niet verwonderlijk dat de Parlementaire Onderzoekscommissie weinig harde conclusies heeft getrokken. De twee centrale ministers, Pinxten en Colla, waren destijds al moeten opstappen, en in hun kielzog probeerden de respectieve partijen, CVP en SP, nog met terugwerkende kracht de schade in te dijken. De één al wat meer dan de ander.

Bovendien zat de CVP nu weliswaar in de oppositie, maar de SP was in de nieuwe coalitie gestapt. Zodat ook niet te verwachten viel dat er zware brokken zouden gemaakt worden bij de beoordeling van de twee ministers.

Trouwens ook de liberale familie, die nu de grootste fractie vormt in het federale parlement, was er niet echt op uit om nog lang door te gaan op die dioxinecrisis. De regering-Verhofstadt heeft het in de zomermaanden van 1999 kwaad genoeg gehad met het afhandelen van alle problemen en het was meermaals gebleken dat zo'n crisis beheren niet zo simpel was. Bovendien wou ook de liberale achterban – omwille van de imagoschade – liever niet te lang meer zien roeren in dat potje. Maar de diverse werkgeversorganisaties en beroepsverenigingen bleven wel hun politieke vrienden inschakelen om in Brussel nog tot vandaag op tafel te kloppen voor schaderegelingen.

In vergelijking met voorgaande Parlementaire Onderzoekscommissies, zoals de Bendecommissie, de Vleesfraudecommissie en de Commissie-Dutroux, had deze groep geachte kamerleden wel een extra moeilijke opdracht: de Dioxinecommissie moest niet alleen reconstrueren wat er gebeurd was, maar ook een oordeel vellen over een politiek beleid waaraan duidelijk herkenbare namen kleefden.

Bij de Commissie-Dutroux ging het over de mankementen in het gerechtelijk en politioneel systeem. Uiteraard kwam daar ook politiek getouwtrek bij kijken, maar nu ging het rechtstreeks om politieke mandatarissen en hun verantwoordelijkheid, om partijtopfiguren die in de loop van deze crisis beslissingen hebben genomen – of juist niet – en het lag een héél stuk gevoeliger en delicater om daarover een eensluidende analyse en evaluatie te maken.

In elk geval zat het al in de opdracht van de commissie ingebakken dat er buiten de politieke verantwoordelijken weinig of geen namen zouden worden genoemd. De rol en het optreden van privé-bedrijven, van diverse administraties en ambtenaren of van de media werd wel ter sprake gebracht, maar bij het trekken van de conclusies bleek alles wat ingekapseld. Van in het begin was er al een duidelijk compromis gesloten, namelijk om niet té duidelijk te zijn. Want dan ga je ook niet teveel op zere tenen staan.

Wat de aanbevelingen betreft: naar goede traditie bij Parlementaire Onderzoekscommissies bevat dat gedeelte zeer behartenswaardige passages. En het Federaal Agentschap voor Voedselveiligheid is eigenlijk al een gedeeltelijke uitvoering van die aanbevelingen. Al moet natuurlijk nog blijken of de mooie structuren en intenties op papier ook echt gaan werken. Wij zijn een volk van ongelovige Thomassen. 'Eerst zien en dan geloven' is de leuze. Dat maakt misschien dat velen de toch wel verdienstelijke rol van de commissie onderschatten. Want in elk geval heeft de dioxinecommissie één ding duidelijk gemaakt: de dioxinecrisis is meer dan ooit een verhaal van 'ieder zijn waarheid'. Wat voor de enen een inmiddels doorprikte ballon is, is voor de ander het bewijs dat er fundamentele koersveranderingen nodig zijn.

## De ganzen van het Capitool

Heeft het uitpluizen van de hele dioxinehistorie veel zoden aan de dijk gebracht? Kan het helpen om zoiets in de toekomst te voorkomen? Zeer zeker.

Het is vaak herhaald in de loop van de crisis: 'een geluk bij een ongeluk dat het vervuilde vet is bijgemengd in kippenvoeder, want anders was het nooit ontdekt!'

Feit is dat varkens en koeien, net als mensen, redelijk wat dioxines aankunnen, zonder dadelijk ziek te worden. Vogels daarentegen zijn veel gevoeliger. Bovendien zijn de effecten meestal pas zichtbaar in de tweede generatie en bij kippen komt die tweede generatie zeer snel: al met het eerste ei...

Indien dit vervuilde vet dus niet aan kippen was gevoerd, maar enkel aan varkens en runderen, dan was het misschien helemaal niet ontdekt. Hoewel, ere wie ere toekomt: de Eetwareninspectie doet jaarlijks een paar steekproeven op PCB's in levensmiddelen. Helaas was in 1999 per toeval beslist om de tests op PCB pas in juni te doen.

Anderen menen dat het had kunnen uitkomen via de continue dioxinemonitoring van melk. Maar daarvan worden de resultaten meestal met drie maanden vertraging bekend gemaakt en bovendien is de kans op een échte herkenning van zo'n acute besmetting toch niet evident. Want de melkanalyses gebeuren op mengstalen, afkomstig van de opgehaalde melk uit een heel gebied. De melk van koeien die vervuild voeder hebben gegeten, gaat dus bij die van koeien uit andere boerderijen en dat zorgt voor een forse verdunning. Dat is ook gebleken uit de analyseresultaten van tijdens de crisis.

Vandaar dat verantwoordelijken van de zuivelsector én politici met een uitgestreken gezicht konden zeggen dat er met de melk eigenlijk nooit een probleem is geweest. Dààr geldt immers het blijde Engelse motto: *'The solution for pollution is dilution'* of 'de oplossing voor vervuiling zit in het verdunnen'.

Nee, het zijn de kippen die voor het eerste alarm zorgden, zoals de Romeinen door hun ganzen gewaarschuwd werden dat de vijand over de muren klauterde.

Alleen blijft ergens nog de vraag rondspoken of de eerste problemen van februari-maart '99 echt wel de éérste problemen waren? Want hoewel de algemeen aanvaarde theorie spreekt over een eenmalige, accidentele vervuiling in de tweede helft van januari 1999, blijven er twee hypothesen over mogelijke andere scenario's.

Het ergste scenario zou zijn dat deze vervuiling met PCB's en dioxines al langer aan de gang was, omdat het niet ging om een accidentele vervuiling maar om een meer georganiseerde manier van dumpen van afvaloliën via de vettensector.

De andere mogelijkheid is dat De Brabander het gewoon het eerst gemerkt heeft en dat anderen er zich eigenlijk niet van bewust waren dat er iets mis was met het vet in hun voeder.

### Dit was niet de eerste keer

Het onheilsscenario van de systematische dumping van afvalolie in vet voor dierenvoeders wordt met klem verworpen door insiders van de *afval*sector. Zij beweren dat er voor fraudeurs eenvoudiger manieren zijn om van PCB-olie af te geraken. Ze 'gewoon' laten weglopen bijvoorbeeld. En dan verwijzen ze naar het geval Pellus, de elektricien in Bertrix die er een tijdlang van verdacht werd dat hij misschien verantwoordelijk was voor dumping van transformatorolie in door Fogra opgehaalde frituurvetten.

De insiders van de vettensector verwerpen de hypothese van een systematisch dumpingcircuit met het argument dat zoiets vroeg of laat zeker zou zijn 'uitgelekt'. Want om te beginnen heeft askarelolie een typische geur. Als je echt systematisch zou gaan inmengen, zou die geur het zaakje verraden. Bovendien, 'de vettenhandel is een kleine kring, waar felle concurrentie heerst en waar iedereen iedereen op de vingers kijkt.'

Nochtans wist vrijwel iedereen in de kring van vetsmelters al in de loop van maart 1999 'dat er een serieus probleem was met voeders van De Brabander, door iets in het vet. Maar iedereen in de sector heeft gewoon afgewacht.'

Met andere woorden, er is wel felle concurrentie, maar er is ook een mentaliteit van 'zich niet openlijk bemoeien met andermans zaken.'

Laten we nog aannemen dat de PCB-vervuiling bij Verkest puur accidenteel en eenmalig was. Zelfs dan is het belangrijk om te weten of de transformatorolie niet al éérder bij Fogra is beland dan rond 19 januari, de dag van de noodlottige levering aan De Brabander in Roeselare.

Lange tijd is er rekening mee gehouden dat de PCB's al in december 1998 in de één of andere voorraadtank van Fogra zaten en dat er toen ook al vervuiling vertrokken is bij de vetleveringen voor Verkest, eventueel in kleinere concentraties door de bezinking van de PCB's in de tanks. In dat geval konden er al eerder en elders PCB's en dioxines in veevoeder zijn terechtgekomen, bijvoorbeeld voor varkens of koeien, zonder dat dit als zodanig herkend werd.

Bovendien kon het ook dat er eventueel nog na 31 januari, door het vrijkomen van vervuild bezinksel bij Fogra bijvoorbeeld, nog een nieuwe besmettingsgolf was meegegaan met vet voor Verkest.

Al die hypothesen zijn intussen onderzocht, via berekeningen op basis van de teruggevonden residuen in dieren, tot en met een wetenschappelijke simulatieproef om het vermengingseffect te meten van transformatorolie in een grote voorraadtank vet. De conclusie is dat mag worden aangenomen dat déze dioxinecrisis gesitueerd is in de periode van 19 tot 31 januari.

Maar... de meeste onderzoekers zeggen er ook onmiddellijk bij dat daarmee helemaal niet is uitgesloten dat er zich in het verleden nog van die vervuilingsgolven hebben voorgedaan. Alleen is het toen wellicht niet opgemerkt.

### De lessen uit de dioxinecrisis

Er is altijd 'een geluk bij een ongeluk', zegt de volkswijsheid. En in deze dioxinecrisis zou het 'geluk' dan de kans zijn die we nu kunnen grijpen om dit soort dingen in de toekomst te voorkomen. Want dat dit vaker is voorgevallen en ook in de toekomst nog kan gebeuren, staat voor velen als een paal boven water.

Het moeten trouwens niet altijd 'slordigheden' met afvalolie zijn. Kijk maar naar de veel te hoge PCB-waarden in vismeel bijvoorbeeld. Vismeel wordt gemaakt van gedroogde en vermalen vis en aangezien van vissen bekend is dat ze veel PCB's en andere P.O.P.'s (Persistent Organic Pollutants, hardnekkige vervuilende stoffen) in hun vetlagen opstapelen, krijg je dus ook in vismeel véél te hoge vervuilingswaarden. Toch wordt vismeel nog altijd gebruikt als grondstof voor veevoeder. In sommige noordelijke landen gebeurt dat zelfs in grote hoeveelheden, denk maar aan Denemarken, waar ze zelf veel vismeel produceren. Als je op dit vismeel de strenge normen zou toepassen die België moest hanteren tijdens de dioxinecrisis, dan zou er bij wijze van spreken geen kruimel meer in de handel mogen, maar dat is dan weer economisch onaanvaardbaar voor de betrokken landen.

Ook in België is er zwaar druk uitgeoefend op plaatsvervangend minister van Landbouw Herman Van Rompuy, niet alleen omdat hij begin juni 1999 het gebruik van frituurvetten in veevoeder aan banden legde, maar ook en vooral omdat hij een verbod invoerde op het recycleren van slachtafval en krengen van mogelijk besmette dieren.

Toch wint zelfs bij de verantwoordelijken van de recyclage-industrie het idee veld dat je keuzes moet maken. Misschien moet je winst op korte termijn inruilen voor veiligheid op lange termijn. Alleen blijft het de vraag wie die veiligheid zal betalen. Want als in de toekomst geen krengen en kadavers van dode dieren of slachtafval van mogelijk vervuilde dieren meer mogen worden 'gerendabiliseerd' in veevoeder, dan wordt dit puur afval, dat op een veilige manier moet worden verwerkt en dat kost dus dubbel.

In elk geval is deze discussie duidelijk aangezwengeld door de dioxinecrisis. Alleen moet er ook op *Europees vlak* meegedacht worden, om aan preventie te doen.

Kort na het incident met de transformatorolie in het vet van Fogra en Verkest is het gebruik van gerecycleerde frituurvetten wettelijk toegelaten in België. Want dat moest zo van Europa. België heeft traditioneel altijd gewerkt met een 'positieve lijst' van grondstoffen die toegelaten waren voor gebruik in veevoeders. Oude frituurvetten stonden daar niet bij en waren dus verboden. Maar sinds eind april 1999 is de wetgeving aangepast aan de Europese regelgeving. En die werkt met een 'negatieve lijst' voor de samenstelling van veevoeders, een opsomming van stoffen die er niét in mogen. Oude frituurvetten staan daar niet bij en mogen er nu in principe in.

België heeft dan naar aanleiding van de dioxinecrisis wel een besluit uitgevaardigd waarbij enkel nog frituurvetten mogen gebruikt worden als ze rechtstreeks van de voedingsindustrie komen, dus niet van recyclagecircuits zoals containerparken en kleine ophalers bij frituren. Toch bestaat dat recyclagecircuit nog altijd. Sommigen verdienen er veel geld mee, want vroeger werden frituur- en snackbaruitbaters betaald voor hun oud vet, terwijl ze nu moeten betalen om het kwijt te raken. De ophalers in kwestie kunnen het in principe niet meer kwijt op de klassieke Belgische vettenmarkt, maar wel in het buitenland. De uitvoer is toegelaten, als de opkoper een verklaring aflevert dat het vet niet als grondstof zal dienen voor veevoeder. Dit biedt echter weinig garantie dat het morgen niet via de achterdeur ons land weer binnenkomt, in een moeilijk controleerbare vetmengeling.

Toch is de situatie globaal genomen wel verbeterd sinds de dioxinecrisis. Zo hebben de meeste intercommunales na de dioxinecrisis beslist om de frituurresten, ingezameld op containerparken, te behandelen als risicoafval, iets wat sommige intercommunales ook voordien al deden. De intercommunales betalen nu voor de vernietiging bij Indaver.

Bovendien worden vetten die bestemd zijn voor veevoeder momenteel verplicht getest op PCB's via steekproeven. Dat is al een hele verbetering tegenover vroeger, maar de mengvoederfederatie stelt terecht dat de veiligheidscontroles eigenlijk moeten starten bij de leveranciers van de grondstoffen. Vandaag zijn het PCB's in vet, maar morgen zijn het misschien pesticiden of zware metalen, of, blijkt dat er iets fout is gegaan met het afval van de groentenverwerkingsindustrie...

## Suikerbietenpulp

Een recent voorbeeld van een nieuwe kleine crisis, doet sommigen vrezen dat de huidige centrale administratie in Brussel nog niet veel lessen heeft getrokken.

Verscheidene boeren kregen in de winterperiode van 1999-2000 zware problemen in hun koeienstallen. Dieren werden ziek en stierven. De zaak kwam in de pers, maar het kabinet van minister Gabriëls van Landbouw liet snel weten dat het probleem dit keer voorbeeldig was aangepakt. Zijn diensten en de diensten van Volksgezondheid hadden onmiddellijk goed samengewerkt en er was geen risico geweest voor de consument. Een geflatteerde voorstelling van zaken, want de waarschuwing van Landbouw aan Volksgezondheid kwam eigenlijk een dag te laat. Ondertussen waren er onvoorzien toch nog vier dieren uit een verdachte stal naar het slachthuis gegaan en versneden. Een ambtenaar van het IVK die puur toevallig ingelicht raakte, kon uiteindelijk de partijen vlees nog blokkeren, al waren die intussen wel al vermengd met enkele tonnen vlees van andere dieren.

Maar het is een kniesoor die daarover valt. Bedenkelijker is dat ook hier weer is gebleken dat het probleem wel wordt aangepakt als er een acute crisis ontstaat (dode koeien), maar dat er ten gronde nog geen richtlijnen zijn gegeven aan de grondstoffenindustrie om zo'n ongelukken te voorkomen. De oorzaak van de koeienziekte bleek namelijk te liggen in suikerbietenpulp, die in de suikerfabriek was vermengd met gips om nog te kunnen worden aangewend als veevoeder. Maar met dat gips was er iets verkeerd gelopen. Wat precies, is nooit officieel duidelijk geworden. 'Gewoon teveel gips wellicht,' luidde het. Maar volgens insiders kon dat onmogelijk alle problemen verklaren. Die ene boer in Zwalm die wat lastig bleef doen, werd wandelen gestuurd met de diagnose dat zijn koeien dan wellicht een botulisme-besmetting hadden gehad (een vergiftiging door een bacterie). Een conclusie die volgens anderen dan weer niet kon want dieren hebben niet 'een beetje botulisme'. Als ze het hebben, gaan ze ervan dood. Maar er waren koeien genezen nadat ze geen pulp meer te eten hadden gekregen. Kortom, het probleem van de suikerbietenpulp is afgevoerd, maar de oorzaak blijft voorlopig bestaan, namelijk het onzorgvuldig omspringen met grondstoffen voor de landbouw.

Want suikerbietenpulp is voor de landbouwsector een grondstof, maar de leverancier, de suikerindustrie, beschouwt dit eigenlijk als afval waarmee nog wat winst kan worden gemaakt. Net als het toegevoegde gips trouwens dat een bijproduct is van weer een andere industrie.

Het wordt dus tijd – en dat hoor je ook in de mengvoedersector – dat iedereen voortaan het voorzorgsprincipe gaat hanteren.

Bij het uittekenen van het Federaal Agentschap voor Voedselveiligheid is daar inderdaad rekening mee gehouden en het principe van een 'integrale ketenbewaking' (van veld tot vork) is een politiek verworven uitgangspunt.

Om dat in de praktijk ook echt te kunnen realiseren wordt er wel gerekend op een flink deel 'autocontrole' van de betrokken sectoren. De redenering daarbij is dat de privé-sector er alle belang bij heeft dat voedselcrisissen of -schandalen voorkomen worden en dus zijn eigen verantwoordelijkheid opneemt. Uiteraard met gerichte controles vanuit de overheid.

Het rapport van de Parlementaire Onderzoekscommissie pleit in de conclusies voor een betere samenwerking met de privé-sector. Je kan in het verloop van de dioxinecrisis inderdaad alleen maar vaststellen dat het dankzij de betrokken veevoederfabriek is geweest dat het probleem ontdekt is. Maar eenmaal het probleem gesignaleerd, is er een breuk ontstaan met de administratie.

Bij veevoeders De Brabander zijn de betrokkenen zwaar ontgoocheld over de verwijten en verdachtmakingen die hen achteraf zijn toebedeeld. Er was niet alleen de bewering van veearts Destickere dat de privé-sector niet van plan was om met het probleem naar buiten te komen, maar ook het feit dat elke samenwerking in verband met tracering en blokkering werd afgewezen. 'Een gezonde dosis wantrouwen tegenover de privé-sector – die uiteraard wel zijn belangen verdedigt – is normaal, maar dat je a priori geen enkel idee mag aanbrengen voor de aanpak van een probleem dat je zelf signaleert, dat is minder normaal,' vond ir. Jan Van Ginderachter.

Heel belangrijk om een herhaling van de fouten uit deze dioxinecrisis te voorkomen, is tot slot dat het Federaal Voedselagentschap probeert alle ambtenaren bijeen te brengen die de verschillende schakels in de voedelketens bewaken. En vooral: dat het agentschap probeert om ze te laten samenwerken. 'Multifunctionele controleteams' heet dat met een dure term.

Dat het in principe kan lukken, bewijzen de voorbeelden uit het verleden, waar uiteindelijk wel ambtenaren van Landbouw en Volksgezondheid – op het terrein – de handen in elkaar hebben geslagen om bijvoorbeeld de hormonenfraude beter aan te pakken. Ook bij de aanpak van de dioxinecrisis is dat gebeurd, op het moment dat die in een stroomversnelling was geraakt. Meer nog, er zijn door deze crisis veel mensen met organisatietalent in de administratie boven komen drijven, daar waar je vroeger in de ambtenarij kon 'omhoogvallen bij gebrek aan gewicht' en met de juiste 'piston'.

**In vet gebeiteld**

Europa is – mee onder invloed van de Belgische dioxinecrisis – ook gewonnen voor het principe van integrale ketenbewaking, voedselveiligheid, voorzorgsprincipe, enzovoort. Er wordt zelfs naar het Belgisch Agentschap gekeken als voorbeeld.

Maar heel specifiek voor het probleem van PCB's- en dioxinevervuiling wordt het ook tijd dat Europa als koepel zijn verantwoordelijkheid opneemt.

Want ten tijde van de dioxinecrisis is België als een paria uitgesloten en tal van EU-landen hebben schaamteloos de Belgische exportmarkten ingepikt. Maar weinigen waren of zijn bereid om in eigen boezem te kijken.

Wetenschappers analyseren momenteel de uitslagen van de PCB-tests die nu massaal in België zijn gebeurd en er zijn sterke aanwijzingen dat deze scheikundige vervuiling eigenlijk veel algemener is dan altijd gedacht. Maar er was en is in West-Europa nauwelijks georganiseerde controle of onderzoek op dat terrein. Als er al eens verontrustende aanwijzingen zijn van een continue, sluipende vervuiling, dan worden die om economische redenen onder de mat geveegd.

Zo citeert het rapport van de Dioxinecommissie dat er in 1998 een Duits onderzoek is gepubliceerd waarin stond dat er in consumptie-eieren maximumconcentraties waren gevonden tot 22,8 pg TEQ dioxine/g vet. Ter vergelijking: begin juni vond de Belgische Eetwareninspectie in consumptie-eieren uit geblokkeerde stocks waarden tussen 1,8 tot 18 pgTEQ dioxine/g vet. Die Duitse piekwaarden waren in 1998 bekend bij de bevoegde diensten van de EU, maar blijkbaar hebben ze geen Europese reactie teweeggebracht.

Misschien wordt het daarom  tijd om overal in Europa PCB-analyses te doen op dieren die meerdere jaren leven, zoals melkkoeien en zeugen, liefst volgens een gestandaardiseerde methode. Want velen zijn ervan overtuigd dat je daar 'in vet gebeiteld' de bewijzen zal vinden van een sluipende vervuiling van onze voeding met PCB's en ook met dioxines. Een vervuiling die ernstig genoeg blijkt om in kaart te brengen.

Maar het zal moed vergen om dit op de politieke agenda te plaatsen.

### De juiste bril

Ondertussen staat de wetenschap niet stil. De analysemethoden om dioxines en PCB's op te sporen, worden met de dag beter.

Een crisis zoals deze heeft in elk geval als gunstig neveneffect dat er noodgedwongen geïnvesteerd wordt in wetenschappelijk onderzoek. Althans dat zou je mogen hopen. Maar zelfs op dat vlak blijkt dat wetenschap absoluut niet vrij is van 'crosscontaminatie' door de politiek. En het gaat nu niet om een pleidooi voor wetenschappelijk onderzoek naar de medische en gezondheidsgevolgen van de dioxinecrisis, maar om de absolute noodzaak om te komen tot gestandaardiseerde analysemethodes voor de opsporing van PCB's. Want er zijn tijdens de dioxinecrisis herhaaldelijk controverses ontstaan over positieve uitslagen die in tegenexpertise negatief bleken en omgekeerd. Of het bleek dat je drie verschillende testresultaten kreeg op drie gelijk gefokte varkens uit dezelfde stal, enzovoort.

Deskundigen wijzen er in dat verband op dat veel afhangt van de *staalname*: rugvet van een varken kan bijvoorbeeld hogere gehaltes PCB's bevatten dan niervet en in de lever vind je sowieso altijd méér PCB's dan in het gemiddelde lichaamsvet van het dier. Je kan dus de uitslag van je test al beïnvloeden door de staalname.

Maar nog veel belangrijker is de *extractiemethode* in het laboratorium. Bij een PCB-test moet je de PCB's kunnen extraheren, isoleren uit de 'matrix', de dragende stof. Als je PCB's uit vismeel moet halen, of uit vet van varkens, of uit veevoeders, dan heb je telkens een aangepaste extractiemethode nodig. Afhankelijk van die methode zal je veel of weinig PCB's vinden, en blijkbaar zijn daarvoor geen standaardprocedures uitgewerkt, laat staan dat er onderling tussen de verschillende labs eenvormigheid wordt nagestreefd.

Er zijn in ons land nochtans enkele overheidsdiensten en universitaire labs die al jaren ervaring hebben met die extractiemethoden, onder andere de mensen van het departement Zeevisserij van het ministerie van Landbouw in Oostende. Pikant detail is trouwens dat deze onderzoekers, bij het bekend worden van de crisis, zich onmiddellijk bij het hoofdbestuur in Brussel hebben aangeboden met al hun knowhow in verband met PCB-analyses, maar dat er met dat aanbod en die informatie niets is gedaan.

Maar terug naar het politiek belang van de extractiemethodes. In het Rijkslaboratorium van Tervuren is een test gedaan op één monster met 12 verschillende gangbare extractiemethoden voor PCB's. Het resultaat varieerde tussen 91µg/kg en 341µg/kg. Gesteld dat de norm op 200 ligt, dan krijg je als resultaat dat één en hetzelfde monster 3 keer negatief is en 9 keer positief (waarvan één keer een grensgeval).

Stel dat je als privé-laboratorium perfect weet met welke extractiemethode je het minst terugvindt, dan kan je natuurlijk 'met die wetenschap' vooral die klanten dienen die bijvoorbeeld een negatieve tegenexpertise nodig hebben.

Het is dus onbegrijpelijk dat hierrond niet meer onderzoek wordt gedaan en dat de overheid geen standaardextractiemethode laat uitwerken die bij wet opgelegd wordt aan de erkende laboratoria.

Maar wellicht is dit voor sommigen weer 'veel te moeilijk'. Of het 'is niet goed voor ons economisch "imago" als je 't zo precies wil aanpakken...'

# HOOFDSTUK 8

# De complottheorieën

Er is de pers veel verweten naar aanleiding van de dioxinecrisis, vooral door ministers en ambtenaren die verantwoordelijk waren voor de aanpak van de crisis. De berichtgeving zou een totaal vertekend beeld van het probleem hebben gegeven en de kwestie zou onverantwoord fel zijn *uitvergroot omwille van de verkiezingen*. Lees: er was sprake van een politieke manipulatie van het dioxinedossier.

Bovendien werd er volgens de betrokken politici *ten onrechte* gewag gemaakt van een *doofpotoperatie*. De pers heeft daardoor bij het uitlekken van de crisis aan onverantwoorde stemmingmakerij gedaan en de journalisten hebben dingen gesuggereerd die de crisis veel erger hebben gemaakt dan nodig.

Zware beschuldigingen dus, aan het adres van de media. De Parlementaire Onderzoekscommissie naar de dioxinecrisis heeft er ook veel tijd aan besteed.

Maar alleen de versie van de belaagde toppolitici en ambtenaren is gehoord en achter gesloten deuren zijn een heleboel 'potentiële verdachten van het lek' ondervraagd.

Op de essentiële vragen, zoals bijvoorbeeld de vraag of het wel of niet een doofpot was, zijn er echter geen afdoende antwoorden gekomen.

### De journalist: gemanipuleerd of zelf in de combine

Er zijn allerlei machinaties gezocht achter het fameuze lek van de dioxinecrisis. De suggestie of de veronderstelling was dat er een politiek spel was gespeeld. De zaak barstte immers los in volle verkiezingscampagne.

Die indruk werd nog versterkt toen enkele dagen later oppositieleider Verhofstadt naar premier Dehaene stapte met een 'interne' nota van Destickere, wat dan weer de aanleiding was voor het versnelde ontslag van Pinxten en Colla.

Over dat tweede lek hebben we het al gehad, maar op het eerste lek wil ik terugkomen omdat ik in dat verband herhaaldelijk persoonlijk en publiek op de korrel ben genomen, onder andere in de Parlementaire Onderzoekscommissie.

## Om te beginnen was er de *verdachte timing*.

Donderdag 27 mei, de dag van het lek, was slechts 18 dagen voor de parlementsverkiezingen. En zoals gebleken is, het heeft een duidelijke invloed gehad op de campagne en het is wellicht ook de directe aanleiding geweest voor de zware achteruitgang van CVP en SP in Vlaanderen.

Daarnaast zagen sommigen ook een manipulatie in het feit dat ik *welbepaalde documenten* naar buiten bracht.

Ik werd en word dan ook van veel verdacht: ofwel ben ik *gemanipuleerd* door ànderen, die de verantwoordelijke ministers en hun partijen – CVP en SP – politiek wilden *tackelen* zo vlak voor 13 juni. Ofwel zat ik méé in de *combine*. Anders gezegd: ofwel was ik naïef, ofwel perfide.

Nogal wat mensen hebben ook gemeend dat achter het uitlekken van de dioxinecrisis een revanche zat. Eén of andere ambtenaar in een overheidsdienst van Landbouw of Volksgezondheid had mij wellicht gebruikt om weerwraak te nemen tegen één van de betrokken ministers, misschien wegens een sanctie of een gemiste benoeming...

In dat verband hebben velen zelfs gedacht dat André Destickere mijn bron was. Néén dus.

Was ik dan misschien gemanipuleerd door mensen met partijpolitieke bedoelingen? Mensen die hun politieke agenda hadden gecamoufleerd en die mij explosieve informatie doorspeelden, onder het mom dat ze wilden waarschuwen voor een 'zogenaamd' gezondheidsrisico? Evenmin.

Ik wil en kan niet uitweiden over mijn bronnen, maar ik heb zeer gegronde redenen om borg te staan voor hun integriteit. Al is het voor sommigen blijkbaar *ondenkbaar* dat een dergelijk dossier wordt uitgebracht zónder partijpolitieke bijbedoelingen en vanuit een gevoel van rechtgeaardheid.

Daarbij moet het mij trouwens van het hart dat die suggestie of beschuldiging vooral komt van diegenen die zelf verantwoordelijkheid dragen voor de omvang van deze crisis. Ze werd vooral geuit door toppolitici en -ambtenaren die het *ondenkbaar* vonden dat er dioxine in het spel was, die wekenlang rond de hete brij bleven draaien en die door hun getreuzel de consument onnodige risico's lieten lopen. Het enige excuus dat zij konden verzinnen voor hun falen was de schuld afschuiven op diegene die de zaak deed lekken: 'daardoor is hùn strategie mislukt en is de crisis losgebarsten'.

Merkwaardig toch dat diezelfden het *begin* van de dioxinecrisis ook steevast situeren vanaf eind mei, met andere woorden vanaf het lek, toen iedereen in gang schoot. Toen 'brak de hel los', volgens sommigen. Toen is het kalf verdronken... Voordien was er dus blijkbaar geen dioxinecrisis, enkel een 'dioxineprobleem', een dossier tussen de vele andere.

Maar terug naar de politieke bijbedoelingen of de politieke onnozelheid van mijn kant.

Uiteraard was ik me wél terdege bewust van de politieke impact, van de draagwijdte die het nieuws over de dioxine kon hebben, zo vlak voor de verkiezingen. Ik geef toe dat ik achteraf verrast was over de proporties die de zaak aannam, maar daarin ben ik zeker niet de enige geweest. Iedereen kon de bui zien hangen, maar zelfs de meest doorwinterde wetstraatwatchers hadden deze stemmenverschuiving niet voorspeld.

In feite heb ik de allereerste dagen dat ik met het dossier geconfronteerd werd, niet gedacht dat dit een écht verkiezingsthema zou worden, maar veeleer een serieus karwei voor de twee betrokken ministers om het 'deze keer' uitgelegd te krijgen.

Want Colla en Pinxten hadden zich al zo vaak uit netelige dossiers weten te redden.

Karel Pinxten, de minister van Landbouw, had de tot veevoeder vermalen BSE-koe politiek overleefd, er was opschudding geweest over de correcte afrekening van de BTW-belasting op zijn huis, maar telkens had hij de storm redelijk goed overleefd.

Zijn collega van Volksgezondheid, Marcel Colla, was in 1997 de vleesfraude doorgesparteld. Weliswaar had hij er zijn topmedewerker, veearts Pierre Naessens, aan opgeofferd – want die had hem een vergunning laten ondertekenen voor een zeer dubieus vleesbedrijf – maar zélf was hij er zonder al te veel kleerscheuren uitgeraakt.

Ik heb me inderdaad de bedenking gemaakt dat het de beide ministers deze keer wellicht méér moeite zou kosten. Misschien zou het hun vel wel kosten?

Maar daar was het mij niet om te doen. Mij was het erom te doen dat dit nieuws was, informatie waar de burger en consument recht op hadden. En er waren nog zeer veel onduidelijkheden waarover de overheid uitleg moest verschaffen.

Als dit de twee ministers in de problemen bracht, zo vlak voor de verkiezingen, dan was dat hùn zaak. Zij hadden er immers op gegokt om de zaak stil te houden. Pech voor hen als het juist nu uitlekte, zo dicht bij de 13e juni. Ik had het zelf graag wéken vroeger geweten en uitgebracht...

Hoe dan ook, sommigen hebben me ervan verdacht dat ik had meegespeeld in een politiek complot, meer bepaald een SP-complot tegen de CVP.

De stelling was dat ik 'van SP-signatuur was en dat dit uiteraard moet hebben meegespeeld' in de aanpak van een dossier waarin de ene betrokken minister (Pinxten) van CVP-strekking was en de andere (Colla) een SP-er.

De reden om mij een SP-etiket op te plakken ligt voor de hand. Ik deel inderdaad huis en gezin met Daniël Buyle, SP-gemeenteraadslid in Leuven, dus lid van dezelfde partij als de heer Marcel Colla.

Verder dan deze constatatie gaat het politieke samenzweringsverhaal niet: ikzelf ben geen lid van de SP, noch van enige andere partij. Laat staan dat ik me geroepen voelde om Colla als beleidsverantwoordelijke te 'sparen'. Het zal de man misschien bedroefd – maar alleszins niet verbaasd – hebben. Want ook ten tijde van de vleesfraude heb ik hem niet gespaard. Dat was en is mijn rol niet als journalist. Net zomin als het mijn rol is om op de man te spelen in plaats van op de bal, noch tegenover Colla, noch tegenover Pinxten.

Met Daniël heb ik het vooraf maar heel kort gehad over dit dossier: diezelfde nacht, nadat ik de documenten in ontvangst was gaan nemen (enige uitleg mocht wel op dat ontiegelijke uur...). Zijn enige reactie was: 'als het klopt, wacht er dan niet te lang mee of het lekt misschien nog elders uit.' Ook hij had louter een journalistieke reflex.

'Jamaar, er waren nog méér aanwijzingen dat ze Colla buiten beeld wou laten,' menen sommigen. En dan volgt de toch wel wat bizarre redenering dat ik in mijn journaalberichten met opzet niét de nota van Destickere aan Colla had laten zien, 'want dan kon het lijken dat alléén Landbouw (Pinxten, CVP) op de hoogte was en de zaak had stilgehouden'.

Bizarre redenering, want ik ben er van in het begin vanuit gegaan, ook woordelijk in mijn reportageteksten, dat Volksgezondheid evengoed al vroeg van de zaak afwist.

Destickere was immers een hooggeplaatste IVK-ambtenaar. Mij leek het evident dat hij zijn minister had ingelicht vóór hij zijn nota van 21 april aan de inspectiedienst van Landbouw stuurde. Pas achteraf bleek dat niet zo evident bij Destickere.

Waarom heb ik dan dat fameuze rapport van Destickere aan Colla, gedateerd op 27 april, niét laten zien? Heel eenvoudig omdat ik dat toen niet in mijn bezit had. Ik kende het document zelfs niet. Ik had wél de korte nota van Destickere aan inspecteur Cobbaert van Landbouw (gedateerd 21 april '99) én het uitgebreide expertiserapport van Destickere dat hij geschreven had voor de verzekeringsmaatschappij (gedateerd 24 april '99) in handen. De fameuze waarschuwingsnota aan Colla leerde ik pas begin juni kennen, toen er in *Knack* en op VTM uit geciteerd werd.

Blijft dan natuurlijk de mogelijkheid dat mijn bronnen mij 'selectief hebben bevoorraad': dat zíj dit document wél hadden, maar het aan mij niet doorspeelden en me alleen de nota voor Landbouw en voor de verzekeringsmaatschappij doorgaven...

Ook dat houdt weinig steek, want het achterhouden van de nota voor Volksgezondheid kon in geen enkel geval Colla uit de wind zetten. Hij zou evengoed in de klappen delen, als het nieuws over de dioxine uitlekte.

Tenslotte is er nog de roddel dat ik precies omwille van de nakende verkiezingen enige tijd, zelfs enkele weken, zou gewacht hebben om het nieuws over de dioxinecrisis uit te brengen. Ik ben in dit boek al eerder even op die roddel ingegaan en het is ook het enige punt waarover ik destijds schriftelijk heb gereageerd bij de Parlementaire Onderzoekscommissie, nadat Destickere mij met naam en toenaam had genoemd in dat verband.

Het is tamelijk absurd dat ik het dioxinedossier een hele tijd 'buiten beeld' zou hebben gehouden. Want dan kon de uiteindelijke timing moeilijk slechter. En niemand heeft me moeten 'pramen' om met dit dossier naar buiten te komen.

Het enige wat ik heb gedaan, tussen ontvangst en reportage, is een omzichtige dubbelcheck, waarbij ik langs verschillende kanalen heb geprobeerd te controleren óf de documenten klopten en of zowel Landbouw als Volksgezondheid op de hoogte waren.

Die dubbelcheck heeft welgeteld één dag geduurd.

En wat het 'sparen' van Colla betreft: àls bleek dat hij niet tijdig en efficiënt had gereageerd toen het dioxinedossier op zijn tafel kwam, dan was hij in deze affaire hoe dan ook verantwoordelijk als minister...

## De politicus: doofpot of discretie

Behalve de verdenkingen aan het adres van de boodschapper, zijn er ook de discussies over de rol van de media in het algemeen. Want heeft de pers de dioxinecrisis niet 'buiten alle proporties opgeblazen'? Er is bijvoorbeeld 'totaal ten onrechte over een doofpotoperatie gesproken', althans dat is de stelling van vooral diegenen die zelf boter op hun hoofd hadden.

Toen de CVP een half jaar in de oppositie zat, gaf CVP-voorzitter Stefaan De Clerck een interview aan de Gazet van Antwerpen, waarin hij heftig van leer trok tegen de 'agressiviteit van de media' ten tijde van de dioxinecrisis. Hij betwijfelde of de media deontologisch goed bezig geweest waren en vroeg zich af of de televisiejournaliste die de zaak uitbracht, niet haar boekje te buiten ging. 'Ik weet zeker dat Siel Van der Donckt vooraf een onderhoud heeft gehad met de kabinetschef van minister Pinxten. Zij wist dat er een persmededeling in de maak was die maandag verspreid zou worden, en toch lanceerde zij het doofpotscenario in het televisiejournaal. Waarom? Heeft zij een fout gemaakt? Ik weet het niet, maar ik vind het wel de moeite waard om dat te onderzoeken. Het zou ons kunnen helpen om soortgelijke affaires in de toekomst beter onder controle te houden.' (*Gazet van Antwerpen*, 03/02/00 – p.A4).

In die beschuldiging zitten twee elementen: dat ik op 27 mei bij mijn eerste berichtgeving niet vermeld heb dat 'het de bedoeling was een persmededeling te verspreiden op 31 mei', vijf dagen later. En dat ik 'tegen beter weten in' persoonlijk het doofpotscenario zou hebben gelanceerd.

Daarop wil ik nog even herhalen wat ik al zei aan het begin van mijn verhaal over 'het lek': dit zogenaamd 'al enkele dagen oude' perscommuniqué leek me op dat ogenblik totaal ongeloofwaardig. En achterhaald.

Want, als de perscommunicatie al dagen was voorbereid, waarom was dit communiqué dan blijven liggen? De dag ervoor, 26 mei, waren ook de 'officiële' stalen positief gebleken op dioxine. Dat er eerst nog bedrijven moesten geblokkeerd worden, eer het persbericht verspreid kon worden (de uitleg achteraf), was een zwak argument, want het heeft in werkelijkheid nog tot een eindje in juni geduurd eer de meest dringende  blokkeringen van kracht waren.

En op dat moment waren alle maatregelen al fors versneld. Het is dus weinig waarschijnlijk dat, zonder het uitlekken, het kabinet Pinxten er zelf op 31 mei mee voor de pinnen zou zijn gekomen.

Bovendien was het communiqué vaag, onvolledig en stonden er fouten in (de hoofding vermeldde enkel dat het om een contaminatie van veevoeder ging en in de tekst stond dat nog werd gewacht op de uitslagen voor wat de dioxine in de kippen en eieren betrof).

Als dit perscommuniqué echt klaar lag voor het geval dat... waarom duurde het dan een halve dag eer ik van de kabinetschef van Landbouw een antwoord kreeg op mijn vraag of het klopte dat er een dioxineprobleem was in de kippensector? Bij Volksgezondheid duurde het nog langer.

Tot slot: iedereen kan achteraf tegen de journalist die iets uitbrengt, zeggen: 'jamaar, wij gingen het eigenlijk zélf bekend maken'... Zoiets klinkt op zijn zachtst gezegd wat zwak. Zeker als een belangrijk nieuwselement in het verhaal juist is dat er al ambtenaren van de betrokken diensten van in maart wisten dat er iets ernstig fout liep in de kippensector.

Het tweede element van de beschuldiging is dat ik – nog los van het al of niet vermelden van dat communiqué – het doofpotscenario zou hebben gelanceerd in het televisiejournaal. Met andere woorden: ik heb de 'fabel' de wereld ingestuurd dat er met opzet iets werd stilgehouden door Landbouw en Volksgezondheid.

Daarop kan ik toch heel even vermelden – aangezien er op woorden wordt gespeeld – dat ik nooit de term doofpot heb gebruikt. Ik heb er mijn journaalteksten van 27 en 28 mei op nagelezen en ik heb nergens in mijn commentaar bij de beelden, en ook niet bij de passages over de documenten van Destickere, dat woord gebruikt.

Wel stond er in de kopij (het draaiboek) van het journaal van 28 mei boven mijn stuk over de dubbelrol van Destickere de wat ironische titel: 'Dioxinedoofpot'. Een titel die overigens niet door mij, maar door de eindredacteur was bedacht. En wellicht is dié kopijtekst later in CVP-handen beland, al of niet via de Parlementaire Onderzoekscommissie die alle dioxineteksten van radio- en televisiejournaals uit die dagen heeft laten opvragen. Maar de kijkers hebben dus nooit de term doofpot uit mijn mond gehoord.

Nu ga ik daarmee niet ontkennen dat ikzelf en mijn collega's op de redactie, een voor de hand liggende conclusie trokken uit de documenten van Destickere die we voor ons hadden: namelijk dat de overheid al weken op de hoogte was van dit dioxinedossier. En dat hebben we in het VRT-journaal dan ook gezegd.

En we hebben er de tweede dag ook even aan herinnerd dat het ministerie van Landbouw zijn communiqué pas had verspreid nadat de VRT een interview over de zaak had gevraagd.

Was dit niet deontologisch? Zijn wij ons boekje te buiten gegaan?

Hebben al die krantencollega's dan een beroepsfout gemaakt door in hun commentaren de volgende dagen wél de term 'doofpot' te gebruiken?

Of was het een ziekelijke conclusie om een verband te zien met de komende verkiezingen op 13 juni? Moet deze houding van de pers werkelijk onderzocht worden om dergelijke affaires in de toekomst beter onder controle te houden?

Mijn *grijs* vermoeden is dat vooral het wekenlang zwijgen tegenover de consument, ervoor heeft gezorgd dat de affaire 'minder goed onder controle te houden was'.

Maar wiens schuld was dat? Volgens Stefaan De Clerck blijkbaar niet de schuld van diegenen die geprobeerd hebben om de zaak 'in alle discretie' af te handelen. Wel de schuld van de boodschapper.

## Spijtige communicatiestoornis

Het lek én het doofpotscenario kwamen meer dan één keer aan bod tijdens de debatten in de Parlementaire Onderzoekscommissie. Vooral Karel Pinxten en zijn kabinetschef Piet Vanthemsche hamerden erop dat er geen sprake was van doofpot: er was alleen maar een 'spijtige communicatiestoornis' opgetreden in die eerste dagen na het perslek.

Een adviseur van het kabinet van Landbouw *Jean-Marie Dochy* had in de loop van de maand mei, ten behoeve van minister Pinxten, het dioxinedossier samengevat in een nota. De nota vermeldde dat op 26 april de bevestiging was gekomen dat er dioxine in het *veevoeder* zat. Maar Dochy had 'per ongeluk vergeten' te melden dat er bij diezelfde analyse ook dioxine was gevonden in stalen kippenvet.

Kabinetschef Piet Vanthemsche nam later de schuld op zich. Hij had zélf de nota van zijn collega Dochy gelezen en goedgekeurd, en nadien de tekst nog in het Nederlands met conclusies aangevuld, maar hij had de 'spijtige lacune' niet opgemerkt. En helaas, diezelfde 'onvolledige' werknota werd ook als basis gebruikt voor het opstellen van het fameuze eerste persbericht. En dàt moet dan verklaren waarom ook dit communiqué de titel droeg: 'Contaminatie van veevoeder met dioxine'.

Ten bewijze van zijn goede trouw vermeldde kabinetschef Vanthemsche van Landbouw dat hij het perscommuniqué destijds had voorgelegd aan zijn IVK-collega Cornelis, maar die had de 'onvolledige formulering' ook niet opgemerkt. 'Veeartsen onder elkaar, het zal wellicht beroepsmisvorming zijn, maar wij hebben er niet bij stilgestaan dat de dioxine in de kippen niet vermeld was, voor ons was dat evident als het in het voeder zat.'

Als het effectief allemaal zo in zijn werk is gegaan, dan is het toch nog verwonderlijk dat de twee ministers zich allebei in hun eerste verklaringen aan de pers gebaseerd hebben op dat éne, onvolledige communiqué.

Volgens waarnemers is dit, in het beste geval, een aanwijzing dat geen van beide ministers het dossier goed kende. Want als je eind april wordt ingelicht over een geval van gevaarlijk vervuild veevoeder, dan is de normale reflex toch dat je onmiddellijk navraagt of de dioxine ook de dieren én de voedselketen heeft bereikt. Als dat antwoord eind april positief was, dan ben je dat eind mei toch niet vergeten?

Bovendien is er nog iets vreemds: Vanthemsche verhaalde later voor de Dioxinecommissie dat hij de 'vergissing' in het perscommuniqué en in de nota had opgemerkt in de loop van zaterdag 29 mei. Terwijl hij 's avonds naar huis reed, belde hij dit door aan Pinxten. Samen besloten ze 'dat dit nog 's anderendaags moet worden rechtgezet in de nota bestemd voor de premier'.

En zo geschiedde: in het chronologisch overzicht van Landbouw dat Pinxten op maandagmorgen liet bezorgen aan Dehaene stond inderdaad bij 26 april: dioxine gevonden in stalen voeder en kippenvet.

Maar, merkwaardig was toch wel dat Pinxten dan maandagnamiddag, op zijn gezamenlijke persconferentie met Colla, zélf niet repte over die vergetelheid of vergissing. Pas als Vera Dua en enkele journalisten erover begonnen, gaf Pinxten toe dat het wel degelijk al op 26 april vaststond, en niet pas op 26 mei, dat ook *kippen* besmet waren met dioxine.

En dan begon het hele discours te veranderen. Vanaf dan werd er uitsluitend nog de nadruk op gelegd dat de uitslagen van 26 april afkomstig waren van 'niet-officiële' stalen: 'Je kon toch niet op basis van een privé-laboratoriumtest een hele sector platleggen. Dat zou economisch en juridisch niet te verantwoorden zijn geweest.'

Het was een erg manke redenering die later voor de Dioxinecommissie ook telkens weer ingeroepen werd door alle verantwoordelijke topambtenaren.

Om te beginnen had het veevoederbedrijf in kwestie, De Brabander, dat de eerste laboratoriumtesten had laten uitvoeren, er hoegenaamd geen belang bij om een positieve dioxineuitslag te vinden in zijn eigen producten, laat staan in de kippen van zijn klanten. Bovendien waren de testen uitgevoerd door het Ri.K.I.L.T.-laboratorium, dat wetenschappelijk boven alle verdenking stond.

Bijgevolg kon met recht en reden het *voorzorgsprincipe* worden ingeroepen om op zijn minst àlle bedrijven die in de verdachte periode, eind januari, vet hadden gekocht bij Verkest onmiddellijk te blokkeren, in afwachting van bijkomend onderzoek.

### Een gevoel van ondraaglijke traagheid

In feite wijst alles erop dat de meeste 'ingewijden' van Landbouw, en ook die van Volksgezondheid, wél hebben aangenomen dat de dioxineuitslagen van 26 april klopten, maar de decisionmakers, de mensen op sleutelposten, hebben op zijn zachtst gezegd *lauw* gereageerd. Wellicht om uiteenlopende redenen.

Laten we beginnen bij *André Destickere*. Hij is tenslotte de eerste ambtenaar die op de hoogte was van ernstige problemen in de kippensector. Hij wist het al op 3 maart. Maar hij komt dit te weten in zijn functie van verzekeringsexpert:

privé. Met andere woorden, zolang er geen evident probleem voor de volksge-zondheid aan de oppervlakte komt, vindt hij het zeker niet nodig om zich als ambtenaar te gedragen en te waarschuwen.

Tussendoor zijn er allerlei momenten waarop hij nochtans zijn oversten van het Instituut voor Veterinaire Keuring had kunnen of moeten waarschuwen.

Bijvoorbeeld op 18 maart als voedingsdeskundige Van Ginderachter van de veevoederfirma De Brabander tot de werkhypothese komt dat de oorzaak van alle miserie ligt bij dioxinevervuiling in het vet van Verkest. Destickere alar-meert op dat moment niet zijn eigen diensten, maar laat Van Ginderachter wél bellen naar ir. Albert Vandersanden van de Grondstoffeninspectie van het ministerie van Landbouw. Met andere woorden, hij wil zekerheid over de *oor-zaak* van de vervuiling, niét over de *gevolgen*... Want als officieel kan aange-toond worden dat de schuld van alle miserie bij Verkest ligt, dan moet de ver-zekeringsmaatschappij van Verkest voor de schade opdraaien in plaats van de verzekeraar van De Brabander, zijn opdrachtgever.

Destickere laat bovendien, volgens sommige bronnen, vanaf 19 maart opnieuw broedeieren inleggen, die afkomstig zijn van besmette moederdie-ren. Zelfs al is dioxine nog maar een hypothese, dan is het uit voorzorg onver-antwoord om dit te laten gebeuren. Destickere ontkent later dat hij iets te maken had met die beslissing, maar uit verschillende getuigenissen in de sector blijkt dat de Destickere door de betrokken boeren op de eerste plaats aanzien werd als veearts en keurkringhoofd van het IVK en niet zozeer als verzekerings-expert. En hij werd dan ook als dusdanig benaderd en om advies gevraagd.

Op 21 april krijgt Destickere een telefoontje met de melding dat het 100% zeker is dat er dioxine in het spel is en dat de juiste cijfers twee dagen later zul-len bekend zijn. Maar pas op 27 april belt hij terug naar De Brabander en ver-neemt dan dat het om heel hoge dosissen gaat.

Tussendoor, op 23 april, heeft hij er weet van dat in de betrokken kwekerij-en, die intussen zijn ingelicht over de dioxine, kippen worden geslacht en voor consumptie worden uitgevoerd naar Nederland en Frankrijk.

Op 27 april wordt het dan stilaan onhoudbaar voor Destickere om zijn eigen diensten niet in te lichten. Zijn twee petjes worden wat benauwend en hij belt 's avonds naar leidend ambtenaar Decoster, die hem bevel geeft om alles op papier te zetten.

Wat Destickere meteen doet en meteen verandert ook de toon van zijn rap-portering: de grote lijnen van het technisch dossier zijn dezelfde als voor de verzekeringsmaatschappij, maar voor het eerst gaat Destickere waarschuwen voor de gevolgen voor de consument. En, als het ware om zijn eigen 'discretie' goed te praten, waarschuwt hij meteen ook dat de zaak beter niet ter ore komt van de pers.

De tweede ambtenaar die al heel vroeg op de hoogte raakt van de problemen in de kippensector is ingenieur **Albert Vandersanden** van DG4, de Dienst Kwaliteit van de Grondstoffen. Hij is directeur van die dienst en krijgt al op 8 maart een telefoontje van Jan Van Ginderachter van Veevoeders De Brabander. Die probeert uit te zoeken of mogelijk giftige zaaigranen aan de basis kunnen liggen van problemen in de kippensector.

Voor Vandersanden is het een vraag zoals zovele andere, met andere woorden: hij gaat er niet dieper op in. Hij laat een lijst bezorgen van de courant gebruikte pesticiden op zaaigraan en daarmee is voor hem de kous af.

Zelf stelt hij dat Van Ginderachter hem niet of nauwelijks verteld heeft over de ernst van de problemen in de kippensector. Hij zou niet op de hoogte geweest zijn van het feit dat er in verscheidene bedrijven sprake was van massale legdalingen, slechte kippingen en kuikensterfte.

Van Ginderachter spreekt dat tegen. Het was geen formalistisch gesprek. Hij kent Vandersanden trouwens goed, want hij is afkomstig uit de buurt van Schepdaal in het Pajottenland waar Vandersanden woont.

Op 18 maart belt Van Ginderachter hem terug op, met de expliciete melding dat de problemen volgens hem te wijten zijn aan dioxine in het vet, afkomstig van Verkest. En als bijkomende argumentatie faxt hij hem 's anderendaags nog een wetenschappelijk artikel.

Op dat ogenblik zet Vandersanden wél zijn eigen inspectie op de zaak – hij signaleert de klacht aan het hoofd van de buitendienst van Oost- en West-Vlaanderen, ir. **Etienne Cobbaert**. En het moet gezegd worden: deze ambtenaar van Landbouw én zijn collega *Hilde Van Haecke* doen hun werk wél goed. Ze stellen onmiddellijk een zeer grondig onderzoek in bij Verkest. Van Haecke had trouwens allang zware verdenkingen tegen de vetsmelter en in minder dan een week tijd krijgt ze de bewijzen bijeen dat Verkest wel degelijk 'technische vetten' verkoopt als grondstof voor veevoeder. Iets wat dan nog bij wet verboden is. Bovendien stellen Van Haecke en Cobbaert bij een tweede bezoek vast dat Verkest geknoeid heeft met de registers en de boekhouding én ze slagen erin hem dat ook te doen toegeven. Zowel Cobbaert als Van Haecke zullen nadien ook een belangrijke hulp zijn voor het gerecht om de oorsprong van de vervuiling te achterhalen tot bij Fogra. Maar veel erkentelijkheid heeft het hen binnen hun administratie niet bijgebracht. Integendeel.

Ondanks het feit dat Cobbaert en Van Haecke al heel snel konden aantonen dat er grondig geknoeid en gefraudeerd werd bij Verkest, vond hun baas Vandersanden het eind maart niet nodig om méér te doen.

Hij had om te beginnen – al of niet via zijn oversten – de collega's van Landbouw bij DG5 moeten waarschuwen, de Diergeneeskundige Dienst. Want zodra de verdenking naar 'dioxine' ging, was er sprake van een mogelijk risico voor dier en mens.

Maar dat gebeurde niet, want 'tenslotte gaat het om veevoeder en dat is de zaak van DG4'.

Eens temeer speelt dus de traditionele naijver tussen die twee departementen binnen Landbouw. De ingenieurs weten het beter dan de dierenartsen en vice versa. Die rivaliteit is van dezelfde verlammende soort als die tussen de ministeries van Landbouw en Volksgezondheid.

Die naijver zorgt er ook voor dat, wanneer de Diergeneeskundige dienst dan uiteindelijk op 28 april voor het eerst over het dioxinedossier hoort, de topambtenaren daar alweer op de rem gaan staan, omdat zij niet betrokken zijn geweest bij de strategie die ondertussen is uitgestippeld door DG4 en het kabinet Pinxten en dus willen ze eerst nog eens zelf alles op een rijtje laten zetten.

Vandersanden had eind maart ook moeten beseffen dat er nu best onmiddellijk van de kant van Landbouw officiële dioxinetesten werden gedaan. 'Maar,' zo verdedigde hij zich later voor de onderzoekscommissie, 'dat was te duur.' Eén zo'n test kostte tot 50 000 BEF. en het budget van zijn dienst voor testen buitenshuis was maar 800 000 BEF groot.

Hij had er op zijn minst zijn chef, *Gilbert Houins*, kunnen over raadplegen. Maar ook dat had wellicht niet veel versnelling in het dossier gebracht, want ook Houins trok achteraf op elk punt zijn paraplu open.

Feit is dat een maand later blijkt dat Van Ginderachter het bij het rechte eind had, en dan moeten er dus toch dioxinetesten gebeuren in opdracht van Landbouw. Het duurt dan weer tot na het éénmeiweekend eer de stalen worden opgestuurd naar het lab in Nederland. Vandersanden dringt daarbij niet aan op spoed – enigszins tot verbazing van de medewerkers van het Ri.K.I.L.T.-lab – en het zal uiteindelijk nog tot 26 mei duren eer de uitslag er is.

Half maart was het ook logisch en verantwoord geweest om dadelijk na te gaan in hoeverre nog andere veevoederbedrijven klachten en problemen hadden ondervonden: Verkest leverde immers vet aan zeer veel meelfabrikanten.

Via BEMEFA, de federatie van Mengvoederfabrikanten, waarmee DG4 regelmatig contacten had, kon dit perfect. Maar de vraag is blijkbaar niet gesteld.

Pas op 22 april, op een algemene vergadering van BEMEFA, kaart de kabinetschef van Pinxten, Piet Vanthemsche het dioxineprobleem aan bij BEMEFA-woordvoerder Yvan Dejaegher. Die is intussen al ingelicht door firma De Brabander, maar de federatie heeft het probleem niet publiek gemaakt, zelfs niet tegenover de eigen leden. En het zal uiteindelijk duren tot de tweede week van juni eer premier Dehaene BEMEFA inschakelt om sneller aan een volledige lijst van verdachte bedrijven te raken.

Vandersanden heeft volgens de officiële kalender ook heel lang gewacht om de top van Landbouw, het kabinet Pinxten, in te lichten. Van half maart tot 22 april, dus pas als hij gehoord heeft dat de dioxinehypothese bevestigd *ís*. Dat is rijkelijk laat. 'Ongeloofwaardig laat' volgens sommigen in de Parlementaire Onderzoekscommissie, want Vandersanden is duidelijk van CVP-signatuur en stond op goede voet met de kabinetsmedewerkers. Hij is nog partijvoorzitter geweest van de CVP-afdeling in Schepdaal en heeft zijn hele carrière lang altijd nauwe banden onderhouden met de kabinetten van Landbouw, die jarenlang een CVP-minister hadden.

Misschien is er een simpeler verklaring, menen anderen: je kan ook afwachten, in de hoop dat het wel vanzelf zal overwaaien. Waait het niet over, dan heb je hoogstens een 'spijtige onderschatting' gemaakt van het probleem.

Maar wàt als die afwachtende houding was ingegeven vanuit een passieve medeplichtigheid, zoals sommigen vrezen? Zijn er in het verleden niet al meer van dit soort incidenten geweest met veevoeder, waar ambtenaren zoals Vandersanden het zagen gebeuren vanop afstand, maar niet tussenbeide kwamen? En dan wordt er verwezen naar het rioolslib dat bij het vilbeluik Rendac in Denderleeuw meeverwerkt werd in de grondstof voor veevoeders. Met medeweten van de top van DG4.

Werden er onzuivere praktijken en problemen toegedekt, om de sector te sparen, om geen nodeloze beroering te veroorzaken? Was het dat?

De vraag of er in het verleden nog dergelijke 'incidenten' zijn geweest, is wel eens gesteld aan de mengvoedersector en aan de verzekeringsmaatschappijen. Maar daarop wordt nooit rechtuit geantwoord. 'Laten we ons beperken tot dit dossier,' is dan de ontwijkende repliek.

Hoe dan ook, vanaf eind april, als de dioxinediagnose vaststaat, wordt Vandersanden voortdurend ontboden op het kabinet van Pinxten en wordt hij mee ingeschakeld in de discrete afhandeling van het dossier.

Discreet, omdat het voor Landbouw niet goed uitkomt dat er weer eens een voedselschandaal dreigt met alle economische gevolgen vandien.

Vooral *minister Pinxten* kan dit missen als kiespijn, zo vlak voor de verkiezingen. Hij heeft net in die periode al een bijzonder zware kater van de affaire met de *chloormequat* op peren.

Uit Britse analyses was namelijk begin januari 1999 gebleken dat er veel teveel residuen van chloormequat zaten in de Belgische (en Nederlandse) peren. Chloormequat of CCC is een hormonale groeiremmer die de blad-scheuten, en dus het snoeiwerk, vermindert, en die de vruchtopbrengst ver-hoogt. Zeker de helft tot 60 procent van de peren waren niet in orde. Daarop had Pinxten vanaf 30 januari alle perenvoorraden laten blokkeren: ze konden enkel nog op de markt komen, als uit een residucontrole bleek dat de norm niet was overschreden, een maatregel die hard aankwam voor de fruittelers en die zéér veel kwaad bloed zette in het kiesgebied van Pinxten. Want zo'n 80% van alle perenteelt zit in Limburg geconcentreerd.

In de pers verscheen er *vox pop* ('vox populis', journalistenterm voor *café-klap*) opgetekend uit de mond van boze fruitboeren. Er zaten uitspraken bij die aan duidelijkheid niets te wensen overlieten: 'Ik zie maar één oplossing. Een tweeloop aanschaffen en op de juiste mikken.' En wie mag dat wel zijn? 'Ah, die ministers natuurlijk. Het zijn zij die niets voor ons doen. Enfin, die tweeloop is misschien wat drastisch, maar bij de verkiezingen hoeven ze op mij niet meer te rekenen.' (*Het Belang van Limburg*, 30/01/99).

Dat bleek ook uit spuitacties op verkiezingsaffiches. In de streek van Sint-Truiden, hét fruitcentrum, voerde de gewezen CVP-burgemeester Jef Cleeren campagne met duo-affiches waarop ook Pinxten stond. De foto van Pinxten werd systematisch met zwarte verf overspoten, die van Cleeren werd met rust gelaten.

Bovendien kreeg Pinxten het ook heel persoonlijk en zelfs lijfelijk te verdu-ren bij de fruitboeren. Weken na de blokkeringsmaatregel, op 26 april 1999, kreeg de minister van Landbouw, tijdens een politiek debat in 't *Nieuwscafé* in Sint-Truiden, een rotte peer naar zijn hoofd gegooid door een boze perenboer. Het projectiel trof doel en Pinxten was aangeslagen opgestapt.

Op dezelfde manier, weliswaar niet lijfelijk, maar wel zeer persoonlijk, werd hij getackeld op de veiling van Haspengouw, op 21 mei. Pinxten woonde een officiële plechtigheid bij naar aanleiding van het afscheid van voorzitter Van Marsenille. Maar voor het gehoor van vierhonderd aanwezigen uit de sec-tor trok de jubilaris in zijn afscheidsrede bijzonder scherp van leer tegen Pinx-ten wegens de perenkwestie. Het kwam zodanig hard aan dat Pinxten na afloop onmiddellijk opstapte en weigerde te blijven voor de receptie. Dat was – toeval of niet – op 21 mei, de dag dat zijn kabinetschef Vanthemsche volgens de officiële chronologie een voorlopig perscommuniqué had opgesteld. Een communiqué 'dat moest blijven liggen, tot de nodige blokkeringen achter de rug waren'.

Dit alles om aan te geven dat Pinxten, in de periode die net voorafging aan de dioxinecrisis, al pijnlijk scherp had ondervonden dat je niet populair bent bij de boeren/kiezers als je blokkeringsmaatregelen neemt omwille van de volksgezondheid...

Veel waarnemers hebben daarom de indruk dat het vooral Pinxten persoonlijk is geweest die op de rem is gaan staan opdat de dioxinezaak niet te snel zou uitlekken.

Zijn kabinetschef *Piet Vanthemsche* had zich in het verleden bij vorige crisissen, zoals de varkenspest en de BSE-affaire, laten kennen als een 'verlichte technocraat' met een no nonsens-aanpak. Hij was volgens de meesten te intelligent om niet te beseffen dat je best geen doekjes om de problemen windt. Maar hij was ook door en door loyaal aan zijn minister (en zijn partij) en hij was bijzonder beducht voor de economische weerslag van deze dioxinebesmetting.

Die indruk wordt nog versterkt door de getuigenis onder ede van Yvan Dejaegher, de woordvoerder van BEMEFA, de Belgisch federatie van mengvoederfabrikanten in de Dioxinecommissie. Dejaegher verklaarde dat hij en ook Jan Van Ginderachter, de voedingsdeskundige van De Brabander, al eind april vonden dat het dioxineprobleem moest worden openbaar gemaakt (toen de labresultaten op dioxine wezen). Zij vreesden voor een herhaling van de vervuiling via recyclagevetten. Zelf had hij uiteindelijk ergens in de derde week van mei Vanthemsche opgebeld om erop aan te dringen dat er niet meer zou gewacht worden met het bekendmaken van de zaak. De kabinetschef van Pinxten beaamde dat het wellicht beter was om zelf met het nieuws naar buiten te komen en hij belde Dejaegher nadien terug op, op een ochtend om half-acht, om hem een ontwerp van perscommuniqué voor te lezen. Maar Vanthemsche zei tijdens datzelfde gesprek: 'Ik mag het niet verspreiden. Nog niet.' Toen de commissieleden aandrongen en vroegen van wie Vanthemsche het bericht niet mocht verspreiden, antwoordde Dejaegher: 'Dat heeft hij niet gezegd. Maar er zijn niet zoveel mensen die dit aan Vanthemsche konden verbieden.' Daarop aarzelde hij en voegde er aan toe dat dit natuurlijk niet alleen een zaak van Landbouw was maar ook van Volksgezondheid.

Piet Vanthemsche stuurde als reactie daarop een brief naar de Parlementaire Onderzoekscommissie om één en ander tegen te spreken. Hij zou niet gezegd hebben 'ik mag niet', maar veeleer iets in de trant van 'ik kan nog niet' en hij doelde daarbij op het feit dat er eerst nog bedrijven moesten opgespoord en geblokkeerd worden. Vanthemsche bevestigde dit ook nog eens onder ede bij een laatste oproeping voor de commissie.

Toch concludeerde de meerderheid van de Parlementaire Onderzoekscommissie, weliswaar in zeer omzwachtelde woorden, dat het erop leek dat Pinxten de zaak had willen stilhouden:

*'De persmededeling bij het bekend raken van de crisis gaf reden om te vermoeden dat er sprake kon zijn van een doelbewuste poging om de crisis te minimalise-*

*ren.' En : 'Ofwel was de minister niet op voorhand geïnformeerd over het feit dat ook menselijke voedingsproducten besmet konden zijn (...), ofwel was de minister wel op de hoogte van de crisis – hij beweert overigens zelf dat hij nauwgezet de crisis mee opvolgde – en trachtte hij doelbewust de crisis te minimaliseren.'*

De CVP was bijzonder boos over deze passage in het eindrapport. En dat toont aan hoe beperkt de commissie was in haar mogelijkheden om een scherpe analyse te maken van de dioxinecrisis: ondanks de zeer verhullende formulering, is dit nog één van de meest verregaande conclusies van het rapport...

En dan is er nog de rol van Volksgezondheid: in hoeverre heeft *Marcel Colla* op de rem gestaan? Wat zijn persoonlijke rol betreft, kan je in verband met de periode vóór het lek redelijk bondig zijn: hij wist van het dossier af vanaf het moment dat de nota Destickere was aangekomen op het kabinet (28 april), maar ofwel is het hem geminimaliseerd uitgelegd door zijn kabinetsspecialist voor de vleeskeuring Marc Cornelis, de verbindingsman bij het IVK, ofwel interesseerde het hem niet echt. Want hij delegeerde de zaak onmiddellijk volledig aan Cornelis.

Dit klinkt misschien cru, maar Colla leek zich nooit echt van harte te interesseren voor de sector vleeskeuring die hij onder zijn bevoegdheid had. Pensioenen en ziekenhuizen, artsen en geneesmiddelen: dat kende hij en daarmee was hij persoonlijk bezig, maar het Instituut voor Veterinaire Keuring en de hele vleessector heeft hem altijd maar matig kunnen boeien. Hij had nochtans beter moeten weten na het vleesfraudeschandaal, waarbij hijzelf zware kritiek had gekregen omdat hij zijn topverantwoordelijke Naessens 'minister-van-het-vlees' had laten spelen. Toen hij voor de Dioxinecommissie verscheen, kende hij wel het dossier door en door (net als Pinxten), maar toen was het wel rijkelijk laat.

De rechtstreekse verantwoordelijkheid voor de 'discrete' en trage aanpak van de dioxinecrisis ligt voor het departement van Volksgezondheid vooral bij de twee topveeartsen: *Léon Moor* en *Marc Cornelis*.

De leidend ambtenaar van het IVK, *Christiaan Decoster*, speelde eerder een bijrol. Hij was eigenlijk vooral bezig met de ziekenhuissector, maar werd gevraagd om deeltijds de leiding van het IVK erbij te nemen. Aan Franstalige kant werd hij daarbij – in theorie – geholpen door *Albert d'Adesky*, die ook deeltijds de leiding van het IVK waarnam en deeltijds de leiding had van de AEWI, de Algemene Eetwaren Inspectie. Maar zoals eerder al vermeld, op beide fronten blonk de man uit door afwezigheid. Meestal wel 'in opdracht'.

Bij het IVK stellen de verantwoordelijken met klem dat ze het gezondheidsrisico niet hebben onderschat, én dat ze de zaak wel degelijk goed hebben aangepakt, getuige de vele tonnen vleesvoorraden die uiteindelijk nog geblokkeerd konden worden. '*Het kernprobleem, zo is gebleken, lag bij de snelheid waarmee Landbouw de tracering kon doorvoeren. Gedurende de maand mei, maar zelfs nog in juni en juli, zal bij gebrek aan een adequaat instrumentarium, de moeilijkheidsgraad van dergelijke traceringsoperatie (naar en vanuit dierenvoeder) blijken.*'

Met andere woorden, de betrokken bedrijven hielden ofwel hun eigen boekhouding en lijsten van leveranciers en klanten niet goed bij, ofwel deden ze veel meer in het zwart dan ooit was aangenomen. Het bleek in veel gevallen een combinatie van de twee. In de loop van de dioxinecrisis zijn er trouwens meerdere bedrijven positief bevonden die bij hoog en laag beweerden géén vet van Verkest gekocht te hebben, en ze kwamen ook niet voor in de boekhouding in de bewuste periode. Maar de stalen waren positief, met hetzelfde profiel.

Ook bleken er na de dioxinecrisis eigenlijk meer varkens te zijn dan ervoor en dat ondanks de vernietiging van de vele besmette dieren. Het zwart circuit begint trouwens al bij het vet en de andere grondstoffen. Want je kan geen voeder in het zwart leveren als er geen grondstoffen in het zwart te krijgen zijn. Vooral de Nederlandse vetbedrijven zullen op dat vlak nog de rekening van de dioxinecrisis gepresenteerd krijgen, want uit onderzoek is gebleken dat zij soms vijftig procent in het zwart leverden.

Zwarte circuits zijn trouwens ook nog tijdens de dioxinecrisis ontstaan. Door de chaotische aanpak in de maand mei en erna, zijn er hele voorraden 'geblokkeerd' vlees uiteindelijk toch verkocht. En toen er een schadevergoeding was uitgewerkt voor de vernietiging van besmette voorraden, bleek dat malafide vleeshandelaars ook daar weer probeerden te frauderen, door er hun afval tussen te smokkelen.

### En de toekomst?

Als het gaat over ongewenste stoffen en residuen in voeding dan blijkt telkens weer dat in landbouw- en overheidskringen vooral de economische argumenten meespelen in het gezondheidsdebat. Maar 'marchanderen' over gezondheid wreekt zich tenslotte toch ook in economische termen.

Het voorbeeld bij uitstek is de jarenlange discussie over de risico's van hormonale vetmesting van dieren, een debat dat momenteel nog altijd even verhit gevoerd wordt tussen de Europese Unie en de Amerikanen die rundvlees willen invoeren dat wél met hormonen is behandeld. Ook daar krijg je een herhaling van de geschiedenis. De Amerikanen of Argentijnen en anderen, argumenteren dat je geen schadelijke gevolgen kan ondervinden van natuurlijke hormonen, omdat de meeste daarvan snel worden afgebroken en mits je een wachttijd respecteert. Maar om te beginnen is hun waaier van gebruikte hormonen niet zo onschuldig als wordt voorgesteld, en bovendien moeten ze zelf toegeven dat er nog altijd fraude gebeurt onder de neus van hun eigen controleurs. Zwitserland bijvoorbeeld ontdekte in 1999 dat er DES zat in één derde van alle ingevoerd Amerikaans rundvlees. DES is een synthetisch groeihormoon, dat sinds lang verboden is en dat bewezen kankerverwekkend is. DES is in de jaren zeventig bij ons nog gepropageerd als dé moderne vetmestmethode, onder andere door beroepsorganisaties als de Boerenbond. Ook toen heeft het een hele tijd geduurd om het uitgebannen te krijgen. Zelfs nu nog moeten er steekproeven blijven gebeuren, om te vermijden dat het weer populair wordt.

Maar er zijn ook de 'petites histoires', de kleinere incidenten geweest, waarbij ongewenste residuen opdoken in landbouwproducten. Die incidenten werden weliswaar intern opgelost met strengere controles en voorschriften, maar de zaken werden wel angstvallig stilgehouden en toegedekt.

Hoogstens kon je nadien in de vakbladen vermanende en waarschuwende artikels lezen: dat teveel antibiotica in melk of in varkensvlees soms wel eens een probleem kon geven, commercieel wel te verstaan. Want kaas of yoghurt maken lukte niet zo goed en de hammen en salami's wilden niet echt goed fermenteren en rijpen.

Het is dus duidelijk: waar de residuen een economisch nadeel begonnen te geven, werden ze ongewenst. De volksgezondheid, 'ach dat liep wel los', verdunning in de grote melkplas, lage doses, allemaal niet bewezen. Dat soort argumenten.

Toch hebben al een aantal vooral jongere boeren – en dat geldt evenzeer voor een jongere generatie ingenieurs en veeartsen – zich de laatste jaren van die mentaliteit losgemaakt.

De dioxinecrisis zal dit proces wellicht ook nog versnellen. Zij zoeken naar een balans tussen kwaliteitsvol, gezond en rendabel produceren.

Meer en meer mensen willen ook betalen voor gezonde en duurzaam geproduceerde landbouwproducten. Duurzaam betekent ook met oog voor de boer en voor het milieu. Vandaar dat in de GGO-discussie, over genetisch gemanipuleerde organismen, eufemistisch 'gemodificeerde' organismen genoemd, het niet alleen gaat over gezondheid, maar ook over de effecten op de boeren en het hele leefmilieu. Als je als boer binnenkort wereldwijd enkel nog kan beschikken over een handvol kippenrassen die puur industrieel geselecteerd zijn – dieren die nog uitsluitend met commercieel uitgekiende krachtvoeders en medicatie kunnen 'geproduceerd' worden – dan is dit niet enkel een probleem van biodiversiteit of van 'verdwijnen van lekkere oude rassen'. Want dan kijkt de boer ook aan tegen een nieuw soort afhankelijkheid en kwetsbaarheid waar hij eigenlijk niet om gevraagd heeft. Ook al heeft hij misschien wel bewust gekozen om mee te doen aan de integratie van zijn kippensector en is hij wellicht bewust het vertikale netwerk ingestapt van veevoederfabrikant tot slachthuis, omdat hij dan een vaste afzet en een minimumprijs gegarandeerd krijgt.

Hopelijk wordt de dioxinecrisis dus toch niet té vlug en té volledig uit ons collectief geheugen gewist, en leidt ze toch tot een duurzame landbouw die een verbetering inhoudt voor boer en consument.